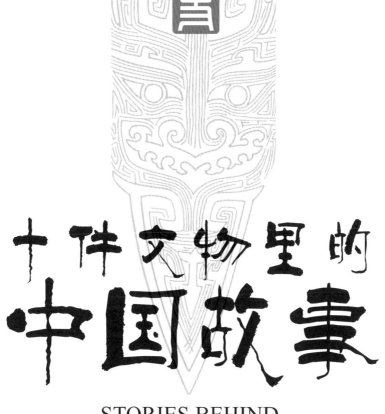

十件文物里的中国故事

STORIES BEHIND
TEN CHINESE CULTURAL RELICS

中国历史研究院　主编

巩　文　等撰稿

中国社会科学出版社

图书在版编目（CIP）数据

十件文物里的中国故事 / 中国历史研究院主编；巩文等撰稿. —北京：
中国社会科学出版社，2022.10（2023.11重印）
ISBN 978 - 7 - 5203 - 8487 - 2

Ⅰ.①十… Ⅱ.①中… ②巩… Ⅲ.①文物—介绍—中国
Ⅳ.①K87

中国版本图书馆CIP数据核字（2021）第 087109 号

出 版 人　赵剑英
项目统筹　王　茵
责任编辑　王　茵　李凯凯　李金涛
责任校对　王　龙
责任印制　王　超

出　　版　中国社会科学出版社
社　　址　北京鼓楼西大街甲 158 号
邮　　编　100720
网　　址　http：//www.csspw.cn
发 行 部　010 - 84083685
门 市 部　010 - 84029450
经　　销　新华书店及其他书店

印刷装订　北京君升印刷有限公司
版　　次　2022年10月第1版
印　　次　2023年11月第4次印刷

开　　本　710×1000　1/16
印　　张　20.5
字　　数　241千字
定　　价　98.00元

凡购买中国社会科学出版社图书，如有质量问题请与本社营销中心联系调换
电话：010 - 84083683

序　言

在几百万年波澜壮阔的历史长河中，世界上各个地区的人们经历了从野蛮到文明、从相对孤立到紧密联系、从缓慢发展到快速进步的伟大变革，创造了姹紫嫣红的文明和五彩斑斓的世界，推动文明社会向着人类命运共同体和共同繁荣发展不断迈进。

习近平总书记指出："历史是一个民族、一个国家形成、发展及其盛衰兴亡的真实记录，是前人的'百科全书'，即前人各种知识、经验和智慧的总汇。""历史是最好的老师，它忠实记录下每一个国家走过的足迹，也给每一个国家未来的发展提供启示。""历史是从昨天走到今天再走向明天，历史的联系是不可能割断的，人们总是在继承前人的基础上向前发展的。古今中外，概莫能外。"在新时代，面对当今世界百年未有之大变局，面对中华民族伟大复兴的战略全局，我们只有从人类社会历史中汲取更多智慧和滋养，才能弄懂今天的世界为什么是这样，才能搞清楚明天的世界往哪里去，才能把握当下中国和世界应该行进在什么样的发展道路上。

2019年1月2日，习近平总书记为中国社会科学院中国历史研究院的成立发来贺信，指出："历史是一面镜子，鉴古知今，学史明智。重视历史、研究历史、借鉴历史是中华民族5000多年文明史的一个优良传统。"习近平总书记殷切希望中国历史研究院团结凝聚全国广大历史研究工作者，坚持历史唯物主义立场、观点、方法，立足中国、放眼世界，立时代之潮头，通古今之变化，发思想之先声，推出一批有思想穿透力的精品力作，培养一批学贯中西的历史学家，充分发挥知古鉴今、资政育人作用，为推动中国历史研究发展、加强中国史学研究国际交流合作作出贡献。习近平总书记的贺信闪烁着马克思主义真理的光芒，是新时代中国史学繁荣发展的纲领和指南，为新时代中国史学研究指明了方向、明确了目标、提供了根本遵循。

为人民做学问，是新时代中国史学的鲜明底色。为切实贯彻落实习近平总书记重要指示，贯彻落实以人民为中心的学术研究导向、让人民群众共享新时代历史学发展成果，中国历史研究院肩负起发挥历史学资政育人作用、传播中华优秀传统文化和历史知识、推动新时代中国史学高质量发展的时代使命，面向全国史学界，组织各领域专家学者，编写并推出史学类普及性读物，其内容涵盖考古学、中国历史、世界历史等方面。

"大家写小书"历来为中国学术界所倡导，也是中国史学的优良传统，以往史学家们编写的许多优秀普及性读物，深得社会各界青睐，为涵养史学素养贡献良多。在新时代，我国史学工作者接续奋斗、潜心治学，在若干重大历史问题上取得一系列新认识、新观点，但是其中的大多数却并不为大众所知。随着社会的快速发展，人民群众对历史知识的渴求与日俱增，回应时代关切，满足人民群众对历史知识的多方面需求，是新时代史学工作者理应承担的使命。将专业性的、前沿性的史学研究成果有效转化为大众喜闻乐见的普及性资源，使高深晦涩的史学研究成果走出"象牙塔"，走入寻常百姓家，把更多科学的、真实的、客观的历史知识传播给大众，是新时代史学工作者理应肩负起的责任。

为此，中国历史研究院以弘扬中华优秀传统文化、讲好中国故事、提升大众历史自觉和文化自信为己任，不断推动优秀历史文化研究成果创造性转化、创新性发展，全面谋划历史知识普及性工作。我们希望以生动清新的风格，严谨朴实的文风，通俗易懂的语言，简洁清晰的内容，图文并茂的形式，短小精悍的篇幅，让收藏在博物馆里的文物、陈列在广阔大地上的遗产、书写在古籍里的文字都活起来。在史学家的笔下，沉寂的人类历史展现出真实而生动的面貌，"复活"的各类出土文物更加妙趣横生，当人们畅游在史学知识海洋中时，不仅仅是对古老历史、灿烂文明的凝望，更能够从中领略到历史的博大精深、感悟到文明的源远流长，从而在对历史的回望中，汲取智慧和力量，更加满怀信心地走向未来。

当然，无论考古学，还是中国历史、世界历史，可供普及的科学知识实在是浩如烟海，如何为大众提供更多雅俗共赏、引人入胜的史学类普及性读物，如何精准对标不同群体对历史知识的需求，于我们而言尚待不断探索。在此，我呼吁我们的史学工作者要把传播正确、科学历史知识的责任扛在肩上，把促进人民群众树立正确的国家观、民族观、历史观，坚定文化自信、增强历史自觉的重任举在头顶，持之以恒，久久为功，推出更多有灵魂、有思想、有情怀的史学类普及性读物。同时，也希望社会各界给予我们更多支持和关心，你们的支持和关心将是我们推出更多高质量史学类普及性读物的最大动力。

让我们共同努力，"让文物说话、把历史智慧告诉人们，激发我们的民族自豪感和自信心"，为实现中华民族伟大复兴贡献历史学的智慧和力量。

高 翔

2022年8月

目 录

CONTENTS

第一篇

文明起源

中国是人类起源地之一。200万年前，古人类就在这块大地上活动。在距今2万年至1万年前后，我们的先民走出了寒冷的冰河时代，沐浴在全新世温暖的阳光之下，在劳动中逐渐学会了制作石器、烧制陶器、驯化动物、栽培植物和定居生活，开辟了人类从攫取性的采集狩猎经济到生产性的种植养殖经济转变的新纪元。随着生产力水平不断提高，社会开始分化，私有制随之形成，社会的复杂化肇始文明曙光。

中国是世界上为数不多的独立形成早期国家文明的地区之一。距今8000年前后，中国境内的原始先民开始定居，营造聚落。定居生活促进了农业的发展、原始艺术的进步以及陶器制作技术的提高。距今5800年前后，黄河、长江中下游以及西辽河等区域出现了文明起源迹象。各地区的文明化进程异彩纷呈、各有特色，同时也发生了以庙底沟类型彩陶的扩张和玉礼器的传播等为显著标志的大规模文化整合运动。彩陶的传播与演变，是中华文明形成过程中第一次大范围的文化认同，开辟了中华文明大一统的先声。从距今5500年前后起，中国各主要史前文化区普遍开始社会复杂化进程，最迟到距今5300年前后，中华文明的曙光终于闪耀东方。距今5000年前后，社会复杂化进程开始加速，特别是在人口稠密的地区，出现明显的社会变化。一个重要的现象是，被城墙环绕的区域中心纷纷出现，其中有的中心已经具备早期城市政治、宗教和经济的多种功能。与其相伴的是，青铜铸造、原始文字、社会阶层分化和区域聚落形态，赋予史前文化新的内涵和外延。

蟠龙根脉

——中华精神"图腾"的面世

何 驽（中国历史研究院考古研究所）

中国人自称"炎黄子孙，龙的传人"，龙文化意识是中华传统文化中一项重要内涵，有着深广的民族文化根基。毫无疑问，龙是中华民族的"图腾"，是中华民族的灵魂，也是中华民族的骄傲！

在中国，龙的观念起自何时呢？中国古代文献中，龙的传说出现很早。《帝王世纪》云，神农氏姜姓，其母任姒在华阳游玩遇到龙首神，怀孕而生神农炎帝。《史记·孝武本纪》记载了一则"黄帝铸鼎荆山成后，乘龙升天"的神话故事。长沙子弹库战国楚墓出土的《楚帛书·创世章》里说，大地尚未成形的宇宙洪荒之际，大能氏伏羲降生，开始了创世之举，大能氏即为龙氏。文献中的上述传说，成为今天我们中国人自称"炎黄子孙，龙的传人"的基础。

一 "龙脉"极简史

有关中国龙的物证，究竟能追溯到何时呢？

秦汉以来，中国龙的形象基本定型，有关中国龙的图像与文物保留很多，"龙脉"发展的脉络也十分清晰。主流的造型元素为虎头、鹿角、蛇身、鳄爪。商周青铜器上，蛇身带角的玄幻动物形象被称为"夔（kuí）龙纹"和"龙纹"。所谓夔龙纹，多为侧身剪影状，蛇身虎头，张嘴，一角一足上卷尾，在此基础上有各种变形。所谓龙纹，也是蛇身虎头，但多为双角无足，部分龙纹为一头双身。商周青铜器纹饰里的夔龙和龙纹的角，均非鹿角，而是杏鲍菇状的角。甲骨文和金文里的"龙"字都表现了这种角，龙头符号化为倒△头，仍为蛇身。而一些青铜器族徽铭文中的龙图像，更加接近青铜器夔龙纹。这说明青铜器专家们判定的夔龙纹和龙纹，确实就是甲骨文和金文里"龙"字的形象。

河南偃师二里头遗址发现了较多龙形象文物，如大型绿松石龙形器、嵌绿松石兽面纹铜牌饰，还有陶塑龙（蛇）、刻画在陶器上的龙图像以及陶器上图案化的龙纹装饰等。二里头龙形象，再往早追溯，就是陶寺遗址出土的龙盘中蟠龙的形象了。

二 陶寺遗址与尧舜"中国"

说起今天的山西襄汾县陶寺遗址，那可非同小可。距今4300—3900年，陶寺遗址从一个20万平方米城址的早期都城，发展成为至少280万平方米的大都城，是中国早期国家形成与中华文

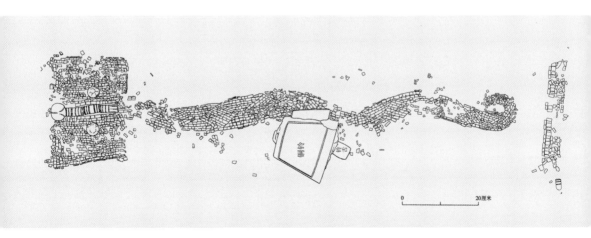

二里头遗址出土绿松石龙形器

明核心形成的一个重要遗址。都城内有宫城、下层贵族居住区、王族墓地、礼制建筑区、国库仓储区、官营手工业区、普通居民区，是先秦时期具有非常完备功能区的都城。有研究者根据陶寺遗址四十多年的考古发掘与研究，初步串联起一套比较完整的证据链，这个证据链不断地将陶寺遗址指向尧所居的都城——平阳。

之所以强调"证据链"，皆因为考古说白了就是人文历史领域的"刑侦

陶寺遗址局部

学"。地下挖出来的考古实物资料,考古学家称之为遗迹和遗物,都是片段的、残破的、"有先天瑕疵的"物证,需要考古学家通过研究去解读这些所谓的"天书"。遗憾的是,这些解读往往都很难验证。所以,考古研究的结论,更需要证据链的一致指向性来判断。今天我们就来做一回考古侦探,来一次大胆且酣畅淋漓的探秘之旅。

陶寺遗址宫殿基址IFJT3主殿

陶寺遗址特殊建筑基址（"观象台"）鸟瞰

陶寺遗址特殊建筑基址("观象台")复原示意图

三 惊世龙盘怎么用

陶寺遗址出土的蟠龙，是烧成后绘制在陶盘内底的。这些陶盘被称为"龙盘"，共4件，皆出自早期王墓当中（距今4300—4100年）。按理说，那该是相当金贵。可这些龙盘怎么用呢？是君王使用的餐具还是盥手用器，这可大有讲究。让我们从这些龙盘出土的背景关系里，去一探究竟吧。

（一）第3016号墓龙盘

第3016号大墓，可能是早期王墓墓地王陵区最早下葬的王墓，属于等级最高的一类甲型墓。

◎ 劫后余生不太惨

第3016号墓被陶寺晚期（距今4000—3900年）5座扰墓坑

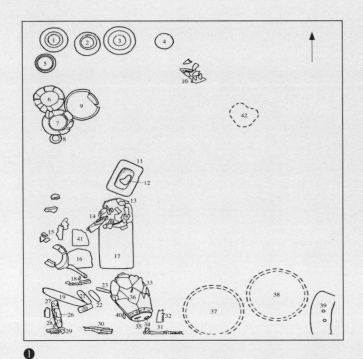

❶

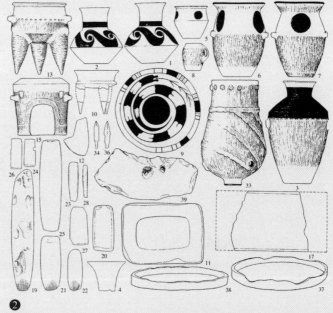

❷

陶寺遗址第3016号墓平面示意图与器物组合图

1. 陶寺遗址第3016号墓平面示意图
2. 陶寺遗址第3016号墓器物组合图

捣毁，劫后余生的随葬品保留了大部分。墓室足端沿墓壁底部自西向东摆放成组的礼乐器石磬1件、鼍鼓2件、陶鼓1件。足端墓圹东北角集中摆放一组工具，包括石斧和石锛各4件，石凿2件、石镞2件、蚌镞1件。周围散见肢解的猪下颌、猪肋骨和蹄等。

墓室东部偏北，则摆放着长木盘，木盘的南端置1件陶盆形斝（jiǎ），斝里放猪下颌骨1块。木盘的南侧是1套石磨盘与石磨棒，沾有红色和黄色颜料。木盘的东侧放置木器1件（已朽，器形不明）、平石板1件、圈形灶1件。

墓室东部偏南放置一组陶器，其中有朱砂彩绘太阳纹大口罐1对、单耳小罐1件。彩绘龙盘便置于此处。

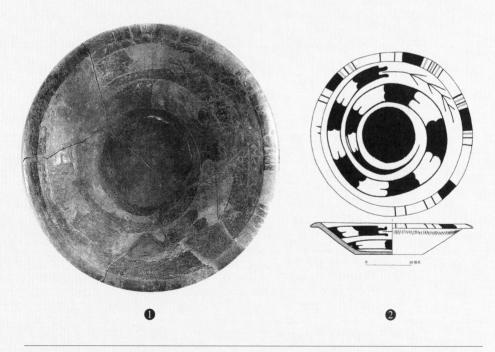

❶　　　　　　　　　　　　　　❷

陶寺遗址第3016号墓龙盘

1.陶寺遗址第3016号墓龙盘照片
2.陶寺遗址第3016号墓龙盘线图

◎ 开始"划重点"了

第3016号墓彩绘龙盘与1对大口罐和1件单耳小罐放在一起，明显组成一套盥洗用器——用单耳小罐从大口罐里舀出液体，盥洗双手，陶盘接水。中国青铜器当中，盘通常被视为"承盘"，用于浇水洗手时承接水。夏商之前多用木质或陶质，商周之际多用铜铸。西周晚期开始，铜匜与铜盘配套成为盥器组合。大兴于春秋战国，主要用于贵族日常盥洗和祭祀前净手。西周中期开始，新出现了将铜盉与铜盘相配的盥器组合，盥器铜盉不再作为酒器，而新得一个器名为"錾"。

◎ 结果还是扑朔迷离，矛盾重重

陶寺第3016号墓龙盘仅仅作为陶寺君王日常盥洗用器，似乎也存在一些问题。

首先，就陶寺遗址彩绘陶的功能说道说道。陶寺遗址的彩绘陶器主要出自贵族墓葬，极个别残片见于陶寺宫城内，是一种制作精美的低温陶，烧成温度在600℃左右，几乎难以用于日常生活。彩绘纹饰虽然都很精美，但是均为陶器烧成之后，用朱砂、赤铁矿、石绿、白垩等矿物颜料彩绘施于陶器表面，纹饰图案的附着力很低，稍微用力摩擦，彩绘图案就会被磨灭，因此绝不能长期使用。这种烧成后的陶器彩绘工艺，与人们熟知的彩陶工艺有着本质的差别。彩陶是陶器烧制前在陶坯上绘制图案并经过压光，将颜料压入胎体器表，再与陶器同时烧成，其纹饰不易磨灭。彩绘陶与彩陶最大的不同在于，前者是明器或礼仪性的象征用器，不能日常实用；后者既可用于祭祀礼仪，也可以广泛用于日常生活。由此可见，陶寺第3016号墓龙盘绝非君王日常盥洗用器，最多是象征性的礼仪盥洗用器。

其次，从使用行为的重要性分析，即便作为君王礼仪象征性的盥洗用器，按理说龙盘用于盥洗行为只是仪式前的净手环节，并非祭仪行为的主体，因此不属于核心礼器或祭祀用器。比方说，商周时期的铜盘及盘匜盥器，在青铜礼器中也属于"边缘化"的器物，相对于瓿、爵、斝、鼎、簋、豆等核心礼器而言，地位低很多。然而，陶寺的龙盘装饰，却是**陶寺文化**彩绘陶中一枝独秀的奇葩。之所以这样说，因为其一，陶寺彩绘陶在海量的陶器中已属凤毛麟角，而彩绘陶图案除了龙盘里的蟠龙为动物形象外，其余纹样均为或繁或简的几何装饰纹样。彩绘龙盘上绘制精美而复杂的蟠龙在陶寺凤毛麟角的彩绘陶纹样中鹤立鸡群，极为惹眼。其二，陶寺不重视偶像崇拜，流行装饰艺术中，极度缺乏人和动物形象，仅有少量花草的变体，这是陶寺宗教信仰的一大特点。

正是因为陶寺宗教信仰中，偶像崇拜分量很轻，龙盘用于祭仪前的净手环节，貌似恰如其分。具体到第3016号墓核心礼器组合，包括脚端的礼乐器群石磬、鼍鼓、陶鼓，木盘盛猪头牲首的盆形陶斝，头端的木案上放置的木瓿和折腹斝。墓室东南角的彩绘陶壶、小口折肩罐、折腹罐以及东部偏南的龙盘等盥器组合，貌似为边缘化的礼器群。然而，匪夷所思的是，核心礼器中的陶鼓、陶斝等均无彩绘装饰，反而龙盘的彩绘令人惊艳。这似乎成了一个悖论——从盥洗行为的重要性来看，龙盘的礼仪地位很低，但是从最高等级的彩绘装饰艺术的角度看，龙盘的礼仪地位独树一帜，应该也很高。这一悖论现象说明，仅仅从盥洗行为用器来解读陶寺龙盘的功能，一定存在着一个误区陷阱。陶寺龙盘的功能与地位及其彩绘装饰的等级与地位，在陶寺人的认知中，一定是顺畅的、一致的，不存在抵牾。

由此，是不是应该以龙盘作为盥器承盘为基础，再向高层次礼仪行为方向思考呢？我们尝试做些推演。

陶寺文化

中国新石器时代文化。因发现于山西省襄汾县陶寺遗址而得名。曾称为中原龙山文化陶寺类型。主要分布在晋南的汾河下游和浍河流域。年代约为公元前2600—前2000年。

◎ 裸裮承盘：龙盘"高大上"的功能

陶寺龙盘如果不彩绘蟠龙，而是作为实用陶承盘，确实就是在日常生活中和祭祀仪式前净手的盥洗器。一旦彩绘蟠龙，就标志着龙盘已经从普通盥洗器，华丽转身为更加神圣的礼仪行为用器。而这一神圣的礼仪行为，一定是从盥洗行为衍生或升华出来的。

陶寺第3016号墓龙盘盥洗器组合表现的盥洗净手行为，是用单耳小罐从大口罐里舀水，浇灌在手上，清洗双手，流水下注承盘。中国先秦时期有一种极为重要和神圣的"裸（guàn）裮礼"，就是用酒浇灌祖先神"帝"的象征物。这种象征物多为细木棒或玉柄形器捆扎苞茅草，塞入木觚、漆觚或铜觚内，用祭祀郁鬯（chàng）浇灌细木棒或玉柄形器的顶端，让酒顺着细木棒或玉柄形器徐徐下注到觚的近口部，渐渐被细木棒或玉柄形器下端捆扎的苞茅草吸收进去，象征着祖先神享用了奉献灌注的郁鬯，称之为"缩酒"。

非常有趣的是，湖北鄂西和荆山一带乡村，至今还遗留有巫师缩酒的仪式。《楚文化——奇谲浪漫的南方大国》图录中，有一张拍摄自湖北南漳县薛坪的缩酒裸裮祭祖仪式的照片，男觋（xí，方言称"马脚"）用酒盅浇灌三个树棍上端扎稻草的草把子，象征三个祖先帝的草藉人，而不是用觚杯瓒棒缩酒。由此推知，裸裮缩酒很可能有两种工具套。一种就是觚杯配瓒棒，瓒棒下端捆扎苞茅草以裸裮缩酒，**良渚文化**、石家河文化、肖家屋脊文化、二里头文化以及商周时期，基本上沿袭的是这套传统。另一种是直接用酒浇灌草把子，草把子其实就是瓒棒的倒置，目前实例仅见于鄂西当代民俗。

诚然，鄂西南漳薛坪的缩酒草把子裸裮缩酒稍显简陋，最大的问题是如果酒灌注多了，草把子吸收酒浆饱和后，会

良渚文化

中国新石器时代文化。因以浙江省杭州市余杭区良渚遗址为代表而命名。主要分布在太湖地区，东临海滨，西至茅山一带，北抵长江，南达杭州湾南岸。年代约为公元前3300—前2000年，也有人认为起始年代可早至前3400年。

顺着树棍向下流淌，必然渗入地下，而祖先神住在天上，祭酒下注于地，于理不合。假如草把子树棍下放置承盘接酒则更加完美。

经过上述分析，再反过头看陶寺第3016号墓龙盘，从盥器承盘，升级为用于裸祭礼缩酒的承盘，由低级的盥器升级为高级的裸器，一切悖论就迎刃而解了。

第3016号墓头端木案上虽然残留有折腹斝和木胎觚杯各1件，但是整个陶寺墓地均未发现玉柄形器、标准的玉锥形器和小木棒与觚杯配套使用，足见陶寺的觚杯不用于缩酒，也不用圭瓒木棒缩酒。假如陶寺龙盘确实用于裸祭缩酒承盘，那么，会不会有类似鄂西南漳薛坪裸祭缩酒的草把子，即倒置的大瓒棒？否则，就缺失了灌注酒浆的对象——祖先神帝。

◎ 开始怀疑"高柄木豆"的真实"身份"了

由于第3016号墓被捣毁，信息不全，其本身的资料一下子难以说明问题。陶寺第2001号墓同样出土了龙盘，其南侧摆了一排7件高柄木豆。这种高柄木豆形制极为特别，仅见于陶寺早期王族墓地里的王墓和二类大贵族墓葬。

高柄木豆整体呈高柄烛台状，通高25—50厘米，盘径10—20厘米，但是豆盘深度极浅，容量极小，实心的高柄豆足在整器形体中占比很高，可以肯定没有实用承器的功能。有些甚至没有豆盘口沿，外观就剩木柱柄。木豆高柄皆束腰，造型优雅，特别是高柄近上盘部，均有一道凸箍或折棱。器表一般都涂朱甚至有精美的彩绘。陶寺第3016号墓虽然没有发现高柄木豆，但是墓室头端被捣毁的部分，残留一件器形不明的木器，大致圆形，可以推测为被捣毁的高柄木豆的残块。

陶寺大墓里出土的所谓高柄木豆，只要在上端凸箍或折棱处以上捆扎一个苞茅头，包住所谓的豆盘，就能成为裸祭用的

"草把子"，也就是祖先神帝的草藉人象征物。无形的神灵所依附的木器，古代称为"主"，相当于后世的"祖宗牌位"，是拜祭的对象。金文的"主"字写作🕯，不就像个烛台吗？与陶寺的高柄木豆，也比较近似。所以将陶寺文化大墓里随葬的这些用于裸裎的"高柄木豆"，可暂称之为"苞茅木帝主"。将"苞茅木帝主"置于龙盘中，用单耳小罐，从大口罐中舀酒，灌注

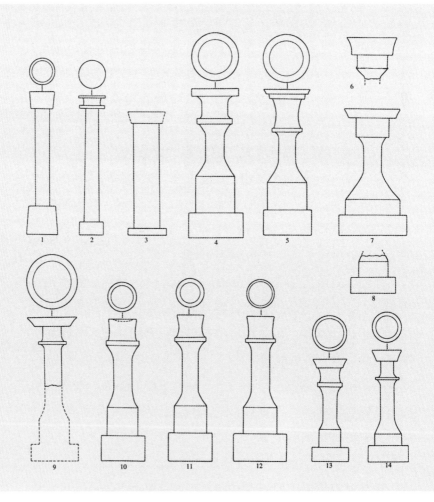

陶寺遗址早期墓葬出土的高柄木豆（"苞茅木帝主"）

苞茅木帝主头部的茅草，酒液渗入苞茅头，先在"木豆"浅盘中短暂贮留，出现"缩酒"现象。随着不断浇灌酒液，酒液饱和后从苞茅头渗出，沿高柄下淌，汇入龙盘。酒液汇入龙盘后，彩绘蟠龙图像便开始发挥其图示的象征作用了。

◎ 蟠龙闪亮登场

陶寺第3016号墓这件龙盘灰褐色陶胎，口沿及盘内施褐色陶衣，磨光，盘外壁施绳纹。口径36.6厘米、底径15厘米、腹深6.2厘米、通高6.8厘米。盘口沿以陶衣为地，间断绘出5—6处红色条带。盘底用红彩涂成圆面，应当象征着下界。盘身内，以陶衣为地色，红彩绘蟠龙图案。蟠龙蛇身，尖尾起自下界圆面的外侧，龙身向上螺旋盘旋，龙头止于近盘口处，象征着龙盘旋而上升天，可称为"登龙"。龙身以陶衣为地色，红彩间隔描绘"横焰状"龙鳞，"焰头"趋向与龙头同向，增加了蟠龙螺旋向上的动感。龙头无角，没有表现眼睛。龙头有明显的额头，似鹅头上瘤疣状。龙吻上下圆唇，嘴里没有表现列齿，却衔一枝松枝样的仙草。

◎ 龙嘴所衔是什么？

陶寺龙盘中蟠龙嘴里衔的是什么，一直以来众说纷纭。以往曾被认为是水草、稻穗、谷穗、麦穗、松枝等，甚至有仙草之说。后来在新疆小河墓地青铜时代墓葬随葬中发现被视作神草的麻黄草。通过形态对比，研究者发现陶寺蟠龙嘴里所衔的仙草很有可能是麻黄草！麻黄草在黄河中上游地区广泛野生分布，陶寺遗址孢粉分析结果中，曾发现过麻黄花粉。麻黄草含麻黄碱，具有兴奋神经的作用，食服一定量后，就有飘飘欲仙的幻觉，所以在古代被用作致幻剂。

扩展阅读

麻黄草

麻黄草为针叶丛生，单株针叶最多可达240多针，少的几十针，当年生一叉枝最少为14针。麻黄草是一味用途广泛的"神草药"，含有麻黄碱、利尿素、维生素、氨基酸和多种微量元素及挥发油，是治疗感冒、咳嗽、肺炎、尿道炎、支气管炎、支气管哮喘、关节炎、痛风等的常用药，今天属于处方管控药物。

◎ 龙盘所承接的"郁鬯"就是麻黄煮酒

陶寺裸祼礼沃灌苞茅木帝主的液体一定是酒，而这酒里大有名堂。裸祼酒非常高级，用少见的黑黍子酿造，称为"鬯"。陶寺蟠龙嘴里所衔仙草为麻黄草，在中国古代文献中，被称为鬯草，俗称"郁金香"，夏日为绿色，郁郁葱葱；秋日变为淡黄色，冬日为枯黄色，美称为"金"；来年春夏返为嫩绿色，夹有淡黄色，可谓"郁金"。麻黄气味微香，味涩，微苦，由此可合称"郁金香"，这可跟源自荷兰的郁金香花没有关系。先秦时期，人们将麻黄草"郁金香"一定针数捣烂，与鬯酒同煮制作成含有麻黄碱的麻黄煮酒，称之为"郁鬯"。

郁鬯在金文铭文和文献中可是大名鼎鼎，频繁用于祭祀和赏赐。由于融入了麻黄碱，使得郁鬯具有神经兴奋剂和精神致幻剂的作用，可使饮者精神兴奋，浑身上下通畅，幻觉通神，成了先秦时期祭祀用酒的主角。

陶寺文化早期行裸祼礼时，郁鬯装在大口罐里，用单耳小罐将郁鬯舀出，徐徐沃灌于置于龙盘的苞茅木帝主头上。郁鬯徐徐渗下，象征祖先神帝饮下了郁鬯，汇聚到龙盘底部红彩圆面"下界"——原始海洋。蟠龙象征着祖先神帝的灵魂，在郁鬯的催动下，向上天螺旋上升，回到天界，与天帝沟通。准此，陶寺龙盘里的蟠龙，便成为祖先神帝灵魂的象征。

◎ 陶寺蟠龙与"尧诞传说"

大胆假设，小心求证，考古学家的研究也是不断"解谜"的过程。陶寺遗址经过40余年的考古发掘与研究，初步串联起一套比较完整的证据链，这个证据链不断地指向文献所谓的"尧舜之都"，特别是陶寺文化早期都邑，很可能是尧都。陶寺早期王族墓地出土的龙盘，皆属陶寺文化早期。这些君王共同的祖先神就是帝尧。

古本《竹书纪年》记载了一则有趣的"尧诞"神话。传说帝尧陶唐氏，其母叫庆都，成年后常观于三河，经常有龙尾随。一日破晓时分，有赤龙感之，庆都怀孕14个月而生尧于丹陵。后有圣德，封于唐，梦攀天而上。陶寺蟠龙显然是赤龙攀天而上，与《竹书纪年》所谓感赤龙尧诞的传说，不谋而合。今天陶寺村及其所在的襄汾县一带，清明节上坟祭祀男性先祖的花馍被称为"蛇馒头"，馒头顶部面塑一条盘踞的带双角的小蛇，至少今天的村民仍认同小角蛇即龙，象征着男性祖先。

抽丝剥茧，我们多少明白了，陶寺大墓里的龙盘用作裸禘礼中的承盘，是裸器组合中的重要器物之一，图像与陶盘的器形结合，完成裸禘礼中祖先神升天的后半程。虽然如第3016号墓这样的大墓里随葬的龙盘裸器是低温彩绘陶，不能实用于宗庙裸禘礼，但是作为裸禘礼象征性道具随葬给君王，其象征意义与祖庙裸禘礼中实用龙盘别无二致。

（二）第2001号墓龙盘

◎ 墓主是男是女?

第2001号墓是陶寺文化早期王墓中唯一保存完整的一座，

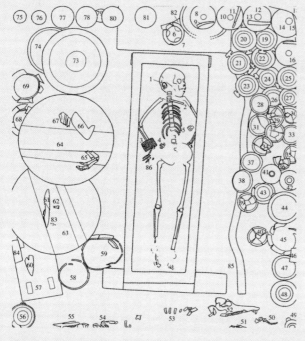

❶

❷

陶寺遗址第2001号墓平面示意图与器物组合图

1.陶寺遗址第2001号墓平面示意图

2.陶寺遗址第2001号墓器物组合图

墓坑长方形，头端宽2.54米、脚端宽2.52米、长2.9米、残深0.7米，长方盒形木棺。木棺周围撒朱砂。墓主人骨保存不好，下肢粗壮，因随葬女性性别指向的彩绘陶瓶，发掘者推测为女性，年龄不明。该墓随葬器物77件（组），没有随葬石磬、鼍鼓、陶鼓等礼乐器，因此发掘者将该墓等级定为一类乙型墓。

头端木案上摆放1件折腹斝、1件木瓢（已残朽）。折腹斝以东沿墓壁摆放7件苞茅木帝主（高柄木豆）。墓室东南部，苞茅木帝主北侧，摆放大木盆，下压龙盘。龙盘的北侧摆两件大口罐，附近还有1件单耳小罐，被压在大圆木案下。这套器物组合包括大木盆，应为裸器组合。

彩绘陶瓶1件放置在墓室西北角，是陶寺文化早期墓葬的通例。陶寺早期王族墓地与下靳陶寺文化早期墓地里，随葬彩绘陶

❶ ❷

陶寺遗址第2001号墓龙盘

1. 陶寺遗址第2001号墓龙盘照片
2. 陶寺遗址第2001号墓龙盘线图

瓶者虽以女性墓主为多，但是也有个别墓主为男性。陶寺第2001号墓墓主人骨检测有男性特征，因此该墓主应是男性。尽管该墓没有随葬礼乐器组合石磬、鼍鼓、陶鼓，但是随葬了裸器组合、苞茅木帝主一组7件，阵容豪华；木仓形器5件一套，件件配骨匕，仍显王者气度。因此我们推测墓主应是陶寺早期的男性君王之一。

◎ 蟠龙长角了

第2001号墓龙盘，胎灰褐色，器表深灰色，盘口沿及内壁施黑陶衣并磨光。口径40.9厘米、底径12.6厘米、腹深10厘米、通高11.6厘米。盘口沿上以黑陶衣为地色，画出五段红色彩带装饰。盘外壁上部施绳纹。内壁用红、白两色绘制蟠龙纹。龙身与龙头为红色，横焰状龙鳞为白色，焰尖与龙头趋向一致，攀天而上。龙蛇身尖尾，起自盘底空心下界。龙头近似第3016号墓蟠龙头部，无眼无列齿，长吻，上下圆唇，口中衔麻黄草一枝。与第3016号墓蟠龙头部细节略有不同者，第2001号墓蟠龙龙头上额头与下颚皆有角。上额瘤疣后部向后生长一角，下颚后部向后长出一角。龙嘴里的麻黄草从咽部"长"出来。

第2001号墓蟠龙龙头的形象，显然是第3016号墓蟠龙的进化，龙头长双角，更加具有"龙"的特征。麻黄草从龙的咽部"长"出来，更加强调通神麻黄草与龙本体的关联性。第3016号墓蟠龙，仅仅是口衔麻黄草，并未从咽部"长"出麻黄草。

（三）第3072号墓龙盘

第3072号墓属于王墓，大部分被捣毁破坏。脚端东壁中段放置陶豆2件、陶尊1件、大口罐1件。墓室东北角放置龙盘1件、陶豆1件、大木豆1件。龙盘的南侧有1件大口罐，似可以组合成裸器，但缺单耳小罐和苞茅木帝主。比照第2001号墓裸

❶

❷

陶寺遗址第3072号墓龙盘

1.陶寺遗址第3072号墓龙盘照片
2.陶寺遗址第3072号墓龙盘线图

褅礼用具完整组合，可以推测第3072号墓裸褅礼用器组合原本也比较完整，只是在陶寺晚期遭到严重破坏，组合不全了。

◎ 龙头变凶了

第3072号墓龙盘，胎褐色，器表深灰色间灰褐色，盘内壁施黑色陶衣并磨光。口径40.7厘米、底径15厘米、腹深7.8厘米、通高9厘米。陶盘口沿及内侧盘内壁以黑陶衣为地色，唇与边缘涂朱。盘外壁上部施绳纹。盘内红色彩绘蟠龙纹，以黑色陶衣为留白，表现双列横焰状龙鳞片。蟠龙蛇身，尖尾及盘底"下界"红彩圆面均已漫漶不清。龙头已不见瘤疣，圆眼。龙头上下各有一个耳转角。龙嘴中有清晰的列齿，麻黄草也从龙嘴的咽部

❶

❷

陶寺遗址第3073号墓龙盘

1.陶寺遗址第3073号墓龙盘照片
2.陶寺遗址第3073号墓龙盘线图

"长出"。第3072号墓蟠龙的形象，显然是第2001号墓蟠龙形象的升级版，出现了眼睛和列齿，长吻也变为尖唇，像鳄鱼头，更显凶猛。但是蟠龙图像的核心寓意应该没有根本性的变化。

（四）第3073号墓龙盘

第3073号墓属于王墓，被彻底捣毁破坏。随葬品残留在墓坑的东、西两壁墙根。东壁散乱残存4件大口罐残片，3件朽毁的木器，长条形，可能是苞茅木帝主。扰墓坑第3012号灰坑填土中发现可复原的龙盘等。

第3073号墓龙盘，胎褐色，器表灰色，沿面及内壁施黑色陶衣并磨光。口沿34.4厘米、底径12.5厘米、腹深7.6厘米、通高8.7厘米。盘口沿涂朱。盘外壁上部施绳纹。盘内壁以黑陶衣为地色，用红彩绘蟠龙纹，以黑陶衣地色留白表现横焰状龙鳞，焰头与龙头朝向趋同。白彩起描边补白和装饰龙鳞圈点的作用。蟠龙蛇身，但是尾部从盘底"下界"呈条带状向上盘旋。龙头有些漫漶，尖头无瘤疣，头上下各有一角，嘴里有列齿，麻黄草从龙嘴咽部"长出"。是否有眼睛，已经看不清楚了。第3073号墓蟠龙总体形态与第3072号墓蟠龙形态相近，其象征意义也应相同。

四 蟠龙是魂还是蹻?

陶寺龙盘彩绘的蟠龙是陶寺文化裸祂礼环节中，祖先神帝的魂灵在享用完祭酒郁鬯之后攀天而上返回天界与天帝沟通情节的艺术表现。但是，为何祖先神帝的魂灵以动物蟠龙来表现? 中国古代人们认为活人是魂与魄的结合体，魂为灵魂，魄为肉身体魄。人死后魂魄分离，尤其是下葬后，肉身体魄会腐烂而归于尘土，灵魂则要升天或转世，这就叫魂飞魄散。魂是无形的，魄是有形的。既然陶寺的蟠龙象征祖先神的魂灵，那么为何是有形的龙呢? 岂不违背中国古代有关魂魄观念的基本认识?

其实陶寺的蟠龙更大可能应该是裸祭礼中祖先神帝魂灵骑着升天的"坐骑"——龙蹻。萨满教中，巫师萨满穿梭于天地之间与鬼神沟通，往往需要借助动物坐骑如鹿、鹰或马，这些动物称为蹻。《史记·孝武本纪》记载的"黄帝乘龙升天"的神话故事里，龙就是黄帝升天的蹻。有学者认为，良渚文化玉琮神人兽面图像就是良渚大巫师驾驭着动物蹻穿梭于天地之间的图像。陶寺蟠龙图像里，祖先神帝无形的魂灵，已经内化于或者附身于龙蹻，攀天而上。由是，并不违背中国古代灵魂无形的基本认识。

五 蟠龙不是"图腾崇拜"意义上的"图腾"

陶寺龙盘作为裸祭礼的盥器之一，其上彩绘的蟠龙象征祖先神帝魂灵回天的蹻，因而严格说不是陶寺文化的**图腾**。陶寺文化早期超越了图腾崇拜阶段，进入祖先神帝及人祖崇拜，并非将人造的动物龙蹻作为自己的祖先神。

陶寺的蟠龙作为蹻，是用蛇身与其他动物元素拼凑创造出来的。那么，陶寺人选择了哪些动物元素呢？动机如何？若要回答这些疑问，需要从陶寺文化蟠龙形象的来源分析入手。

六 陶寺蟠龙创意灵感从何而来

◎ 来自红山文化玉猪龙吗？

陶寺蟠龙的年代在中国史前龙形象当中并非最早。陶寺龙盘蟠龙形象的来源，在学术界存在着不同的认识。有人认为陶寺彩绘蟠龙来源于红山"玉猪龙"。但是**红山文化**的玉猪龙的原型，并不是蛇身，可能源自金龟子的幼虫——蛴螬（qí cáo）。因此，尚无明确证据与线索证明陶寺蟠龙与红山玉猪龙之间有源流关系。

◎ 来自良渚文化的蟠蛇纹吗？

有人认为良渚文化刻画黑陶片上的无头蟠
蛇纹和龙潭港遗址第12号墓宽把杯身刻画的
形似带鱼的动物，是陶寺文化蟠龙纹的来
源。陶寺文化蟠龙纹受到良渚文化蟠蛇纹
的启发是一个合理的推测。但是良渚文
化龙潭港遗址宽把杯身刻画的带鱼似的
长体动物为横直延展身体，并不盘体，
有圆眼和列齿，更像带鱼而不像蛇。而
陶寺蟠龙象形最初并无圆眼及列齿，由此
看来陶寺蟠龙的龙头更可能有其他源头。

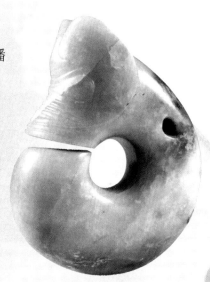

红山文化牛河梁遗址第2地点
1号积石冢4号墓出土玉猪龙

◎ 来自肖家屋脊文化的玉句龙吗？

与陶寺蟠龙龙头形象最为接近的文物造型是湖北天门石家河
城址外东南肖家屋脊遗址第6号瓮棺葬出土的玉句（gōu）龙玦，
属于肖家屋脊文化（曾称石家河文化晚期或后石家河文化），距
今4200—3900年，大致与陶寺文化时代相当。

◎ 拨开迷雾终见日

陶寺人应该最初受到良渚文化黑陶刻画蟠蛇纹的启发，以蛇
为龙身；又受到肖家屋脊文化玉句龙疣鼻天鹅头的启发，嫁接了
经改造的"疣鼻天鹅头"，由此创造了陶寺文化自己的蟠龙形象。
后来，陶寺第3072号墓和第3073号墓蟠龙的龙头，则从天鹅头
变为了鳄鱼头并长双角，长吻尖唇，口中有列齿。

七 陶寺蟠龙的意象

陶寺蟠龙象征着祖先神帝的魂灵享用祭酒郁鬯之后借龙蹻回
升天界。那么陶寺文化人群最初为何选用了蛇身和天鹅头两种重

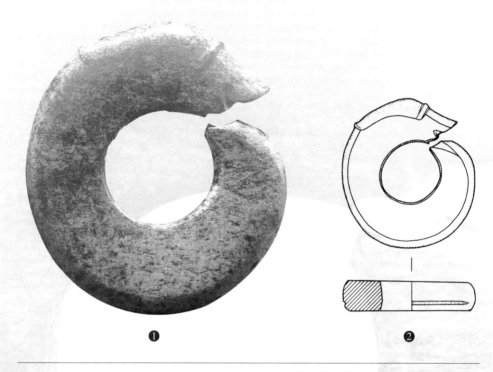

❶

❷

肖家屋脊遗址第6号瓮棺葬出土玉句龙

1.肖家屋脊遗址第6号瓮棺葬出土玉句龙照片
2.肖家屋脊遗址第6号瓮棺葬出土玉句龙线图

要的动物元素呢？陶寺文化可能只是借鉴了良渚文化蟠蛇纹和肖
家屋脊文化玉句龙疣鼻天鹅头的灵感，但是关于蛇与天鹅的文化
象征意义，很可能有自己的解读。

（一）赤链蛇身做龙身

◎ 赤链蛇"中签"

陶寺蟠龙蛇身上的斑鳞画法，均以盆内黑色陶衣为地色留
白，用红彩间隔绘制火焰状的斑鳞，留白黑地斑鳞与红彩斑鳞相
互间隔反衬。这是自然界中赤链蛇身体的艺术化表现，将赤链蛇
的窄红横斑夸张为火焰状大斑鳞。

陶寺人用赤链蛇作为君王祖先神帝之蹻，皆因赤链蛇一系列

特殊的习性。赤链蛇身为红黑色斑纹，色彩对比强烈，可以警告天敌，让天敌以为它具有剧毒，其实赤链蛇系微毒蛇。赤链蛇不主动攻击人，白天蜷曲不动，常将头部盘缩在身体下面。在受到惊吓时行动敏捷，捕咬攻击目标时稳、准、狠。遇到敌害时，先将头部深深埋于身下，摇动尾巴警告，如警告无效，会将身体弯成"S"形发起凶猛攻击。

陶寺文化是个以自然小农经济为基础的农业社会，人们重土慎迁，好静不好动，君王追求社会安定，百姓安宁，正如《尚书·尧典》所谓："曰若稽古帝尧，曰放勋，钦明文，思安安"，"安安"意为"安天下之当安者"。赤链蛇好静的特性，符合陶寺文化的社会心理。

◎ 赤链蛇的战略战术与"文德"谋略

赤链蛇有利齿，微毒，但是一般不主动出击，这就是"修兵不战""成而不用"；用黑红强烈对比的斑纹色彩威吓吓退对手或敌害，此乃"不战而屈人之兵"，"威之谓也"。赤链蛇遇到敌害，首先藏头露尾，摇动蛇尾示警，此乃"有笑而后刀兵相见"；示警无效，则展开稳、准、狠的反击，这便采用"次政"，"橐弓矢以伏天下"。一旦反击，则有"咬定青山不放松""百折不挠"的韧劲，更加符合陶寺文化君王上政和次政的治理与用兵理念。

基于赤链蛇上述一系列习性特征，陶寺的圣王选择赤链蛇身作为祖先神帝魂灵回天的龙蹻之身，是陶寺君王秉持"上政"和"次政"文德之治理念的一种表现形式。由此，赤链蛇成为不二之选。

（二）天鹅龙头变鳄鱼头
◎"疣鼻天鹅"龙头

第3016号墓和第2001号墓较早的蟠龙形象中龙头长喙，额头带瘤疣，应是疣鼻天鹅头的艺术变形。陶寺蟠龙的"疣鼻天鹅"龙头，很可能受到肖家屋脊第6号瓮棺葬玉句龙的天鹅头启发。然而，最早的玉天鹅却是红山文化牛河梁第16地点4号墓出土的完整"玉凤"，作为墓主大祭司上天入地与神沟通的蹻。

红山文化牛河梁遗址第16地点4号墓出土"玉凤"

◎ 为什么是疣鼻天鹅

疣鼻天鹅学名Cygnus olor，脖颈细长，前额有一块瘤疣的突起，因此得名。全身羽毛洁白，体态优雅，世人皆爱。飞行高度可达9000米，完全符合动物蹻的通天技能特征。疣鼻天鹅很少发出叫声，故又得名"无声天鹅"，比较符合中国传统的"多干实事，不尚空谈"的为人处世之道。

疣鼻天鹅为候鸟，一到季节，它们必定会出现在预定地区，象征着"守信"，守信也是中国人崇尚的传统美德。疣鼻天鹅性成熟之后，雌雄开始结对繁殖，繁殖对较为固定，一旦形成终生不变，分工合作承担养育后代的任务，对幼鸟照顾备至。对"婚姻"和"家庭"的负责，对幼鸟的细心养育，这些特性都符合中国传统的婚姻家庭人伦道德价值取向。

◎ 鳄鱼头"上位"

陶寺早期偏晚阶段，陕西省延安市的芦山峁中心聚落已经兴盛一时，神木石峁城址的核心皇城台开始蓄势待发。陶寺早期邦国感到了来自西部和北部的压力。陶寺第3072号墓和第3073号墓的蟠龙头部，用鳄鱼头形象取代了疣鼻天鹅头形象。这一改变的原因，有可能是后继的陶寺君王认为，不能再韬光养晦了，有必要对外"秀肌肉""露牙齿"，震慑一下外部的敌对势力，以往龙盘里蟠龙的疣鼻天鹅头像过于敦厚、仁慈、优雅，于是凶猛的鳄鱼头"上位"，取代了天鹅头，与赤链蛇身相结合，威慑感大为增强。

八　蟠龙"点睛"

陶寺彩绘龙盘是陶寺裸禘礼中的裸器承盘，彩绘蟠龙纹是陶寺君王祖先神帝灵魂享用完裸禘礼祭酒郁鬯后，回天的龙蹻。陶寺的蟠龙纹，分别采取了赤链蛇蛇身和疣鼻天鹅头形象，晚期为了向西部和北部的外来压力"秀肌肉"，陶寺蟠龙的疣鼻天鹅头形象被置换成鳄鱼头形象。

陶寺蟠龙的造型，经后来的河南新砦文化、二里头文化、殷墟晚商文化、两周、秦汉，发展到今天的中国龙造型，可以说陶寺蟠龙是中原龙创造的起点。

陶寺蟠龙所创造的中国龙的主脉，瓜瓞绵绵，延续至今已逾4300年，其如此长寿的秘诀，并非在于龙蹻的神幻功能，也不在于王室金贵的身价，而在于其所蕴含的一系列观念，奠基了中国传统文化中政治、道德、伦理等诸多方面的核心价值观体系、基本原则与社会心理基本取向，包括诸如文德之治上政，弓矢次政，先礼后兵，不战而屈人之兵；蛰伏时韬光养晦，反击时"百折不挠"有韧劲；重土慎迁，尊祖敬宗；等等。这些可以说构成了中国龙精神文化的核心价值体系，贯彻于"齐家、治国、平天下"中，以致全社会都"望子成龙"。因此我们说，中国龙是中华民族的"精神图腾"，而不是祖先崇拜意义上的图腾。中国人世世代代传承的是中国龙精神文化的核心价值体系，所以我们称自己是"龙的传人"！中国龙拥有如此丰富的、富有生命力的核心价值，是祖先留给我们的令人自豪的宝贵精神财富！

第二篇 宅兹中国

篇首语

　　随着万邦林立、"满天星斗"的龙山时代落下帷幕，华夏文明逐渐由多元的古国时期进入一体的王朝时期。距今3800年前后，中原地区形成了更为成熟的文明形态，文化影响辐射四方。在位于中原腹地的洛阳盆地，以二里头遗址为代表的超大型都邑崛起。"二里头文化"似乎就是"新生王权国家"的代言，它以无与伦比的创造力，开创了华夏文明新篇章，它拥有巨大的文化感召力，势不可当地向四周大规模辐射。二里头都邑开创的宫室制度、以青铜礼器为核心的器用制度和早期国家的运行方式，在商代进一步发展。从偃师商城、郑州商城、洹北商城到安阳殷墟，大小都邑相继建立。作为维系等级制度的政治权力工具，青铜器被大量生产，助推中国古代青铜文化达到新高峰。商代还以相当成熟的文字体系——甲骨文，著称于世。周人于公元前1046年挥师东进，灭商后建立西周王朝，以丰镐为都，实行以宗法制和分封制

为核心的一系列社会、政治和文化制度，中国古代的礼乐制度也于此时最终形成。

夏商周时期在政治上以家族世袭制取代禅让制，王权、族权、神权三位一体，开创了王朝政治的先河。甲骨文、青铜文化、礼乐制度等，是这个时期最伟大的文化成就。当我们走进夏商周的世界，对"中国"有了更加深切的感知。

碧龙耀世

——"超级国宝"的前世今生

许　宏（中国历史研究院考古研究所）

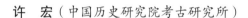

　　中国是龙的国度，龙甚至被提升到中华民族图腾的高度。龙形象文物源远流长，最早出现于距今8000年前。但最初的龙形象异彩纷呈、五花八门，与中国古代文明一样，龙形象也经历了一个从"多元"走向"一体"的进程，它的规范化与程式化，与最早的广域王权国家的形成大体同步。二里头都邑大型绿松石龙形器的问世，可以看作这一进程的一个大的节点。

一　宫殿区惊现贵族墓

　　在2004年度"全国十大考古新发现"评选汇报会上，二里头遗址2002年发掘的贵族墓中出土的一件大型绿松石龙形器引起了与会专家和公众的极大兴趣。这是中国早期龙形象文物的又一重大发现。这条碧龙"生存"在怎样的环境中，为什么迟至2004年才"浮出水面"呢？

　　一个大型遗址的发掘，往往需要几代考古人日复一日的辛苦付出与寂寞坚守。1999年，恰逢二里头遗址发现与发掘40周年，二里头考古队迎来了第三任队长许宏。新官上任，有许多学术设想，于是在钻探确认了遗址的现存面积及成因、所处微环境、大的功能分区后，又把注意力集中到对以宫殿区为中心的遗址中心区的探究上来。

2001年秋开始，根据前辈工作的线索，考古队在二里头遗址宫殿区东部揭露出相互叠压的二里头文化大型建筑基址群。在二里头文化晚期的建筑基址下，发现了一座规模更大、结构更复杂的建筑基址，编为第3号基址。这是一座（或一组）多进院落的大型建筑，其主体部分至少由三重庭院组成。时代则相当于二里头文化早期，约公元前1700年—前1600年。这是迄今所知中国最早的多进院落的宫室建筑。

2002年4月上中旬，发掘工作在紧张有序地进行中。一天上午，年轻队友李志鹏走到许宏身旁，压低了声音说："许老师，出铜器了！"李志鹏负责的探方中有一座很大的**二里岗文化**时期的灰坑，灰坑打破了二里头文化晚期建筑基址之间的路土和垫土，并穿透了其下叠压着的3号建筑南院中的路土。灰坑已基本清理完毕，李志鹏在刮灰坑的坑壁剖面时，发现有铜器露头，他赶忙又用土盖好，向许宏报告。细剥去表面的覆土，一件饰有**凸弦纹**的铜铃一角露了出来，阳光下青铜所特有的绿锈惹人心动。近旁还有人骨露头。这应是一座身份较高的贵族墓！被灰坑破坏的只是其一部分。考古队马上将铜铃再盖好，先扩大发掘面积，寻找墓葬范围、确认其**开口层位**。考虑到在考古发掘工地有较多人已知此事，决定安排人在工余时间不间断看守，直至最后清理完毕。保护好文物的沉重责任感甚至盖过了发现的欣喜。

经仔细观察，墓葬开口于二里头文化早期大型建筑3号基址南院的路土层之间，说明墓葬系该建筑使用期间埋设的。因此，考古队在墓葬正式清理前，已可确认其属于二里头文化早期。自1959年首次发掘以来的40余年间，二里头遗址出土青铜器的早期墓葬仅发现过1座。而且，根据以往的经验，出有铜铃

二里岗文化

一种考古学文化，晚于二里头文化，早于殷墟文化，一般认为应属商代早期，约公元前1500年—前1350年。

凸弦纹

青铜器纹饰一种，顾名思义，类似于凸起的琴弦。

开口层位

考古学术语，现存遗迹口部的堆积情况。

二里头遗址航拍图

二里头遗址宫殿区发掘现场

的墓一般同出嵌绿松石铜牌饰及其他一些重要的玉器、漆器和陶礼器等。在这座墓发现前后，考古队在该墓所在的3号建筑基址的南院和中院先后发现了建筑使用时期埋设的数座贵族墓。这些墓葬成排分布，间距相近，方向基本相同，尽管大多遭破坏，还是出土了不少随葬品。这是二里头遗址发现与发掘以来首次在宫殿区内发现的成组贵族墓。成组高规格贵族墓埋葬于宫殿院内的现象，对究明这一建筑的性质和二里头文化的葬俗具有重要的意义。其中，3号墓又是这些墓葬中最接近3号建筑基址中轴线的一座，它的规格很可能高于以往在宫殿区周围甚至它近旁发现的同类墓。

从这批墓葬的规格上看，当时是有一定身份的死者才可以入葬其中的。也许除了贵族外，他们还有其他特殊的身份，而这种特殊的身份又应与建筑的性质有一定的关系。已有学者对包括3号墓在内的这些墓葬所在建筑基址的性质加以讨论，大多认为应属宗庙建筑，到目前为止还难以做出确切的推断。无论如何，可以排除这些墓葬属祭祀活动形成的人牲坑的可能。它们所在之处也绝非当时的墓地，应属有较高社会地位者的正常埋葬。

考古队把这座墓编为2002VM3（2002年第V工作区第3号墓）。墓葬为近长方形的竖穴土坑墓，墓的方向接近正南北向。当时大部分的墓葬都是这个方向，说明葬俗是有讲究的。在揭开墓葬上面叠压的路土层后，得知这座墓的长度超过2.2米，宽度达1.1米以上，残存深度为半米余。可不要小看了这墓的规模，如果与后世达官显贵的墓葬相比，它实在是小得可怜，但在二里头时代，它可是属于迄今已发现的最高等级的墓（目前还没有发现王一级的墓葬）。要知道，二里头遗址发掘40余年以来，已发掘的二里头文化时期的墓葬总数达400余座，但墓圹面积超过2平方米（大体为2米长，1米宽）的贵族墓却仅发现了9座。所以，这座墓值得期待的地方有很多！

前述的二里岗文化时期的大灰坑打破了墓的西南部。墓主人侧身直肢，头朝北，面向东，部分肢骨被毁。后来经考古研究所体质人类学家鉴定，墓主人是一名成年男子，年龄在30—35岁之间。墓底散见有零星的**朱砂**，没有发现明确的棺木痕迹，或许已腐朽殆尽。

墓内出土随葬品相当丰富，包括铜器、玉器、绿松石器、白陶器、漆器、陶器和海贝等，总数达上百件。墓主人头骨上方发

朱砂

一种红色矿物质。二里头贵族墓中的常见之物，一般认为应与宗教信仰有关，同时是身份等级的标志物。

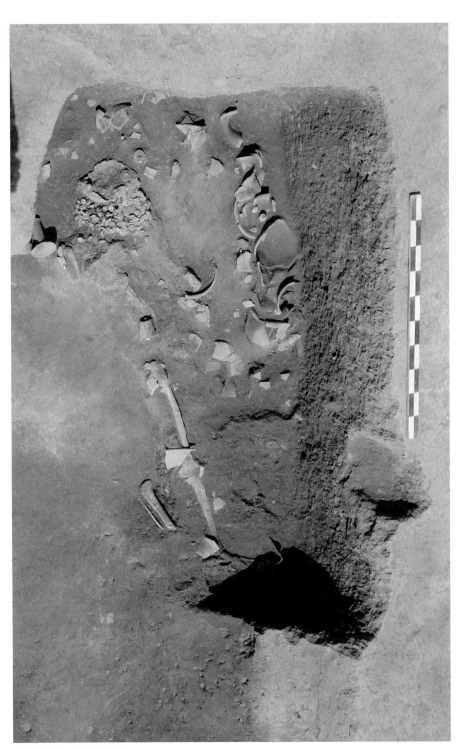

出有绿松石龙形器的3号墓（左下为大灰坑破坏处）

现3件白陶器，呈品字形排列，2件顶面朝上，1件顶面朝下，可能为头饰或冠饰的组件。白陶器呈斗笠状，顶部圆孔处各有一穿孔绿松石珠，估计原来应该有丝带类的有机物把二者连缀起来。白陶器是二里头文化早期的贵族用器，但斗笠状器却属首次发现，也不见于以往在宫殿区周围发现的贵族墓。墓主人头部附近发现一件鸟首玉饰，其风格酷似长江中游一带的石家河文化的同类器，有的学者甚至认为其就是典型的石家河遗物而非仿制品。头骨近旁发现2枚较大的穿孔绿松石珠。大量海贝置于墓主人的颈部，数量超过90枚，每个上面都有穿孔，上下摞压，局部呈花瓣状，应该是颈部的串饰，即"项链"。这种海贝被称为子安贝，仅产于南海、印度洋及以南地区。玉器和海贝之类远隔上千里乃至数千里以外的珍罕品出现于二里头都邑宫殿区内的贵族墓中，是一件颇耐人寻味的事。唯一一件铜器即李志鹏最早发现的铜铃，放置于墓主人的腰部，铃内有玉质的铃舌，铜铃表面黏附一层红漆皮和纺织品的印痕，下葬时应以织物包裹。漆器的种类和数量较多，见于墓内四周，而以墓主人左侧最为集中，可以辨认的器形有饮酒器觚、钵形器和带柄容器等。陶器有酒器爵、封顶盉、象鼻盉，以及作为炊器和盛食器的鼎、豆、尊、平底盆等共10余件，这些器物都被打碎，放置于墓主人身旁。

在另外几座贵族墓中，还出土了玉柄形器、印纹釉陶器（或原始瓷）以及成组的蚌饰等珍贵遗物，其中也不乏首次发现者。

二 神秘的大型绿松石器

发现3号墓的当晚，考古队即开始布置对墓葬进行"一级守护"。考古队安排"两班倒"，上半夜一拨，包括女生，下半夜则全为男性。又从邻近的圪当头村借来一条大狼狗，把队里的"大屁股"北京吉普2020开去，车头对着黑魆魆的墓穴，隔一会儿用车灯扫一下。上半夜还比较"浪漫"，大家说说笑笑，数着星

3号墓随葬的斗笠状白陶器、铜铃和海贝

1.斗笠状白陶器
2.铜铃
3.海贝

星，贪婪地嗅着晚春旷野上散发着麦香的空气。有男生还不时吼上一两句粗犷的民谣。下半夜则比较遭罪，四月中旬的夜晚，昼夜温差很大，在野地里要穿大衣。大家索性不睡，蜷曲在车里打牌，用一床大棉被合盖在几个人的腿上，被上放牌。大家戏称是为二里头贵族"守夜"。墓葬邻近坎当头和四角楼村之间的土路。每有行人和车辆经过，大家都很警觉。

　　3号墓的清理紧张而有序地进行着。在墓主人的骨骸显露之前，已经有一些靠上的器物开始露头，其中就包括细小的绿松石片。考古队对绿松石片的出土并不惊奇，如前所述，根据以往的经验，它应该是嵌绿松石牌饰的组件。但随着揭露面积的扩大，考古队开始意识到"遭遇"了前所未有的发现。

　　绿松石片从墓主人的肩部开始，直到胯部一带，断续分布，总长超过70厘米。要知道，在此之前在二里头遗址及中原周边地区发掘出土或收集到的，以及藏于世界各大博物馆或私人收藏家手中的镶嵌牌饰仅10余件，其绝大部分长度都在15厘米左右，最大的一件异形器的长度也只有20余厘米，而且一般都有铜质背托。3号墓的绿松石片则分布面积大，且没有铜质背托。墓主人肩部一带的绿松石片位置较高，较为零星散乱，推测系棺木腐朽塌落时迸溅而致。位于墓主人腰部附近，以及胯部一带的绿松石片则相对保存较好，有些还能看出由不同形状的绿松石片拼合而成的图案。这颇令人激动，以往在龙山时代到二里头时代的贵族墓葬中就曾有大量的绿松石片集中出土，这些绿松石片原来都应是粘嵌于木、皮革或织物等有机物上的，出土时大多散乱而无法复原其全貌。绿松石片极为细小，每片的大小仅有数毫米，厚度仅1毫米左右。清理起来极为困难，稍不留意，甚至用嘴吹去其上和周围的土屑都可能使绿松石片移位。而一旦有较大面积的移位，将使以后对原器的复原成为不可能。

许宏意识到这样不行，清理得越细越不利于今后的保护和复原。于是紧急向考古研究所科技中心求援。考古研究所科技中心对易损文物的清理复原保护工作在文物考古界素享盛誉。电话打给了科技中心文物修复保护组组长李存信技师，讲明情况后，李存信表示即便他们赶赴现场，因条件限制也很难在极短的时间内完好地揭取出来，最好是先整体起取，运回室内，再按部就班地清理。

考古队接受了整体起取、室内清理的建议，在按照田野考古操作规程获取了墓葬的基本数据材料后，开始整体起取大型绿松石器。当然，最为理想的是将整座墓全部起取，但依当时发掘现场的条件是不可能的。起取体积越大，其松动的可能性就越大，何况偌大体积的土的重量也是难以解决的问题。最后，考古队把墓主人颈部的海贝串饰也纳入了整体起取的范围，即

3号墓清理工作紧张进行

从墓主人的下颌部（头骨在发掘前已被压塌）取至骨盆部。好在墓以下即为**生土**，将下部和周围掏空，塞以木板，周围套上已钉好的木框，再在木框与土之间填以石膏浆，上部精心加膜封盖。然后用钢丝捆好木箱。这一长1米余、宽近1米的大箱子，由6个男劳力抬都十分吃力。它被抬上了吉普车，送回位于二里头村内的考古队住地。忙活完之后，已是发现铜铃的第四天晚上九点半了。

　　到了住地，放在哪儿又成了问题。因为木箱内还有铜铃，恐怕会成为窃贼的目标。抬到二楼太困难，而一楼除了许宏的卧室兼办公室和值班室外都无人住。于是有技师建议道："队长，

生土

未经人类活动扰动过的土。

3号墓漆器起取现场

绿松石龙形器清理现场

还是先放到你屋里吧！"也只好这样了。20余年的考古生涯，许宏已不介意与研究对象——数千年前的死者"亲密接触"。就这样，这个二里头贵族与盖在他身上的那条绿松石龙与许宏"同居"了一个多月，直到它被运到北京。

三 "超级国宝"横空出世

李存信说，在北京他的工作室清理可能比在考古队里做要好。可也是，他清理绿松石器需要的各种工具和物品，要么得从北京专门带来，要么得考古队开车去洛阳买，还不一定能买得到。在请示了考古研究所和研究室领导后，许宏开始安排把大木箱运回北京。那时已是2002年的7月。许宏当时在北京，押运的任务自然落到了当时唯一的队友陈国梁身上。陈国梁与队里技师们一起，用二里头工作队的吉普车把大木箱及几个整体起取漆器的小木箱安全地运到了北京。一直在考古研究所等候的许宏，直到安排把木箱放进科技中心的大房间内才长长地出了口气。

科技中心的工作千头万绪，既要完成考古研究所内的工作，

绿松石龙形器与青铜铃

又有许多兄弟单位的不时之请。李存信答应尽快处理这件"宝贝"。但随后就是2003年春的"非典"，考古队的大木箱也就一直静静地躺在那里，等待着这件国宝的重见天日。

2004年夏天，李存信开始揭开箱盖进行清理。从小心翼翼地剔凿去石膏，一直到总体轮廓出来，颇为不易。8月份的一天，李存信打来电话，说有一定的轮廓了，保存得还不错。许宏急忙赶了过去，当看到为之付出了艰辛努力而保下来的这件宝贝，居然是一条保存相当完好的大龙，顿感此前一切丰富的想象与推断都变得黯然失色。当从上面俯视这条龙时，感觉它分明正在游动；当你贴近它硕大的头与其对视时，它那嵌以白玉的双眼分明也在瞪回来，仿佛催人读出它的身份。就这样，一件大型绿松石龙形器逐渐"浮出水面"。

此后，许宏和队友赵海涛经常去清理现场，提供背景资料，与李存信商量如何一步步地处理及收集记录各种信息。后半段，许宏又从队里调来了一名年轻技师，协助清理并负责绘图。

所里的领导来了，老专家来了，大家都很兴奋，有人将其誉

为"超级国宝"。经历了两年多的期盼，终于可以一睹其"庐山真面目"了。

这件龙形器放置于墓主人的身上，由肩部至髋骨处，与骨架相比略有倾斜，头朝西北，尾向东南。由2000余片各种形状的绿松石片组合而成，每片绿松石的大小仅有0.2—0.9厘米，厚度仅0.1厘米左右。绿松石原应粘嵌在木、革之类有机物上，其所依托的有机物已腐朽，仅在局部发现白色灰痕。全器整体保存较好，图案清晰可辨，仅局部石片有所松动甚至散乱。由铜铃在龙身之上这一现象看，可以排除龙形器置于棺板上的可能。又据以往的发现，铜铃一般位于墓主人腰际，有学者推测应置于手边甚或系于腕上，联系到墓主人侧身，而绿松石器与其骨架相比上部又略向外倾斜，这件龙形器很可能是被斜放于墓主人右臂之上而呈拥揽状。

绿松石龙形体长大，巨头蜷尾，龙身曲伏有致，形象生动，色彩绚丽。龙身长64.5厘米，中部最宽处4厘米。龙头置于由绿松石片粘嵌而成的近梯形托座上。托座表面由绿松石拼合出有层次的图案，多处有由龙头伸出的弧线，似表现龙须或鬣的形象，另有拼嵌出圆孔的弧形纹样。

龙头隆起于托座上，略呈浅浮雕状，为扁圆形巨首，吻部略微突出。以三节实心半圆形的青、白玉柱组成额面中脊和鼻梁，绿松石质蒜头状鼻端硕大醒目。玉柱和鼻端根部均雕有平行凸弦纹和浅槽装饰。两侧弧切出对称的眼眶轮廓，为梭形眼，轮廓线富于动感，以顶面弧凸的圆饼形白玉为睛。在半圆形玉柱的底面发现有白色和浅黄色附着物，可能是黏合剂的痕迹。

龙身略呈波状曲伏，中部出脊线，向两侧下斜。由绿松石片组成的菱形主纹象征鳞纹，连续分布于全体，由颈至尾至少12个单元。龙身近尾部渐变为圆弧隆起，因此更为逼真，尾尖内蜷，若游动状，跃然欲生。

距绿松石龙尾端3厘米余，还有一件绿松石条形饰，与龙体

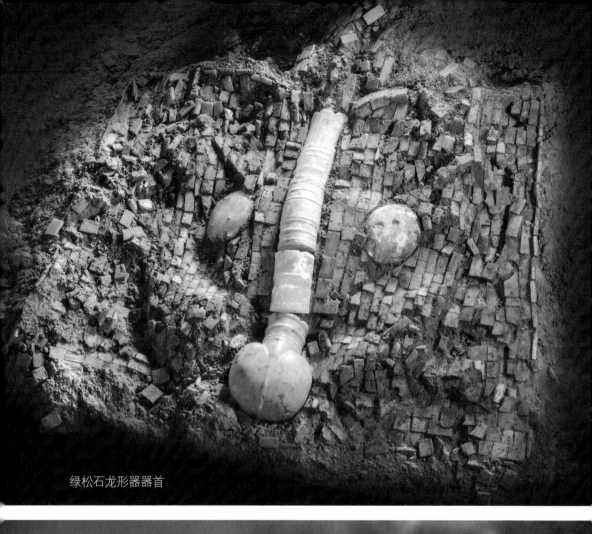

绿松石龙形器器首

绿松石龙形器器尾

近于垂直。二者之间有红色漆痕相连，推测此物与龙身所依附的有机质物体原应为一体。条形饰由几何形和连续的似勾云纹的图案组合而成。由龙首至条形饰总长70.2厘米。

四 解密龙形器制作之谜

上文说过，这件绿松石龙形器是由2000余片各种形状的细小绿松石片组合而成，其制作可谓鬼斧神工。那么，它是如何制作而成的呢？

在二里头文化之前的龙山时代，黄河流域各地就十分流行绿松石饰物。到了二里头时代，绿松石制品的生产和消费达到中国历史上最发达的阶段。在二里头遗址，不仅贵族墓葬中出土了大量绿松石制品，而且还发现了中国最早的绿松石器制造作坊。二里头文化所属人群的绿松石矿源开发、开采制度，原料保护与运输，作坊管理、技术控制及绿松石制品的社会流通以至于最后埋藏等，都应处于早期王朝的有效控制之下。

地处秦岭东段的鄂、豫、陕三省交界处，是我国主要的绿松石成矿区。作为绿松石器原料的矿石，通过洛河等河流，可以被运到200—300千米以外二里头都邑所在的伊洛平原核心区。由于绿松石器作为贵族奢侈品甚至权力地位标志物的"身份"，绿松石器的加工也成为官营手工业的一个组成部分。二里头都邑发现的中国最早的绿松石器作坊和最早的青铜礼容器铸造作坊，就位于官营手工业作坊区。

官营手工业作坊区地处二里头都邑中心区的南部，南临古伊洛河，北邻二里头宫殿区（晚期筑有宫城），宫殿区以北是祭祀遗存集中分布区。宗教区—政治区—官营经济区这三个重要区域，实际上形成了纵贯二里头都邑中心区的一条大"中轴线"。

作坊区与宫殿区之间有大路相隔，自绿松石龙形器所属的二里头文化第二期起，这里即建有围垣设施，形成"工城"。绿松

作坊区出土的绿松石料

石器制造作坊，就发现于围垣作坊区北垣以内，目前已探明的范围不小于1000平方米。使用时间可上溯到二里头文化早期，一直沿用到二里头文化末期。绿松石龙形器，应该就是在类似的作坊中制作出来的。

在科技考古工作者的扫描电子显微镜下，可观察出绿松石器的制作过程。从出土绿松石原料来看，不少绿松石厚度都在1厘米以下，最薄的仅有约0.1厘米，围岩与绿松石间一般都有铁锰层。因此，把绿松石的围岩除却后，一般还得把铁锰层磨掉。一些薄片只附带极小绿松石的部位，可能是从嵌片毛坯剥离的废料。绿松石嵌片正面研磨光滑，其他数面则不甚精工，可看出清晰的切割琢磨的痕迹。从龙形器周围散落的一百多片嵌片来看，

绿松石龙形器嵌片

长度在0.4—0.5厘米的最多，平面形状以长方形和正方形占大多
数，另一些呈三角形、梯形、圆角长方形和不规则形状等。

把扁薄的绿松石原料的一面或两面加工磨平后，就会成为嵌
片毛坯。有些学者推测二里头文化中大量切割制作的绿松石片，

可能是使用青铜工具切割的。为了使最后的拼嵌严丝合缝且龙身呈圆雕效果，不少嵌片边沿呈斜壁状，一些方形嵌片的横剖面呈倒梯形。一般嵌片的边沿都经过仔细磨平，有些嵌片侧边明显留有锯片切割后的痕迹。

镶嵌是把加工对象嵌在另一物体中起装饰作用的技术。嵌片外形可以有多种变化，将不同形制嵌片组合拼对成不同纹饰就是拼合技术。二里头遗址出土的嵌绿松石兽面纹铜牌饰和龙形器都是嵌片拼合的杰作。

二里头绿松石龙形器的鼻部由绿松石鼻头和呈三节组合的鼻梁构成，鼻梁的第一节、第三节是闪石玉，第二节为绿松石。鼻头梁部和三节鼻梁都以减地技术打造成线状浅浮雕。减地工具很可能是尺寸颇小的砺石，砺石材质应当是石英含量高、颗粒极小的砂岩。每一节鼻梁的两端，都有阴刻造成的两道细小的锥状纹，这类精细的阴刻技术多为一节鼻梁加工工序的最后环节。

在绿松石器加工过程中，都要对器物表面进行打磨。经过打磨可将玉器表面因前期加工造成的痕迹除去，使之看起来更加光滑圆润，最终呈现出玉器独特的光泽。玉工通常手持小型打磨工具，在玉器表面往复运动摩擦；也可以手持玉器，在较大的打磨工具上往复运动摩擦。

肉眼观察绿松石龙的鼻头背面打磨非常平整，在扫描电子显微镜下观察，该面至少经过两个级别的打磨，可简单分为粗磨和细磨。细磨与粗磨方向基本一致，偶尔可见其他方向的磨痕。绿松石龙鼻头背面打磨虽然精细，但远不如器物正面。正面的打磨则需要使用更细的砺石，如细粒砂岩、微粒砂岩等。

在龙头半圆形玉柱的底面发现有白色和浅黄色附着物，可能是黏合剂的痕迹。如何将这2000多枚细小的绿松石片准确而牢固地粘嵌在有机质底托上，最终拼合出生动的龙形象，是有待继续探索的课题。

绿松石龙形器及其嵌片

要之，二里头都邑遗址中的绿松石器集中出土于宫殿区及其附近的贵族墓葬等处，绿松石作坊的生产活动集中管理，且绿松石器制作水准高超，表明当时对绿松石矿料来源和生产、消费的控制，应是在国家层面极其严密的组织下进行的。

五 龙牌、龙杖还是龙旗？

龙头部为何有一个略呈矩形的托座，说来还有一个认识过程。绿松石龙头部清理出来后，考古队就对此百思不得其解。2004年秋季，二里头遗址持续发掘，工余时间许宏又开始端详起绿松石龙的照片。如前所述，绿松石龙形器在出土前即有多处石片松动或散乱，应是棺木塌落时受压变形，龙头部位就有些因石片错位而导致图案不清。托座上的图案究竟表现了什么样的含义呢？这一问题一直萦绕于许宏脑际。于是翻检相关的材料，试图找到某些启示。一日凭印象查找曾看过的一件出土于河南省新密市新砦遗址陶器盖上的刻画兽面纹。再次看到这一兽面纹，不禁连连感叹其与绿松石龙头太像了！那面部的轮廓线、梭形眼、蒜头鼻子，甚至连鼻梁都是相同的三节，简直如出一辙！最具启发性的是从新砦兽面伸出的卷曲的须鬃，令人茅塞顿开。托座上那一条条由龙头伸出的凹下的弧线，展现的不正是用绿松石难以表现的龙须或龙鬃的形象吗？

新砦陶器盖上的兽面纹与绿松石龙之间的相似性，还有更深一层意义。目前学界普遍认为以新砦遗址为代表的遗存，是由新石器时代末期的中原龙山文化向青铜时代初期的二里头文化演进的过渡期文化，可以看作二里头文化的前身。当然这一认识主要源于以陶器为主的文化因素的比较。而陶器盖上的兽面纹与绿松石龙表现手法的高度一致，则从宗教信仰和意识形态上彰显了二者密切的亲缘关系。可以说，绿松石龙找到了最直接的渊源与祖型。

① ②

新砦遗址陶器盖兽面纹与绿松石龙头部

1.新砦遗址陶器盖兽面纹
2.绿松石龙头部

  二里头文化时期的贵族墓葬中，接连发现了数枚镶嵌有绿松石的兽面纹青铜牌饰，总体晚于绿松石龙形器，分藏于英、美、日等国的多家著名的博物馆、美术馆乃至私人收藏家手中，计有10余件。经科学发掘出土的二里头文化铜牌饰，为这些牌饰的年代与文化归属等问题的研究提供了坚实的依据。有的学者甚至认为流散海外的这些铜牌饰中的相当一部分，应当就是早年出土于二里头遗址的。

  铜牌饰的正面均近圆角长方形，有的呈亚腰状，长15厘米左右，宽度一般不足10厘米，体量并不大。略微拱起的弧形铜胎上铸出兽面纹，再以数百枚细小的绿松石片镶嵌其上。绿松石片被琢磨成各种形状，勾画出神兽奇异的眼、鼻、角和其他部位；神兽虽形态各异，但均以浑圆的绿松石珠为睛。整个牌饰做工精巧，令人叹为观止。铜牌饰作为随葬品，一般出土于墓主人的胸前或腕部附近，两条长边外侧各有两个穿孔的纽，或许是缝缀在衣物或其他介质上的。关于其功用，学界的推测包括饰品（臂饰）说、马具说、权杖说、护身说、神像说、礼器说、巫具（法器）说等，不一而足。

嵌绿松石铜牌饰仅见于二里头文化时期或稍晚，来去倏忽，存在时间约200年。其身世扑朔迷离，成为千古之谜。二里头绿松石龙形器的出土，表明这些铜牌饰兽面纹图案的大部分，不就是绿松石龙尤其是其头部的简化或抽象表现吗？显然，绿松石龙形器又成为解读嵌绿松石铜牌饰这一国之瑰宝的一把钥匙。

总体上看，位于宫殿区内，最接近所在建筑的中轴线，且出土大型绿松石龙形器的3号墓的墓主人，其身份也要远高于随葬铜牌饰的墓主人。值得注意的是，绿松石龙形器或嵌绿松石铜牌饰都与铜铃共出。在当时，铜牌饰边框和铜铃应呈古铜色，与蓝绿色的绿松石交相辉映，佩戴于身的铜铃叮当作响，可以想见持有者生前身后的气派。随葬这两种重要器物的贵族，其身份也很可能与其他贵族有异。如是，他们又是些什么人呢？是主持图腾神物祭祀的"御龙氏"，还是乘龙驾云、可以沟通天地的巫师？研究者的结论大多限于推想的层面。

有学者认为，二里头绿松石龙形器应是一个在红漆木板上粘嵌绿松石片而形成的"龙牌"，它色彩艳丽，对比强烈，富有视觉冲击效果。龙牌上的龙图像，表现的是龙的俯视图。而随葬绿松石龙形器的高级贵族，应系宗庙管理人员，"龙牌"则应是祭祀场合使用的仪仗器具。的确，在此后的殷墟和西周时代，用绿松石镶嵌龙图案的器具，也都是罕见的珍品，绝非一般人可以享用

二里头遗址出土嵌绿松石铜牌饰

的普通器物。

另有学者认为绿松石龙形器是早期的旌旗，其上装饰升龙的形象。以死者生前所用旌旗覆盖于尸体之上，应是早期旌旗制度的反映。《诗经》中记述周王祭祀于宗庙，有"龙旗阳阳，和铃央央"的场景描写，其中"龙旗"与"铃"并列对举，与该墓中龙牌与铜铃共存的情况，颇为契合。墓主人应是供职于王朝的巫师，其所佩龙旌具有引领亡灵升天的宗教意义。

无论如何，在烈火中范铸的贵金属青铜和本土崇尚的宝玉绿松石交相辉映，它们的出现正值青铜合金这种当时的高科技产业出现之时，金玉共振，标志着辉煌灿烂的中国青铜时代拉开大幕。

六　从众龙并起到"饕餮"归一

这一大型绿松石龙形器，是中国早期龙形象文物和绿松石镶嵌文物的又一重要发现。其用工之巨、制作之精、体量之大，在中国早期龙形象文物中都是十分罕见的，具有极高的历史、艺术与科学价值。这一出土于"最早的中国""华夏第一王都"的碧龙，才是真正的"中国龙"。

绿松石龙形器，出现于二里头都邑初始兴盛期的宫殿区，此时的二里头聚落已经具备了东亚地区超大型都邑的内涵与气象，是中国古代广域王权国家形成的表征。3号墓则属于迄今所知二里头都邑中最高等级的墓葬之一，墓主为具有特殊身份的较高等级的贵族。绿松石龙形器和嵌绿松石铜牌饰上所表现的与沟通人与祖先或天地、神灵有关的神话性动物形象，此后成为商周青铜器纹饰最重要的构成部分，并且始终与当时社会中高等级贵族乃至王室有着密切的关系，成为王朝时代礼器或威权物品最重要的纹样母题。新石器时代至青铜时代初期以龙等神化或半神化性动物图案为代表的动物母题与后来商周王朝礼器的特殊关系及其文化内涵，可能是理解中国早期文明文化底

二里头文化陶器上的龙纹

蕴的关键元素之一。

龙形象文物在二里头遗址中多有发现，除了大型绿松石龙形器、嵌绿松石兽面纹铜牌饰外，还有陶塑龙（蛇）、刻画在陶器上的龙图像以及陶器上图案化的龙

（蛇）纹装饰等。这些蛇纹装饰，有学者认为表现的就是龙的形象。祭祀遗存区一带还出土有陶塑龙头，额部刻菱形纹，应是某种器物上的装饰部件。宫殿区以东出土的两件透底陶器的肩腹部，都立体雕塑有数条小蛇，呈昂首游动状，身上饰菱形花纹。宫城外侧出土的一件通体磨光、制作精致的大型陶盆，最引人注目之处是盆口内侧绕盆沿一周浮雕了一条或两条长蛇，昂首卷尾，生动逼真。蛇身上方的盆口上还阴刻了一周鱼纹，笔法相当写实。

陶透底器上用粗阴线表现的龙，一首双身，其额头饰菱形纹，鼻吻凸出，也是梭目圆睛，与绿松石龙颇为相近。龙身自颈部开始分为左右伸展的双身，龙身细线阴刻不规则菱形花纹和双曲线。阴线内涂有朱砂，眼眶内则涂成翠绿色。龙身上下还饰有勾云纹和兔纹，线条飘逸圆润。另一条阴刻龙纹，龙体呈弯曲游走状，线条纤细流畅。龙为梭形目，圆睛，龙身有外卷的鳍或鬃毛类装饰，近头部有爪，爪有四趾，弯钩锋利。在它的旁边还刻绘有双首一身的蛇形龙纹。类似的刻于陶器上的龙形象还有不少。

从出土地点看，这些装饰有龙形象的器物，基本上仅见于二里头遗址，且都发现于二里头都邑的宫殿区或其

二里头文化陶器上的龙纹

前二里头时代的兽面纹：良渚文化玉牌饰

周围的重要地点，如祭祀遗存区、贵族墓地和官营作坊区等处。这表明龙形象器物为社会上层所专有，地位崇高。

中原地区龙山时代末期新砦文化刻于陶器盖上的"饕餮纹"，应与二里头文化的龙形象有着直接的渊源关系，已如前述。陶寺文化绘于陶盘上的彩绘蛇形蟠龙纹，早已享誉中外，也有学者指出其形态特征与二里头文化的同类龙纹相类。而二里头文化玉柄形器和嵌绿松石铜牌饰所见兽面纹，应与山东地区的龙山文化、长江中游的肖家屋脊文化（后石家河文化）的神祖面纹有关，其渊源甚至可上溯至东南沿海地区的良渚文化。

显然，二里头文化所见以龙为主的神秘动物形象要较此前的龙山时代诸文化复杂得多，龙的形象也被增添了更多想象或虚拟的成分，呈现出多个系统的文化因素整合的态势。这类由其他区域引进的信仰与祭祀方式，有可能暗示了与上述史前文化相同的神权崇拜理念被吸纳进来，成为二里头贵族精神世界的一部分。这种现象，也从一个侧面反映了二里头作为大型移民城市，乃至跨地域的广域王权国家——中国最早的王朝都城的兴起过程。

不少学者把二里头出土的龙形象文物，与文献中种种关于夏人龙崇拜的记载联系在一起考察。但龙作为后来中华民族神圣的图腾，在其出现的早期阶段并不

前二里头时代的兽面纹：海岱地区龙山文化玉圭纹饰

专属于某一族系，其后的商王朝社会生活中的龙形象愈益兴盛。

众所周知，盛行于商周时代青铜器上的主题纹样，长期以来被称为"饕餮纹"。但也有不少学者质疑这种铸于国家重要祭器上的纹样是否就是以狞厉贪婪著称的怪兽"饕餮"，因而以较为平实的"兽面纹"一词取而代之。王震中、李学勤更进一步指出这些纹样主题的大部分，应即龙纹。

后二里头时代的兽面纹：二里岗文化铜构件

李零则认为，"（商周时期）饕餮纹与龙纹同时存在，前者……就其主体而言，应是龙纹面部的特写，两者属于同一大类"。随着早期王朝的社会文化整合，广域王权国家逐渐臻于全盛，本来具有多源性特征的龙形象也规范划一，并逐渐抽象化和神秘化，作为"饕餮纹"固定下来，成为最重要的装饰主题。而以嵌绿松石铜牌饰为代表的二里头所见兽面纹，开创了商周青铜器上兽面母题的先河。

显而易见，二里头正处在龙形象由"多元"走向"一体"的奠基与转折的关键时期。前所述及的二里头龙形象的诸多要素如整体面部特征、梭形目（或称臣形目）、额上的菱形装饰、龙身的连续鳞纹和菱形纹等形体和装饰特征，都为二里岗至殷墟期商王朝文化所继承并进一步发展。而商周王朝青铜礼器中的龙形象，又奠定后世中国古代龙形象进一步递嬗演化的基础。

后二里头时代的兽面纹：殷墟文化铜器装饰

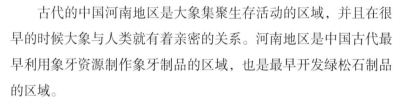

绝品象牙杯
——揭秘传奇的"妇好"

朱乃诚（中国历史研究院考古研究所）

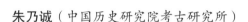

古代的中国河南地区是大象集聚生存活动的区域，并且在很早的时候大象与人类就有着亲密的关系。河南地区是中国古代最早利用象牙资源制作象牙制品的区域，也是最早开发绿松石制品的区域。

迄今为止发现的古代最为珍贵、制造工艺最高、雕刻花纹最为繁缛、至今仍光彩夺目的镶嵌绿松石的大型象牙容器，也发现于河南地区，这件器物就是安阳殷墟妇好墓出土的镶嵌绿松石象牙杯。

绿松石象牙杯，不仅器形硕大，形态典雅，刻纹精细，绿松石镶嵌工艺高超，光彩夺目，而且还与中国古代一位传奇的女子有着密切的关系。这位传奇的女子就是赫赫有名的商王武丁的妻子——"妇好"。

一 绝代尚品——大型绿松石象牙杯

绿松石象牙杯，是1976年经考古发掘出土的，发现于殷墟妇好墓的填土之中。妇好墓出土的绿松石象牙杯有一对两件，形制、大小相同。杯身似觚，侈口薄唇，中间腰部微束。

在杯身一侧的接近口部与底部处有上下对称的小圆孔，用以插入杯的把手——錾的榫头。杯身用象牙根段制成，中空，雕刻的纹饰以及镶嵌的绿松石图案也都相同，是为一对。其中一件保存较好，杯身高30.3厘米（100号）。另一件杯身高30.5厘米（101号）。

两件绿松石象牙杯外表通体雕刻繁缛精细的花纹，主体纹饰有饕餮纹、夔纹、变形蝉纹、鸟纹，并在米黄色象牙本色上、精细的刻纹之间，巧妙地在雕刻的兽面纹的口、眼、鼻等部位镶嵌绿松石片，突出兽面纹的特征，使之更加醒目，并且以镶嵌的绿松石宽带纹，区分上下不同的雕刻花纹的区域。象牙杯的把手——錾，整体作夔形，錾上不同部位又雕刻各种鸟纹、兽头等花纹，也用绿松石镶嵌口、眼睛等部位。在把手靠杯身的一面，有上下对称的小圆榫头，与杯身的上下小圆孔相对应，可将榫头插入杯身，使把手与杯身互相固定。整件象牙杯，镶嵌的绿松石与雕刻的各种花纹，具有天工般的疏密相间、十分匀称的装饰效果，并且打磨、抛光平整，使得这两件镶嵌绿松石象牙杯华丽超群，光彩夺目。

这两件绿松石象牙杯，因料造型，形制典雅，米黄色的象牙本色与绿松石的蓝绿色彩相映生辉，制作与装饰手法奇特，独具匠心；其形制、造型、雕刻的繁缛花纹与绿松石点缀装饰效果，无有出其右者，是中国古代象牙雕刻结合绿松石片镶嵌工艺的绝品。这两件绿松石象牙杯，应是墓葬主人——妇好生前使用的最为珍贵的大型盛酒杯。

令人意想不到的是，这两件十分精致的大型绿松石象牙杯，不是随葬在墓葬的墓室中，而是埋在墓葬的填土中。更令人意想不到的是，在殷墟发现了60年、考古发掘了约50年后，竟然被考古学家第一次"撞"上了一座完整的商代王后的墓葬。

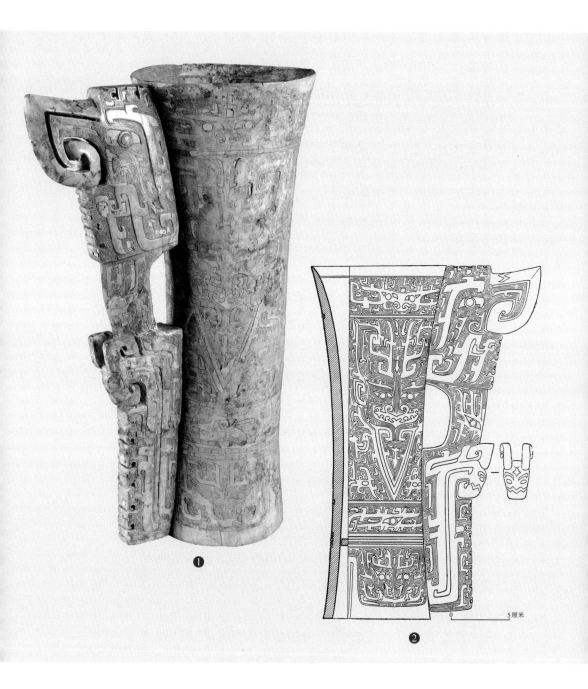

❶

❷

0   5厘米

绿松石象牙杯

1.绿松石象牙杯100号
2.绿松石象牙杯101号

二 意外的发现——幸存的商代王室墓葬

妇好墓的发现，是中国考古学发掘史上的一个偶然事件。1976年春，中国科学院考古研究所（1977年改属中国社会科学院）安阳工作队在队长郑振香率领下，对殷墟宫殿区西南——小屯村北的一处高地进行发掘，拟揭露保存在地下的一处建筑基址。当时发掘面积约1000平方米，在揭开表层耕土之后，发现一座房屋建筑基址，房基中部被一圆形灰坑破坏，坑内出土了商代最晚两位商王帝乙、帝辛（纣）时期的陶片。在将灰坑发掘到底部之后，发现灰坑下面仍然是夯土，而不是生土，但土质与房基土不同。为弄清楚房基下面夯土是怎么回事，遂将房基全部发掘清理。房基土清除之后，显露出一个面积略小于房基的长方形夯土面，夯土呈红色，土质纯净，表面没有发现柱洞之类的建筑遗迹。

房基下面怎么会有夯土呢？为了辨明真相，工作队对红色夯土进行钻探，但是钻探了近3米还没有钻探到底部，于是使用钻探深墓的设备，即使用接杆和拧杆方式的长钻探杆进行钻探，因为考古发掘要求，任何遗迹的发掘必须要清理到底部的生土。5月18日，当钻探至地下6米深时，进入了地下水面，进度很慢。突然，探工手握的探杆向下坠陷了约70厘米，直至感觉碰到硬底，然后慢慢向上拔出探杆。当大家看到探杆头部的铲头时，都惊喜不已。为什么呢？因为探杆铲上满铲都是鲜红的漆皮，铲内还有1件淡绿色玉璧！这应该是意外发现的一座被上部房屋建筑基址保存下来的高等级墓葬！

在殷墟进行了近20年发掘的考古学家们，乃至安阳小屯的发掘工人们，之所以完全没有料到在这里埋藏着一座商代王室墓葬，是因为自1928年中国考古学研究机构成立以来近50年，在殷墟宫殿宗庙区就从来没有发现过商代王室墓葬。即使是历年来

安阳殷墟宫殿宗庙区全景

的盗墓者，也没有在殷墟宫殿宗庙区找到过大墓。

历年来对殷墟的发掘表明，商王及其妻室的墓葬集中埋葬在王陵区，与宫殿宗庙区分属两个区域，相隔2500米以上。而且，凡是商代王陵，必然是被多次盗掘，并且大多被盗掘一空。所以，大家怎么也不会料到在小屯宫殿宗庙区会存在着一座王室成员的大墓，而且未被历代盗墓贼所染指，保存完好。

为什么武丁宠妻妇好没有被埋葬在王陵区而是被埋葬在宫殿宗庙区附近？这一未解之谜，在对妇好墓发掘与研究之后，才可能破解。

妇好墓平面呈长方形，墓口南北长5.6米，东西宽4米，墓葬深7.5米。在距墓口深6.2米的东西两壁中部各挖有长条形壁龛

安阳殷墟王陵区

一个，两个壁龛内都埋有殉人。在墓底中部有一个腰坑，腰坑内殉葬一人和一只狗。墓葬一共殉葬16人、6只狗。棺椁已朽。根据发现的痕迹，可知木棺是相当讲究的。棺外表髹漆，红黑相间，棺上覆盖着由麻布与薄绢组成，并且垂坠玉鱼的荒帷。墓主人的遗骸已经腐朽不存。随葬品放置在五处。

随葬品比较集中的一处是从墓口以下到木椁顶上面的夯土中，分6层埋随葬品，以第6层夯土中的随葬品最多。第1层埋1件陶爵。第2层埋1件玉臼。第3层埋1件石铲和1件石磬，石磬上面刻有鸱鸮纹饰。第4层放置2件铜戈，1件玉戈，1件铜弓形器和一组马头饰，还有3件吹口状的玉管，10件一组骨镞和一束10件铜镞。第5层埋1件玉戈和1件玉铲。第6层在墓室中部偏

南放有一个长方形木匣，木匣里面有大量重叠在一起的骨笄，还有3件象牙杯，其中2件就是镶嵌绿松石象牙杯。在木匣的南边，有成堆的器物，有玉盘、玉戈、石鸟、铜弓形器、石豆、大石蝉、小石罐、小石礨、小石壶、陶埙、阿拉伯绶贝、铜镜、玉牙璧、小玉璧、玉管、骨匕、蚌蛙、蚌戈、红螺壳、玛瑙珠、朱绘骨片，还有很多骨笄、铜镞，等等。

木椁上面的6层墓葬填土中的随葬品和木椁顶上的随葬品，不仅数量较多，种类丰富，包括高级酒杯、食器、礼乐器、兵器、生活用品等，而且档次很高。这些精致的随葬品，包括绿松石象牙杯等，可能是在妇好墓的葬具下葬过程中或下葬之后举行的落葬仪式中使用的，用完后才将它们一层一层地埋藏于妇好墓的填土中，所以没有放置于妇好墓的棺椁之内。这些精致的文物也表明，当时的埋葬仪式应是相当隆重，程序相当复杂。

墓葬填土夯实之后，在墓上营建了一座享堂类建筑，即发掘之初发现的一座房屋建筑基址。这座建筑基址平面呈长方形，南部被取土破坏，南北残长5.5米，东西宽5米，基本上整体覆盖了下面墓葬的墓口。根据建筑基址上柱洞排列迹象，可知房基全长约6.5米，四周有廊庑，房基略大于墓口，是有意建在墓上的祭祀性建筑。可据此复原为面阔三间、进深两间，门向东，外围有擎檐柱结构的廊庑建筑。

甲骨文记载，当时存在着一座进行祭祀活动的"母辛宗"建筑。"母辛"当是指武丁配偶中庙号称"辛"的人，即妇好姓辛。而妇好墓内随葬有"司母辛"铭文的青铜礼器，这恰好与甲骨文记载相合。甲骨文记载与考古发现证实，妇好墓上的建筑，应该就是卜辞中的"母辛宗"，是一座"享堂"。

正是由于妇好墓墓口之上建有祭祀类的享堂建筑，而建筑基址内一般不会埋有珍贵的文物，所以妇好墓才未被盗墓贼染指，经3000多年而保存完好。

在妇好墓上营建享堂，其目的是要在享堂内进行祭祀活动。妇好去世之后，武丁为失去妇好而伤心，并对死去的妇好进行祭祀，尤其是把妇好奉为战神，当作神灵祭祀，战争之前进行祭祀占卜，以求赢得战争的胜利。武丁在妇好去世之后，为方便在妇好的享堂进行祭祀占卜活动，就没有将妇好墓及其享堂建在远离宫殿宗庙区的王陵区，而是建在宫殿宗庙区附近。这大概是妇好墓没有埋葬在王陵区而是埋葬在宫殿宗庙区，并得以保存至今的缘故。

三　琳琅满目的青铜器——商代王室墓葬特征之一

妇好墓的随葬品十分丰富，汇集了商代晚期武丁时期各种珍品，琳琅满目，犹如商王朝王室的一座珍品宝库。绿松石象牙杯仅是这座珍品宝库内一大批文物精品中较为显著的两件。数量最多的则是青铜器和玉器，是商代青铜器和玉器的空前发现。

妇好墓随葬的青铜器包括礼器、乐器、兵器、工具、生活

扩展阅读

中国古代青铜器与青铜文明

中国古代的青铜器，大致产生于距今4000多年前，而作为容器使用的青铜器，目前发现年代最早的见于河南省偃师二里头遗址早期，大致在距今3700年。但此时器形种类很少，有铜鼎、铜爵、铜盉等器类，多为素面，少数有简单的纹饰。进入商代之后，青铜器得到了快速发展，器类增多，出现大型器，多见纹饰装饰。至商代晚期，伴随着社会的发展、铸铜手工业技术的不断提高，以及礼仪制度的逐步完善，青铜礼器得到了全面发展。进入了成熟发展期的中国古代青铜文明，成为灿烂商文明的重要组成部分。商周时期，凡是大型墓葬，乃至中型墓葬，必有青铜礼器随葬。

青铜三联甗

用器、马器、艺术品和杂器等。礼器大都成对组合，对于准确认识商代王室贵族墓葬的青铜礼器组合，具有重要意义。许多器物体量硕大，有不少是罕见或从未见过的重器，而且组合明确。其中有"妇好"铭文而自证属妇好本人的青铜礼器有百余件，占有铭文铜器半数以上，器类比较齐全，有炊器、食器、酒器和水器等。其中酒器最多，印证"殷人尚酒"的记载。

炊器有鼎、甗、汽柱甑形器三种。最为特殊的是妇好三联甗。妇好三联甗由长方形六足甗架和3件大甑组成，通高68厘米，长103.7厘米。甗架呈案状，案体腔中空可盛水。案口上承三个甑。这是前所未见的商代巨型炊器，甗架案体重113千克，总重量138.2千克。

食器仅簋一种。

酒器有偶方彝、方彝、尊、觥、壶、罍、瓿、斝、觯、觚、爵、斗等，均是器形硕大，十分罕见。

最为惊人的是妇好偶方彝，器形从未见过，无从确定器物的名称，很像两件方彝连成一体，郭沫若见后随

青铜偶方彝

青铜鸮尊

口说可称为"偶方彝"。妇好偶方彝仿照一座宏伟的殿堂建筑铸造，器体两端的腹部置对称附耳，高圈足，通高60厘米，长88.2厘米，重71千克。通体装饰纹饰。四面肩部各置一高浮雕牛首和象首，两侧均饰数对鸟纹。器腹饰大折角兽面纹，在长边器腹的兽面纹两侧以夔纹和鸟纹填空。圈足上饰形体较大的夔纹。器口部前后各出梁头七枚，反映出当时的屋檐多探出梁头。器盖恰与器身上的槽口相合。器盖似四面坡式屋顶，两侧有对称的四面坡式短柱钮，有正脊和垂脊。器盖面长边中部饰浅浮雕的鸱鸮面，两侧各配饰一鸟，周边以夔纹填补，器盖面短边各饰倒夔纹两条。器内底中部铭"妇好"两字。

造型最为精美别致的是一对两件妇好鸮尊、一对两件妇好圈足觥，都是罕见的商代青铜器珍品。

水器有盘、盂、盉、罐四种。其中一对2件蟠龙纹铜盘，在盘内饰蟠龙纹，龙头在正中，呈正面形象，身尾绕盘底一周。

妇好铭文的青铜礼器多为2件成对，也有4件或6件成组的。10觚10爵则是最高的组配，显示了商代礼制的特点。

青铜圈足觥

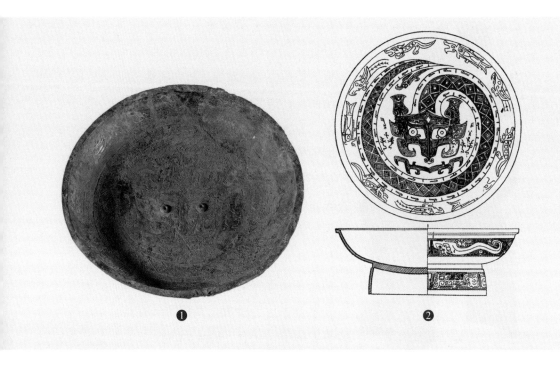

❶　　　　　　　　　　　　❷

蟠龙纹铜盘

1.蟠龙纹铜盘
2.蟠龙纹铜盘线图

司母辛青铜方鼎

　　妇好墓青铜礼器中，有妇好儿子"孝己"为其母后所做的祭器。如两件"司母辛"大方鼎，一件重128千克，另一件重117.5千克，是已发现的商代仅次于司母戊大方鼎的第二大方鼎。

　　两件司母辛四足觥，整体为四足站立的兽形，上部为器盖，尾部有兽头錾。其中一件重8.5千克。

　　还有其他贵族首领祭献的各种青铜礼器，也大多成对。

除青铜礼器之外，妇好墓还随葬了刻有"卢方剐入戈五"的玉戈、"妊冉入石"的长方形石磬，为方国供奉的礼品；还有商王武丁为妇好所做的"司辛"石牛。

根据青铜器上的铭文和玉石器上的刻文，可知妇好墓中出土的这些精品，包括了妇好生前宴飨或祭祀用器、妇好子辈祭母用器以及方国的贡品和贵族的馈赠物，还有商王武丁的赏赐。充分体

司母辛青铜四足觥

现了商代王室墓葬的特征，极大地充实、丰富了商代青铜文明的内涵。

妇好墓出土的这些青铜礼器，品类齐全、组合明确，而且形体硕大、前所未见，器形很有特色，纹饰又新颖，大都满花装饰，即由云雷纹的底纹，虎、龙、鸮、蝉、蛇等动物图案的主体纹饰，以及主体纹饰上的细部纹饰，共三层纹饰构成，具有鲜明的时代特征，开创了青铜器纹饰的时代新风。

四　集时代精华的玉器——商代王室墓葬特征之二

中国制作、佩戴、使用玉器有8000多年的历史，其中商代是中国古代玉器与玉文化发展最为重要的阶段。然而以往发现的商代玉器，大多是出自小墓及被盗大墓的小件玉雕作品，难以窥探商代玉雕工艺品及玉文化的整体风貌。

由于墓主人妇好的身份明确，墓葬又保存完好，殷墟妇好墓出土玉器就成了商王朝王室的一座玉器宝藏，汇集了商王武丁一代所见玉器的精华，成为现今了解中国古代玉器及玉文化从距今8000多年发展至商王朝武丁时期的最为重要的资料宝库。

妇好墓出土的玉器，大约1/3是妇好生前收集的商代晚期

之前的玉雕作品，1/3 是武丁时期利用早期玉器或玉器残件改制的玉雕作品，1/3 是武丁时期的原料原创玉雕作品。其中以武丁时期制作的玉雕作品最为精致，可分为生活用品与工具、兵器、装饰品、葬玉四大类，是商代晚期玉雕工艺作品的代表。

◎ 生活用品与工具类玉器的特色

生活用品与工具类玉器，有玉簋、玉盘、玉匕、色盘、耳勺、玉梳、玉臼、玉杵、玉锤、玉锛、玉凿、玉签、玉锥形器、玉刀与刻刀、玉纺轮与玉纺轮原坯、圆管状器柄、玉器座形器等。其中玉簋、色盘、耳勺、玉梳、玉匕、玉刀与刻刀的器形与纹饰，前所未见，十分精致。

玉簋有 2 件，分别为白玉簋与青玉簋，都是仿同类青铜容器与纹饰制作的。这 2 件玉簋，器形硕大，是商代形体最大的玉质容器，其形制与纹饰仿同类青铜器，制作上采用掏堂工艺技术，据此可知我国古代玉器制作的掏堂工艺技术在商代晚期已经成熟。白玉簋里面有两件骨勺和一件铜匕，可知这是妇好生前使用的食器。

玉色盘 1 件，呈箕形，上端雕一对相背的鹦鹉，造型别致，是难得的商代女性使用的化妆调色玉盘。

1 件玉匕，十分精致。一面满饰纹饰，为五组蝉纹。另一面的柄部与器身上段饰饕餮纹、夔纹、三角垂帐纹；器身下段为素面，大概是食用面。可能是妇好本人使用的精品器物。

玉刻刀大都在柄部雕琢成各种动物形象，如夔形刻刀、鸟形刻刀、鱼形刻刀、壁虎形刻刀等，是

青玉簋

玉色盘

玉匕

武丁时期具有代表性的玉雕作品。其中鸟形刻刀与壁虎形刻刀是妇好墓玉刻刀中的精华。

各种生活用品与工具类玉器，从一个侧面反映了妇好在王室内日常生活的一些情景。如起居梳妆打扮使用的玉色盘、玉梳，除污垢使用的鱼形玉耳勺，饮食使用的玉篦、玉盘、石觯以及玉匕，储存食物使用的石罐、石罍，除疾病使用的玉刮刀、玉签，

壁虎形玉刻刀

手工劳作使用的玉凿、玉锛、玉刀、锯形玉刀、石锤，以及各种造型别致的玉刻刀，有纺线使用的玉纺轮，有作为财富收藏的绿松石贝，还有穿孔石球杖首，等等。这些都丰富了我们对妇好生活内容的认知。

◎ 装饰玉器的内涵与时代特征

妇好墓出土玉器中装饰品数量最多，包括人体装饰品、环境陈设装饰品及把玩的玉器。其中使用于人体头部装饰的有插入发髻的玉笄、拢发的玉箍形器，使用于颈部与胸前装饰的有各种玉管珠串饰与坠饰，装饰于手腕、手臂上的有各种形制的玉镯、玉镯形器、玉琮形器、玉环、玉璧、有领玉璧、有领玉环、玉臂饰、玉箍形器等。有些玉器则是装饰组合件，如各种角形玉饰、玉泡、弧形长条形镂孔玉片等，表明在商代晚期玉器除了用于装饰人体外，还用于物件的装饰。这是商代晚期出现的玉器使用的一种新风尚。

其中最具代表性和时代特征的玉雕精品是圆雕玉人和各种圆雕动物等作品。

妇好墓出土的玉雕动物作品，雕琢的动物种类约30种。在

白玉怪鸟　　　　　　　　　　　　玉龙

这些玉雕动物作品中，有很多是当时常见的动物，如天上飞翔的禽鸟，有地上奔跑的斗兽，饲养的家畜与家禽，还有水中遨游的鱼类以及两栖动物。有些喜暖动物在现在的河南及黄河流域已不复存在。玉工们以其娴熟的玉雕工艺、活跃的思维，以及对不同动物特征的仔细观察，巧妙地雕琢了近30种动物的形态与各种特征，还创作了许多想象的怪兽与怪鸟。这些玉雕动物姿态各异，形象逼真，真实地反映了3000多年前殷都附近的动物生态，表明当时的河南安阳一带，自然环境优美，气候温暖宜人，极为适合人们居住生活，也适合动物生存。

这些数量庞大的玉雕动物作品，分为圆雕作品、半圆雕作品、片状两面雕作品、单面浮雕作品，以及柱状雕作品5种。其中，反映当时雕琢工艺最高技术水平的是圆雕动物作品。分别为想象中的动物作品、形象逼真的动物作品和夸张的动物作品。

想象中的动物作品，有玉龙、玉怪兽、玉怪鸟，这些动物在当时的现实生活环境中并不存在，是人们臆想出来的动物，所以造型以及纹饰组合呈现出不合理的怪异现象。如一件白玉怪鸟，鸟首鸟身，但头上有角。最为精致的一件圆雕玉龙，龙首厚重威武，占整个作品的近1/2，张大嘴，露尖齿，"臣"字形目，圆眼珠微凸，宝瓶形双角斜竖，身躯弯卷，龙尾向侧旁弯卷一圈半，尾部与身躯并排而不相连，显示了高超的镂雕技术和玉雕设计思想。

形象逼真的动物作品有玉虎、玉象、玉熊、玉猴、玉牛、玉鸽、玉雏燕、玉鸬鹚、玉螳螂。这些动物在当时的生活环境中是存在的，人们看得到，容易捕捉动物的各种形象。所以，雕琢的动物形态，均惟妙惟肖，栩栩如生。如玉象，身躯肥硕，卷鼻上扬，惹人喜爱。

玉象

79

玉鸱鸮

夸张的动物作品，主要有玉鹰和玉鸱鸮，以夸张钩喙及双足特征表现猛禽的天性特点。如一件制作最为精致复杂的玉鸱鸮，呈椭圆柱形，首身一体，斜上的大钩喙，"臣"字形目，竖立短耳，挺胸收腹，收翅翼，粗壮双腿与弧形长尾呈三点支撑。背脊饰扉棱镂牙，遍饰纹饰。鹰和鸮是商代晚期青铜器、玉石雕作品的艺术装饰母题之一。工匠们充分发挥技艺与想象力，将鹰和鸮的艺术创作，发展到了极限，其作品的震撼力，登峰造极。

◎ **葬玉的现象**

作为葬玉的玉鱼应是为妇好墓葬具荒帷四边的垂坠饰品而制作的，可能是在妇好去世前后赶制出来的作品。这批玉鱼的出土及覆盖在漆棺上的丝麻织物，可将葬具荒帷的最早使用上推至商代武丁时期。同时也表明，营造出殡时的鱼跃气氛这种思想在武丁时期可能已经萌发。

◎ **妇好墓玉器开创了玉雕工艺与玉文化面貌的时代新风**

妇好墓随葬的大量玉器，既是商代王室墓葬特征之一，还反映了商代晚期王室使用玉器的状况，同时也呈现了商代晚期整体的玉雕风格。在政治、军事、文化、生活活动以及落葬仪式等各个方面都有玉器使用的现象，蔚为大观。各种玉雕表现手法，工艺精湛，巧夺天工，将玉器所具有的装饰、观赏、灵动等特点表现得淋漓尽致，呈现了商代晚期渗透在社会生活各个方面的浓郁的玉文化特色。

妇好墓玉器展示了商代晚期在玉雕工艺与玉文化发展方面所取得的巨大成就，也是体现武丁时期国家强盛、文化繁荣景象的一项重要标志。这是商代晚期社会对玉器需求的培育，尤其是王室生活对玉器需求的培育，开创了玉雕工艺与玉文化面貌的时代新风，使得晚商文明更加璀璨夺目。这种玉文化面貌的时代新风，被后续的西周玉文化继承并进一步发展，延续至今，成为中华文明一种优秀的文化传统和文化基因。

五 传奇的妇好

根据对甲骨文的考证，武丁有64位妻子，但是法定的配偶只有3位，即妣辛、妣戊、妣癸。其中妇好（妣辛）在武丁后期最早死去。在殷墟出土的约14万片甲骨中，有200多片记录了这位传奇女子的一些故事。依据这些记录，大体可以知道，妇好多才多艺，是商王武丁最为宠爱的一位妻子。她能够生育子女，会处理武丁诸妻之间的事务关系，能够主持重要的祭祀活动，而且还是一位卜官。她最大的特点是能够率领众多将士征战四方，骁勇善战，屡建战功。她在武丁时期的王室中具有多重的身份。

◎ 带兵打仗

妇好作为军事将领的身份，在甲骨文中有明确的记载，妇好墓出土的随葬品也是重要的物证。

甲骨文记载，妇好作为女将领为武丁的军队征集兵员，率领将士四方征战，讨伐土方、征伐东夷，配合武丁攻打西南的巴方。商代甲骨文记载的武丁时期规模最大的一次战役，是妇好率领13000人征伐羌方。妇好作为一位将领，屡建战功，深得武丁信任，地位十分尊贵。所以，妇好死

玉扳指

妇好铜钺

后，武丁将妇好当作神灵祭祀，以乞求战争的胜利。

妇好墓中出土的一大批兵器，也表明妇好武将的身份，说明墓主人妇好擅长征战，具有作战的勇气以及军事指挥才能。尤其是两把纹饰庄重典雅、最为威武的特大型青铜钺，举世无双，伴随妇好出征，既是妇好握有重要兵权的象征，又充分显示了妇好能征善战的个性。这与甲骨文中妇好骁勇善战，是武丁的一位得力将领，死后被奉为神灵享受祭祀的记载互相印证。

◎ 主持重要祭祀活动

甲骨文记载，妇好不仅有出众的军事才能，在占卜算卦、主持祭祀方面也得心应手。她经常主持各种祭祀活动，掌握着祭祀大权。妇好曾主持祛除灾殃的祭祀、主持祭祀神泉、主持宾祭等。祭祀对象常为先妣、父、母、神泉等。妇好还派人进行祭祀活动。

◎ 善于处理武丁诸妻之间的事务关系

作为武丁三位法定妻子之一，并且是最得武丁宠爱的一位，妇好也善于处理武丁诸妻之间的事务关系，所以深得武丁的信任，这也使得妇好在武丁诸妻中享有崇高的地位。比如现藏于加拿大皇家安大略博物馆的第128号甲骨记载了武丁命令妇好会见武丁的其他配偶，说明妇好作为一位位高权重的卜官的同时，也以武丁法定妻子的身份会见其他夫人们。

◎ 能够生育的慈母

作为商王的妻子，能否生育子女，是王室的一件大事。甲骨文记录了武丁时常关心妇好的分娩预产期以及生男生女的情况，还记录了妇好曾生了男孩"孝己"。在妇好生前，武丁就将孝己立为太子。妇好去世后，孝己是同辈中法定的第一位祭奠者。所以，在妇好墓的随葬品中，有5件青铜礼器是妇好儿子孝己为其母所做的祭器，而且都是精品。其中"司母辛"青铜大方鼎是妇好墓随葬品中体量最大、档次最高的青铜礼器。甲骨文与妇好墓随葬品都表明妇好确实有过生育。只是妇好死后，孝己被武丁的其他妻子谗害，放逐而死，没有能够继承商王王位。

由于妇好具有多种身份的特征以及多方面的才能，且能够生育子嗣，所以深得武丁的信任与宠爱。武丁对妇好也特别关心，许多甲骨文记载了武丁关心妇好日常生活中的吉凶祸福与健康状况，也不断地占卜祈求神灵保护妇好。在妇好死后，武丁为失去妇好而伤心，并对死去的妇好进行祭祀。

依据甲骨文记录，以及妇好墓中象征军权的随葬品与妇好儿子为其母所做的高档次祭器，大体可以看出，妇好是武丁最为宠爱的一位妻子，她不仅是一位享有崇高地位的王妻，还是一位慈祥的母亲，更是一位出色的将军和战神。商代绝无仅有的一对绿松石象牙杯，为她所拥有，自然是合情合理。

六　妇好形象之谜

根据上文所言妇好的身份特点，推测她的形象，大概是身材健壮、端庄英武、雍容华贵。可惜的是，甲骨文并没有具体地描述过妇好的形象，后世文献对此也没有任何记载，墓葬中的妇好人骨也已腐朽不存。妇好的形象就成了一个谜。

圆雕玉人像

圆雕玉人像线图

然而，在妇好墓随葬品中却隐藏了妇好形象特征的线索，那就是妇好墓中一件圆雕玉人像。

这件圆雕玉人像，玉质呈黄褐色，形态为双手抚膝的安然跪坐姿式。

人像首部为窄面厚头形。长脸尖颌，细长眉。双眼单线雕刻，刻纹较粗、较深，形状近"臣"字形，瞋眼正视前方，显得炯炯有神。低鼻梁，宽鼻凸，小嘴薄唇呈抿唇状，抽象形扁耳。后脑低平。整个头形与面部五官特征呈蒙古人种的特点。朗目疏眉，气宇轩昂。而深厚的头形，又显得是一位很有力量的人物。

头戴圆箍形頍，用以束发。头发在后脑颈部拢向右耳后侧，辫成长辫一条，往上盘至头顶，由头顶绕至左耳后侧，又沿后脑盘至右耳后侧，辫梢与辫根相接，压于圆箍形頍下。头顶露发丝，上有一对系孔，系孔前有一小孔，似为插笄或插冠的孔。颊前有卷筒状冠饰。卷筒状冠饰两端分别饰三道凹弦纹，凹弦纹之间饰三组沿卷筒状弧旋的双线折角线纹。这些卷筒状的纹饰似表现了带纹样的编织物卷成筒状，两端束箍后作为冠饰。

玉人像圆肩，双臂与人体胸、腰、股间不相连，为镂空圆雕，呈现出细腰、垂曲细臂状态的女性形体的特征。

身着衣，交领垂于胸，长袖至腕，窄袖口。宽带束腰，衣下缘似及足踝。腰下腹前系悬长条形"蔽黍"，下缘过膝部。脚似穿鞋。衣上装饰华丽花纹，以双勾阴线表现，整体以勾角云纹为地纹，配上主题纹饰的龙纹与"臣"字形眼睛纹。在衣袖与背部及衣下端饰勾角云纹，在上臂左右外侧分别饰"臣"字形眼睛纹，在衣下部的左右股外侧分别饰龙纹。左侧的龙纹尾部延伸为宽柄器上半部的主题纹饰。宽腰带上饰对角三角纹与菱形纹。"蔽黍"素面无纹。衣和圆箍形颊上的花纹可能表现了所穿着的丝织品的花纹，这种具有花纹的丝织品应是当时的一种华丽的衣着，显示着装者的雍容华贵，并且是目前所见商代最为华丽的着装。

玉人像腰左侧边插一把兵器。这件兵器的上端延至身后体外，器端呈两侧弯卷的卷云状，下端与人体腰部相接并伸向臀股左侧边。兵器上的纹饰，左侧面的上部是和衣下部纹饰相连的一条龙纹，下部为独立于人体之外的勾角云纹；右侧面的上下部都为独立于人体外的勾角云纹。

整个雕像的人物形态十分生动，尤其是脸部的五官特征、发辫、头的形状，以及手指等，表现得十分细腻，以仿真方式处理。而衣着的花纹与兵器纹饰则以当时流行的玉雕纹

青铜铲形器

郭家庙曾国墓地第21号墓出土曾伯陭青铜钺

饰——双勾阴刻阳线纹饰组成的勾角云纹表现，有夸张成分。

这是一尊写实风格极强的玉圆雕立体人像，是迄今发现的首件商代也是先秦时期写实特征最为鲜明、最为生动的人物玉圆雕作品。从雕琢工艺与技术角度分析，这样的人物玉雕作品，也只有在商代晚期武丁时期才可能产生。

这件玉雕人像表现了作为妇好形象的三项基本特征，即女性特征、豪华衣着的特征，以及携带兵器的特征。其中携带兵器的特点，主要体现在人像后端、插于腰左侧边的兵器。由于兵器可能是在腰左侧顺腰股部插入携带，因人像呈跪坐状，使得所携带的兵器向人像后侧突出。这件兵器的形制与随葬在妇好墓中的一种青铜兵器的形态相同，即戚钺类兵器。2002年在湖北省枣阳郭家庙曾国墓地第21号墓出土的刻有铭文的曾伯陭青铜钺，形制与妇好墓出土的青铜戚钺类兵器接近，表明在西周晚期还在使用这类戚钺类兵器。

妇好墓这件圆雕玉人像所表现的女性特征、豪华的衣着与携带兵器的特征，与商王武丁妻子妇好的身份与行为特点相吻合，尤其是女性携带兵器的特点，只有武丁妻子妇好才能与之相匹配对应。这件圆雕玉人像应该体现的正是妇好端庄跪坐的形象。也正因如此，才能够以技艺最好的玉工、非凡的雕琢工艺、极为认真的雕琢精神进行创作。同时也充分展示了距今3200年前商代晚期玉雕工艺的成熟发展状态。

七 王后妇好与绿松石象牙杯

"武丁修政行德，天下咸欢，殷道复兴。"这是司马迁对商王武丁在位59年业绩的评价与赞叹。殷墟的发掘成果以及甲骨文的记录反映了武丁时期确实是商王朝最为兴盛的时期，社会的政治、军事、经济、文化、艺术等得到空前发展。妇好墓及其出土文物所展示的丰富物质文化以及甲骨文对妇好事迹的记录表明，作为商王武丁的妻子——妇好，有着多样的人生经历与不凡的身份角色，得到商王武丁的宠爱，拥有大量的财富，地位显赫。

因此，在妇好死后，武丁将其埋葬于宫殿宗庙区附近，并且在墓上营建了纪念性的建筑物——"母辛宗"，墓中随葬了大量珍贵的物品，包括妇好生前使用的各种青铜礼器、武器与玉器，以及武丁赏赐、儿子祭献、他族首领祭献与方国进献的各种珍品，还有绝世尚品——绿松石象牙杯。这些丰盛的随葬品也充分说明了武丁时期手工业充分发展，精品频频问世，社会空前繁荣。

妇好既是商王之配偶，又是母亲，还是将领，是商代绝世佳人。绿松石象牙杯是中国古代象牙雕刻结合绿松石片镶嵌工艺的绝品，是反映武丁时期社会一派繁荣景象的重要物证。绿松石象牙杯与妇好，正是绝品配佳人，其所蕴含的极其丰富的信息，极大地充实、丰富了商代晚期武丁时期的历史文化内涵。

发现"中国"
——道不尽的"何尊"身世

辛怡华　陈　亮（宝鸡市考古研究所　宝鸡青铜器博物院）

　　一件出土地点众说纷纭的文物，一段告诫"宗小子"效法先祖、不忘初心的训诰，更像是写给数千年后14亿中国人的信。当考古学家在铭文里发现"宅兹中国"四个字的时候，"中国"一词，被镌刻于方寸之间，深埋于地下3000年了！3000年后，埋藏它的泥土所连接着的960万平方公里的土地都被它命名。这件文物就是何尊。

　　何尊为西周初年的青铜重器，1963年发现于贾村镇，1965年入藏宝鸡市博物馆，1975年在北京发现铭文，2002年1月被国家文物局列入《首批禁止出国（境）展览文物目录》。它是如何发现的？又有怎样的传奇？我们先从它的出土地贾村说起吧。

一　历史悠久的贾村塬

　　地处关中西部的贾村塬，是八百里秦川西端一个普通的黄土台塬，位于宝鸡市区北。据《宝鸡县志》，贾村塬最初叫大虫岭，也叫西平塬。其南有渭河，东有千河，西有金陵河相绕，因而民间流传："贾村塬，像只船，四面水围严。"

　　贾村塬由北向南分布着桥镇、贾村、蟠龙3个乡镇，2011

年，桥镇乡并入贾村镇。贾村位于贾村塬中部，因地理位置适中，早在明清时期就成为方圆几十里的经济中心。"西平原东北隅一阜，东临汧（千）水，三面阻绝，上筑堡，有市井，可容千家，党太保题曰：龙川雄镇。"（《宝鸡县志》）所以，贾村曾有一段时期，也叫龙川镇。县志所说的城堡，遗址至今尚存，曾为贾村六组农户居地，因三面悬崖临空，有地质灾害隐患，后住户集体搬迁。

党太保即党崇雅，他是明末清初宝鸡县贾村塬蟠龙人，家乡人都尊称其为"党阁老"。明代天启五年（1625）进士，官至户部侍郎。清代顺治五年（1648）官至刑部尚书，顺治六年加太子

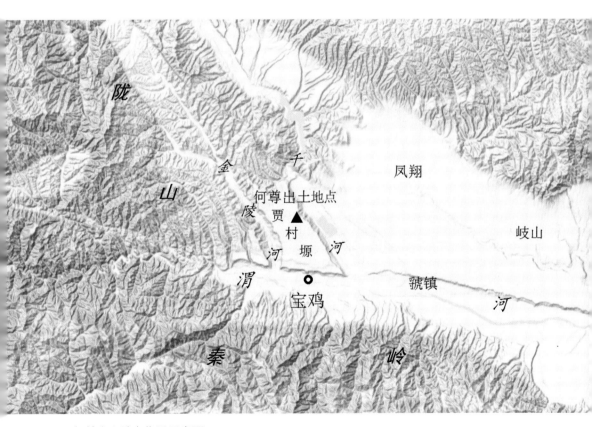

何尊出土地点位置示意图

右侧前为贾村堡，千河对岸为"蕲年宫"遗址

太保。四年后请老归乡。传说他辞朝还乡后，修筑龙川镇，并撰匾额"龙川雄镇"，悬于城门上。一日，康熙帝西征途经宝鸡，前来探望自己的老师党崇雅。康熙帝见镇门楼题"龙川雄镇"四字，甚为不悦，遂问党崇雅道："朕本为龙，此龙何来？"党崇雅随机应变："君为真龙，此假龙尔。"康熙答："原来是个假村。"承康熙金口玉言，改名"假村"，后代人谐其音唤作"贾村"。至今虽叫贾村，但无一贾姓人家。这就是贾村地名的由来，贾村塬一名也由此而来。

贾村镇历史悠久，文物古迹星罗棋布。2005年11月，宝鸡市考古研究所与北京大学联合考古调查队在贾村镇寺坡发现了一处距今6000年**仰韶文化**时期的房屋遗址，并对该房址进行了试掘。与同时代黄土高原普遍流行的**半地穴式房屋**不同，它当时是建在地面上的建筑。沧海桑田，考古工作者发现时，已是埋在1.5米深黄土下的残垣断壁了。

人们常说"秦砖汉瓦"，实际上还是谦虚了。2009年在第三次全国文物普查中，宝鸡市文物普查队在贾村村北约7公里的桥镇一处新石器时代龙山时期的遗址中，发现了距今4000年的筒瓦、板瓦及槽型板瓦等建筑材料。这些建筑材料的发现，把中国烧造瓦的年代从西周向前提前了1000多年，因此，被誉为"华

桥镇发现的新石器时代龙山时期板瓦

夏第一瓦"。宝鸡为什么能发现距今4000年的瓦这么重要的建筑
材料呢？来，让我们走近一些看看吧。

相传宝鸡为炎帝故里。就在发现"华夏第一瓦"的山坡旁，
有一座小庙，当地叫"女登圣母庙"，每年农历三月二十，前来
上香的善男信女，络绎不绝。古文献说，炎帝的母亲叫女登，属
有蟜（jiǎo）氏部落。相传，女登春游至此，见漫山遍野盛开的

6000年前毁于火灾的房屋遗迹

青木为框纯手工制作的彩灯

旷野中游动的火龙

白荆花妩媚娇艳，遂前去采摘，不慎坠涧而亡，后盛葬于此，便称"蟜冢"，随着岁月变迁，演变成了今天的称谓"桥镇"。

这里不仅有"女登圣母庙"，与女登有关的民俗庙会也独树一帜。隔河而望的槐原村，每年农历正月二十五至二十六，其周边的村民，甚至甘肃、河南、山西等省的百姓，不辞辛劳，结伴搭伙，顶风踏尘来到槐原参加一年一度的"女登会"（又叫"排灯会"），祭拜炎帝及其母女登。

二 陈家后院神秘的"眼睛"

说起何尊的发现与流传，可谓一波三折，单是它的出土地点，就有多种说法。

一是陈湖月夜遇宝器。1963年深秋，陕西省宝鸡县（今宝鸡市陈仓区）贾村镇贾村二组村民陈湖家后院的土崖崩塌。那几天，陈湖闹肚子，有一天晚上他出去上厕所，在月光下发现南崖面上有两个亮点，颇感恐惧，回屋告诉妻子，于是其妻端灯陪同细看，果然土崖上发出幽光，像两只"眼睛"。他们惊恐不已，急急返屋。第二天早晨，阳光明媚，陈湖夫妻二人一起到后院，找来镢头一挖，掉下来的是一件青铜器。陈湖知道这是古器，就将其搬到楼上收藏。1965年，因生活困难，将青铜器卖给宝鸡市废品收购站。

二是陈堆后院取土得。据原宝鸡市博物馆副馆长李仲操讲，这是何尊的征集人王光永讲述的发现经过。1963年冬，宝鸡县贾村镇西街农民陈堆在他家后院崖上取土时挖出了这件器物，当时藏在家里。1965年8月，其兄陈湖把它背到宝鸡市，以人民币30元出售给龙泉巷废品回收门市部。门市部营业员告诉市博物馆工作人员佟太放，老佟又告诉王光永，这样此尊才由宝鸡市博物馆征集收藏。

还有一种传言是陈堆在宁夏行医时得到的。说何尊本为陈湖之弟陈堆所藏，陈堆早年在宁夏固原行医治病，治好的病人将何尊作为谢礼，送给陈堆。并说1963年陈堆带着何尊回到家乡贾村镇，将它放在家里棚楼上。1965年，他的二哥陈湖将它当废铜卖掉了。陈堆气恼万分，一病不起，不久身亡。实际上，20世纪70年代，陈堆是贾村大队医疗站的一位村医，擅长中医。1980年，陈堆因患胃病去世。

最为传奇的说法是斗鸡台（戴家湾）盗宝流失物。说何尊出土后，文物部门曾到附近钻探，但未发现文化遗迹，因此怀疑何尊可能不是此处出土。宝鸡的文物工作者刘明科先生推测，何尊可能是当年党玉琨斗鸡台盗宝的流失之物。刘先生从20世纪80年代就开始着手收集有关戴家湾铜器的资料，并多次走访戴家湾村及附近各村曾参与过当年盗掘活动的当事人，他觉得何尊这样重要的文物独自出土在陈家后院比较蹊跷，认为何尊出自斗鸡台墓地才符合情理。

真是神秘的何尊啊！现在让我们追随文物工作者的实地调查，探个究竟。

1987年5月18日，宝鸡市博物馆文博干部刘明科、高次若到贾村，对何尊出土情况进行实地调查。

贾村是贾村镇政府所在地，有十个村民小组，二组在镇十字街道西街。二组有个村民叫陈湖，行排老二，其四弟叫陈堆，他们哥俩与何尊面世关系最为密切，是本文的"主人公"！陈湖家在贾村西街街道的南侧，院大门朝北开，陈家厕所在院落南部，其南边是高约3米的断崖，崖上向南是耕地。陈家经常挖断崖土垫厕所（一种沤肥方式）。天长日

何尊发现人陈堆

宝鸡市博物馆职工合影（前排右一为佟太放，右二为李仲操）

久，崖面被挖成了悬崖，陈家老四陈堆害怕上面悬着的部分掉下
来伤人，于是拿来镢头，打算把它挖掉，谁知没挖几下，悬在上
面的一大块土疙瘩就掉了下来，近前一看，里面有一个带绿颜色
的古铜器。当时他并不知道这是件文物，更不知道是件国宝，因
而也就未上交国家，只是对它做了简单清理，把铜器内的清理出
来，就顺便把它放在自家**厦房**的阁楼上。

　　1965年，陈家老二陈湖因生活拮据，想把这件铜器拿到
贾村镇上卖掉，但镇上废品收购站不要。8月底的一天，陈湖
又把它装入麻袋背到宝鸡市找买主。他先去了经二路一个收

厦房

流行于陕西关中一带
的传统民居建筑形式，
不是院落的主体建筑，
多在两侧，主要特征
是屋顶一面流水。

废品的门市部，因器面上有锈和土，对方坚持要除去杂质的重量后才肯收，陈湖执意不从，结果没有成交。陈湖心中很不高兴，心想，卖不成就算了，背起麻袋就往回走。当路过龙泉巷时，他突然想起附近还有一家收废品的，不妨去试试，于是他走进了龙泉巷废品收购门市部。接待他的一位年轻人也坚持先除去杂质后才肯收。两人争执不下时，从里屋走出一位年约60岁的老职工，他问明了情况后，同意不除杂质，按铜价收购。他们称了一下毛重29斤，付给陈湖30元钱，双方成交。

就在陈湖将这件国宝卖给废品收购门市部没有几天，宝鸡市博物馆职工佟太放去废品门市部闲逛，一进门，那位老职工就告诉他说，他们最近收了一件古器，叫他进去看看，并问他要不要。老佟跟他进了里屋，在靠墙角的一堆破麻绳堆中扒出了这件铜器。老佟一看，高兴地连声说，这不是周代文物嘛！要！要！要！随即回到馆里，将此事告诉了当时主管文物征集保管工作的王光永同志，老王又和老佟一同前去收购门市部，以35元的价钱将此件铜器买了回来，入藏宝鸡市博物馆，时间是1965年9月3日。

2004年10月21日，宝鸡市文物局局长张润棠、文物科长刘宏斌、陈仓区博物馆副馆长董卫剑到贾村镇贾村二组陈湖家，进行实地调查。

一行人先见到了陈湖的孙子陈涛，陈涛说："何尊是我四爷陈堆在后院发现的，后放我爷陈湖（排行老二）家。1965年，家里生活很困难，加之我婆

陈湖、陈涛爷孙两人

（奶奶，陈湖之妻）生了病，有人说这是你家守不住那宝器的原因，于是我爷与我二叔（陈保田）背上那件铜器去宝鸡卖给了收购站。用得到的30元钱买了一斗高粱，全家度过了一段困难时光。"陈涛说他知道的这些也是从爷爷那里听说的。陈涛爷爷就是陈湖，2003年去世。

为了彻底弄清真相，了解到陈堆的妻子还健在，张润棠一行遂在陈涛引领下前往拜会，看见一位白发老太太正站在一所宅院门外，似乎在等他们。他们上前向老人问好，说明来意。

陈涛的四婆（奶奶）叫张桂兰，宁夏固原人，时年72岁（2004年），1953年与陈堆结婚。陈堆从十四五岁到甘肃平凉学医，后在宁夏固原谋生。1949年后一直在宁夏固原张易镇卫生院工作。1963年6月回到陕西宝鸡老家。因老屋住不下，就在东面邻居院里租了两间厦房。8月的一天上午，陈堆去后院，无意间看到对面因前几天下雨坍塌下一大块的土崖上好像有亮光，就回来对妻子说，后院崖上有怪物，像两个"眼睛"看着他。于是他俩就搬了一块木板当梯子搭在崖上，陈堆先用手，后用手锄刨去四周的土，那器物就滚下来了，土锈很多，器上面像个碗口。他们就把它抬放在屋里墙角，用一床旧棉套盖着。

本想回到老家日子会好过一些，谁知宝鸡状况还不如固原。加之第二年（1964年）收成又不好，于是他们就又回固原了。临走的时候，把锅碗等家具以及那件铜器都放在一个木柜里，柜锁也没有，就架放在二哥（陈湖）家楼棚上。

1968年，政策允许回农村，陈堆就带着全家8口人（有3子3女）回到了家乡。在老屋找不到原先存放的那铜器，一问才知道被他哥（陈湖）当废品卖了。陈堆当时很生气，说："你不言不传就卖了。你要卖也应该卖个好地方，给博物馆可能还会多得几个钱哩。"老人很健谈，又带张润棠等到当年的后院所在地。原来高约3米的土崖早已挖平，已看不出当年的痕迹，但从老人

的讲述中还可以想象原先的样子。

2004年11月19日，张润棠再次来到陈湖家。先见到了陈湖的儿子陈天德（时年63岁，陈涛父亲），他看了张润棠带来的何尊资料，说道："1964年，我回老家探亲，在楼棚上见了我四叔（陈堆）挖出的铜器，上面土锈很多。我觉得这可能是个文物，就嘱咐家人要保管好。后来老人当废铜卖了，知道后感到非常遗憾。"

2005年1月7日，宝鸡青铜器博物馆举行"纪念国宝何尊发现40周年"活动时，邀请张桂兰老人及其子女做嘉宾，并为老人颁发了荣誉馆员证书。老人向博物馆职工和新闻媒体详述了何尊发现经过。有人问起铜器上"两点亮光"时，张桂兰指着何尊

2005年1月张桂兰在宝鸡青铜器博物馆

口沿外的脊棱说：“那天看到的亮光就是这两个地方，有光一照明明的。”传说的“神秘眼睛”真相大白了！

三　征集回一件珍贵文物

1965年9月13日，宝鸡市博物馆干部佟太放路过龙泉巷金台人民公社废品回收门市部，在墙角的乱麻绳堆旁看到一件器物，认为是一件值得收藏的文物，随即报告了馆长吴增昆。吴增昆让保管部主任王光永去废品收购站看看，只见人们正在往车上装废铜烂铁去回炉，这件体形硕大造型古朴的青铜尊也将拉走。他急忙挡住，说：“这是文物啊！你们30块钱收的，那我们征集也给30元。”

王光永

收购站负责人同意，由于王永光带的钱不够，即给馆里打电话，馆长派人送来钱后，办过有关手续，把这件30斤重的铜器抬回博物馆。

征集回一件珍贵文物，王光永着实高兴，很晚才回家，一进门就对妻子说：“今天，我可买回一件宝贝！”兴奋地叙说当天的事情。这件铜器由于锈蚀颇重，也未做内底的除锈，因而没有发现铭文。但此器造型雄浑，纹饰华丽，制作精美，是宝鸡市博物馆自1958年成立以来入藏的第一件青铜器，因而被奉为瑰宝。王光永对器物外表做了清洗和资料整理。清理后的青铜尊通高39厘米，口径28.6厘米，腹围61.6厘米，重14.6千克。当时未发现铭文，故被称作饕餮纹铜尊。

何尊

四 姗姗来迟的铭文发现

一直默默无闻的铜尊，忽然有一天名声大噪，原来在清理保护它时，在内底发现了铭文。如同出土地一样，何尊铭文的发现，也众说纷纭。一种说法说是由时任中国历史博物馆馆长的俞伟超发现的，也有说是由故宫博物院的青铜器专家唐兰发现的，最流行的说法是由上海博物馆馆长马承源发现的。

最近，年近80岁的国家文物局文物科技专家组成员、中国文化遗产研究院研究员徐毓明发文，说何尊是他进行保护处理的第一件青铜器文物，铭文也是由他在处理过程中发现，并最后完整地清理出来的。"1963年在陕西宝鸡出土的一件西周早期的青铜器'何尊'，距今已有三千多年的历史，由于被锈层和泥土覆盖着，很难看出它的原貌，甚至连器底的铭文都被掩盖了。1975年秋，当准备将它和其他一批铜器送出国外展览时，我们对它进行了保护性处理。首先用机械的方法剔去有害的锈蚀。在局部去锈的过程中意外地发现在何尊的器底上有铭文，于是便进一步应用硫酸和重铬酸钾配制成的去锈液于铭文所在位置作局部处理，结果发现了122个有十分重要历史价值的文字，追记了周武王推翻商朝以后，确定在今洛阳地区建立新都的史实。"（徐毓明:《艺术品和图书、档案保养法》，科学普及出版社1985年版，第83页。）徐毓明先生强调说，唐兰和马承源都是青铜器专家，和俞伟超一样都是考古学家或者是青铜铭文和金文研究专家。何尊按严格的科学方法保护处理并发现了文字之后，交由这些专家和学者们研究是顺理成章的事，尤其是马承源毕生研究此段铭文，令人敬佩。

张润棠看到徐毓明的文章后回忆说，1998年宝鸡青铜器博物馆开馆之后，马承源先生来参观时，当听到年轻的讲解员说"何尊是青铜器博物馆的镇馆之宝"时，当即指出："不能只说何尊

是镇馆之宝，应当讲它是镇国之宝。"随即讲了何尊铭文发现经过。这位名闻海内外的青铜器专家，尽管于1999年从上海博物馆馆长岗位上退下来了，但仍一直关注宝鸡考古文博事业的发展。2003年1月19日，眉县杨家村窖藏青铜器出土后，他闻讯即专程前往考察。一见面，年近八旬的老人家谦虚地说："我来宝鸡，是向博大精深的周秦文化学习的。"请他指导博物馆陈列时，他在何尊展柜前久久流连，又兴致勃勃地讲了铭文的发现经过，他说，当年奉命参与筹备出国展览，在清理宝鸡这件青铜器时，看这件铜器底较平，就想会不会有铭文，又仔细观察，边上好像露出点笔画，于是交由具体清锈人剔除铜锈，果然有文字，清锈完毕，发现一篇铭文。

五　3000年前的青铜档案

在纸张成为主要文字载体之前的相当长的一段时期，青铜曾担任过文字载体，肩负着文明传承的重要使命。可以说，青铜器上的铭文，是留存至今的珍贵档案。何尊铭文发现至今，已近半个世纪。这期间，古文字新材料层出不穷，文字释读等基础研究取得了丰硕成果，这对何尊的研究，特别是在铭文的释读方面提供了不少新见解。唐兰、张政烺、马承源、于省吾、李学勤、朱凤瀚等学术大家对铭文都有研究，虽然对某些字句的见解还有出入，但多数认为它铸造于成王五年，是一件西周成王时期的标准器。作为青铜档案，与传统史籍相比，何尊铭文更真实、更有时代感。一是证实了周武王灭商后，就产生了在伊洛（今洛阳）这个天下中心建立都城（成周）、一统天下的战略意图；二是此器作于周成王五年，为解决周公摄政的七年是否包括在周成王在位年数之内的历史课题，提供了直接资料；三是证实了周武王要营建成周、周成王付诸行动这样一件史料不详的重大历史事件；四是铭文中"中国"两字作为一个词组，第一次出现在3000年前

何尊铭文拓片

的青铜器铭文中。

何尊器底原铸有铭文12行122字，现存119字。其铭曰：

唯王初迁，宅于成周。复禀武王丰福自天。在四月丙戌，王诰宗小子于京室，曰："昔在尔考公氏，克逑文王，肆文王受兹［大命］。唯武王既克大邑商，则廷告于天，曰：'余其宅兹中国，自之义（yì，治理）民。'呜呼！尔有唯小子无识，视于公氏有爵于天，彻命敬享哉！叀王恭德裕天，训我不敏。"王咸诰。何赐贝卅朋，用作□公宝尊彝。唯王五祀。

铭文大意是说成王继承王位后不久，便开始营建成周（洛阳），还按照武王的礼，举行福祭，祭祀是从天室（某种宫室）开始的。成王五年四月丙戌这天，成王在京室诰训宗小子何说："过去你的父亲能为文王效劳，文王接受了大命，武王战胜了'大邑商'，就延告于天说，'我要住在中国地区，从这里来治理民众'。呜呼！你这年轻人啊，知识浅薄，要效法你的父亲有勋劳于天命，遵循天命，敬事君王，要协助王奉行明德。希望上天能够护视我们这不够聪敏的人。"成王的训诰结束后，赏赐给何贝三十朋，何因而为父亲□公制作了这件祭器。

当时，西周的都城在镐京（今西安），周武王为什么还要在400公里以外的地方营建新都成周？公元前1046年甲子日这天早晨，周武王联军与商朝军队在牧野（今河南省淇县南、卫河以北，新乡市附近）进行了决战。商朝的军队前线倒戈，纣王兵败自焚，商朝灭亡。对于周人来说，这个胜利来得太突然了，以至于还未做好治理新国家的准备，武王也只采取了一种临时举措，留下两个弟弟驻扎在商旧都附近，他就班师回朝（镐京）。公元前1043年，武王不幸病故。这时，武王的两个弟弟（管叔、蔡叔）与被镇压的商遗民一起借机叛乱（史称武庚叛乱），后来在周公（武王的弟弟）和召公（与周室同姓，当时与周公同为朝廷执掌大权的三公之一）的积极合作下，很快平息叛乱并恢复了周人在东部的权威。

《史记·周本纪》说成王派召公去洛邑（今洛阳）营建成周，是为了实现其父亲武王当年想建新都于中原，以巩固新建的周政权的愿望。周武王在"牧野之战"成功后，考虑到对东部国土的控制和四方入贡，便在伊洛（今洛阳一带）开始营建成周洛邑。周人认为，洛邑是当时天下的中心，在此营建成周的重要意义在于，它可以作为周王室震慑**东夷**、经营东土的指挥中心。之后，成周便作为周王室在东部地区的重要据点，发挥了重要的军事和政治作用。

在西周，有周（岐周）、宗周（镐京）、成周（洛邑）三个都城，性质有所不同。周初金文中多涉及王臣在成周殷见东方诸侯之事，所谓"殷见"就是会见诸侯，实际是带视察的性质，说明成周只不过是周朝的陪都而已。而宗周的地位十分重要，西周早期的金文多涉及诸侯在宗周朝见和服事周王之事，说明宗周是国都。岐周是周人老家，周王室的宗庙始终未废，是西周许多重要王臣世族聚居之地，成王五年以后金文中的"周"就是岐周，周王常来这里召见、册命、赏赐世族王臣。

营建成周洛邑是西周初年的一个重大事件。古文献《尚书》里的《召诰》和《洛诰》详细记载了营建成周之前和建成之后的一些细节。作为青铜档案，何尊的铭文记载了成王五年亲临成周洛邑视察，可以和《洛诰》的内容相呼应。

六 "根正苗红"的器主姬何

这件镇国之宝为什么叫何尊？青铜尊是古人祭祀时盛酒用的器具，在金文中，尊字作"𤽸"形，像双手奉酒器的样子。由于酒在祭祀活动中的重要作用，盛酒的青铜尊便成为先秦社会礼仪的象征。而青铜器命名的惯例通常是依据作器者（或者器物拥有者）的名字来命名的，这件尊是一个叫何的人定做的，所以叫何尊。

关于器主人何的身份，可以由铭文推知。铭文说："王诰宗小子于京室"，这里的"宗小子"，是相对于周王室而言的，即从周王本宗分化出来的小宗分支。西周金文中"某小子"，是表示以"某"作为本宗而独立出去，另立家户者的称谓。此类"小子"在宗法关系上，相对于整个家族（大宗）是小宗，但在居住形式上以及经济、政治生活中未必完全独立出去。这些贵族家族中的"小子"，同时又被作为宗子（族长）的大宗所支配，有的

何尊出土点远眺（南—北）

还担任大宗家族官吏。

何与周王同宗，是从王室分立出去的小宗，但在政治生活中还需参与王室的活动。由于周王室为姬姓，因此，此件尊的主人姓"姬"名"何"，全名叫"姬何"。

周王为什么在诰诫何的时候要提到文王、武王呢？这是因为古代实行世官之制，父子职官常常相袭，何是职司祭祀的官，他的父亲也是同样的官。文王受命，武王告天，均与祭祀有关。成王追叙这两件大事，正是表扬何的父亲的功绩，对何提出的要求是，要像其父亲一样，勤谨事王，传达天命，敬慎祭祀。

何的父亲是哪一位公？可惜"公"字上面那个字周框中间笔画不清，不能辨识，留下一个千年之谜。唐兰先生判断应是虢公，理由是宝鸡当时是虢的封地。马承源先生认为："何的父考公氏就是被祭的口公，曾跟随文王，是王室宗族，成王说他有勋劳于天，应该参加过克商的战争。"但这个公到底是谁并未说出。李学勤先生说，何尊出土在宝鸡，周初当地的诸侯国，我们只知道西虢。西虢的始封人是文王之弟、武王之叔虢叔。但尊铭末行不识的字肯定不是"虢"，也不是与"虢"相通的"郭"，又不能在常见谥号中找到。看起来何的父亲大约是与西虢邻近的另一诸侯。

何尊这件与西周王室有关的青铜重器为什么会在贾村发现？何尊入藏宝鸡市博物馆后，业务人员曾多次到贾村进行考古调查。文物保管组的胡智生先生曾对陈家后院方圆几百米钻探，没有发现西周墓葬。因此，只能按窖藏去考虑。之后进一步了解贾村地形地貌，发现贾村塬古遗址分布很多。贾村村落就建在古遗址上，千百年来居民建房修路挖土等早把文化层破坏了。

1974年在距今贾村北1.5公里的上官村出土了一件夨（cè）王簋，有铭17字："夨王作奠（郑）姜尊簋，子子孙孙其万年永宝用。"这是有确切出土地点的夨国器物。目前，经科学发掘或有确切出土地点的夨国器约14件，传世夨国铜器和铭文涉及夨国的铜器17件。这些夨器集中出土于宝鸡地区，汧水是流经夨国境内最主要的一条河流。学者认为，3000年前贾村一带是夨国都邑所在地，而夨国是岐周以西的与周天子同姓而称王的地方小国，并与西周王室有着十分密切的联系。在何尊铭文里，何自称为"宗小子"，其父亲曾辅弼文王，有西周王室血统的姬何，真

谥号

谥号是人死之后，后人给予评价的文字。

文化层

古代人类活动留下来的痕迹、遗物和有机物所形成的堆积层。

可谓"根正苗红"啊。何尊出土于贾村，并非无本之木，可能与和周王同姓的矢国有关。

七　狞厉神秘的青铜艺术

何的父亲是文王和武王的臣僚，司祭祀要职。成王诰诫并赏赐何贝三十朋，他铸青铜器以志纪念。由于何尊铭文涉及西周早期重大史实，成为难能可贵的早期文献。虽然目前发现的西周青铜器数以万计，但迄今仅在洛阳北窑和扶风周原发现西周早期和中晚期的铸铜作坊遗址，规模都不是很大，远不能与商代都城殷墟相比。位于长安的都城丰镐，应该有规模巨大的铸铜遗址，可惜迄今未能发现。分封在各地的诸侯国境内也出土了大量青铜器，青铜器的艺术风格高度一致，但未发现铸铜作坊遗址。苏荣誉先生认为这些青铜器是在王室作坊定制的，何尊也不例外。

何尊整体造型凝重浑厚，工艺精湛，具有建筑美：大敞口、微鼓腹、高圈足，三段之间以窄素面带隔开。四道透空长条式扉棱自圈足贯至口沿并长出檐，扉棱两侧饰勾云纹。颈、腹和圈足满布三层花风格纹饰，细密云雷底纹上布局不同的浮雕纹样。所谓三层花纹饰是商周青铜器上最复杂的纹饰，代表了青铜时代纹饰制作技术的最高水平。工艺程序是先在阴干范面上绘制稿图，通过样板造型做出主纹饰，之后刻划出**云雷纹**，并在主纹饰区域中堆塑泥条，使得浇铸后主纹表面存在阴槽纹饰，而非从模上翻制纹饰。颈根饰一周身呈"S"形的蛇纹带，蛇纹带上接4组蕉叶纹，扉棱正叠压在其中线上。

腹部前后面饰两组高浮雕兽面纹，形若展翅蝙蝠，以前后扉棱为中心对称展开，并叠压在鼻梁正中。兽面鼻头较宽，纹线盘卷形成鼻翼，鼻梁矮而宽，两侧勾云纹。额中勾菱形，并向上耸起冠饰。鼻头两侧嘴深咧，嘴角翘出。其上的"臣"字形眼中眼

云雷纹

商周青铜器上的纹饰。大都是连续的回旋状线条。一般称圆形的为云纹，方形的为雷纹。多用作地纹，以衬托主要纹饰。

何尊"臣"字形眼

珠呈半球状突出，其中间有圆凹点瞳仁。弯眉由平行短垂线构成。一对尖叶形小耳耳郭突出。兽面头顶一对大角，做开口向下的节状"G"形，角尖扭转翘出。兽面纹两侧填倒竖的分体抽象夔纹。

圈足分上下两段。上段收束，饰兽面纹带；下段为高立裙，光素；底沿平。

何尊铭文书法优美，应当出自专门的书手。122字遍布器的内底，铸造成形有赖腹芯。根据安阳殷墟晚商铸铜遗址和洛阳北窑西周早期铸铜遗址出土的铭文模块，得知要先刻出泥质阴文铭文模块，并据以翻制泥质铭文范片，然后把范片嵌到腹芯端面，成为芯的一部分，组合成铸型后浇注。腹芯是一个大悬芯，商代早期，很可能是南方的铸工发明了垫片工艺，即使用旧铜器小碎片，通常使用数枚，将之置于范与芯和芯与芯之间，以保证型腔尺寸，腹芯与圈足芯之间是重点部位，浇注后垫片铸接在器身，因锈蚀

遮掩，往往不易被发现。苏荣誉认为，何尊具有长篇铭文，放置垫片会破坏铭文笔画，铭文中间的一个孔洞，很可能是垫片放置处，但泥芯发生了位移，底部过薄，垫片发生了脱落，以致损缺一字。

何尊铭文书法具有"浑厚、苍茫、率意"的风格。之所以说"浑厚"，是从其铭文线条风格、字形对比来体现的。每个字形中浑实圆劲的线条较多，在细线的对比下，更显其敦实。以"苍茫"之风格来概括，是着眼于铭文整体风格和通篇章法而言。因其铭文在器物内底，捶拓难度极大，加之锈蚀严重，从而拓出的铭文给人一种历史的"苍茫"之感。加之字距、行距茂密章法的衬托，为铭文增添了神秘的意味，书法审美上营造出了古老的"朦胧美"。谈起"率意"之感，是从其字形行气和曲直线来呈现的。如第七行的"中国"两字，构形率意恣肆，加之部分字形直线的排布和通篇铭文上下左右每行始末的参差安排，率性而为的感觉从容而来。

八　何以为尊　我有"中国"

何尊铭文中引用周武王的话说："余其宅兹中或（国），自之义民"。这里的"中或（域）"，就是"中国"一词的最早写法。"或"是"国"和"域"的共同初文。在西周时期，"国"字的内涵跟今天不同，今日国家意义的"国"，在西周称为"邦"，是早期国家形态的政治实体。邦、国意义逐渐混同，发生于西周晚期，春秋时期出现了"邦国"一词，相当于今日"国土"的意义。而西周时期"国"与"土"是有区别的，金文中的"土"，即周王朝实行有效政治统治的区域。一般来说，"国"是未纳入周王朝有效统治的区域，如西周晚期周厉王所作𫆞钟铭文中的"南国""东国"，都是未纳入周王朝有效治理的王国领域内的一片地区。

于省吾在《释中国》一文中说，"中"是会意字，代表旌旗在氏族部落中央飘扬，是氏族的族旗、标旗，也是氏族成员外出归家的方向。"或"为象形字，"口"代表人们居住的城邦，上下两横则表示维护城邦的城墙或壕沟，右边是兵器戈，象征军队。古人认为没有城、城墙，军队就不能称之为国。"或"到小篆时，增加了一个边框是疆域之意。1978年宝鸡县太公庙村出土的秦公镈，是历年发现秦国青铜器中最重要的一批。镈有铭文135字，其中有"商（赏）宅受或（域）"4字。"受域"即受国，"赏宅受国"是指公元前771年，秦襄公率兵救周，护送周平王东迁洛邑，作为回报，平王封襄公为诸侯，并赐给西岐之地，从此，秦国才开始与东方诸国平起平坐。

从文献看，"中国"一词则最早见于《尚书·梓材》，此篇是周公对康叔的诰词，时代背景大致与何尊时代相当，这里的"中国"一词，是指商曾经统治的中心地区。这些文献的具体形成时间目前还不能完全确定，但一般认为确实是西周的作品。

从《诗经·大雅·荡》中文王的话来看，"中国"似乎还可追溯到文王时代甚至更早些。因为对于一种事物，有其称谓往往比见诸文字要早一段时期。但是，我们在同时期的殷墟卜辞中还没有发现"中或（国）"一词，所以"中国"应是周人的说法。

铭文中的"中或（国）"，从语境看，当是指成周洛邑。成王诰诫宗小子何时引用武王的话，旨在表明在洛邑营建新都是秉承了武王的遗志。武王克商之后，为了统治商人，就有了在东方建都的想法，他在返回周都丰的途中，在洛邑做了一番考察，决定在此营建新都，并托付给弟弟周公旦。因此，唐兰说，"中国"当指西周王朝的疆

铭文中的
"中国"

113

域中心，即以成周洛邑为中心的区域。

《史记·周本纪》说，周公营筑成周，云："此天下之中，四方入贡道里均。"周人认为成周位于四方的中心，这一观念见于《尚书》等文献，也由何尊的发现证实了。成周是天下之中心，这是地理意义的，也是政治意义的，因为成周是东都，是周朝向四方征取贡赋的中心，四方入贡的财物都要输送到那里，道里均等。西周晚期的兮甲盘铭文所说"成周四方积"，《礼记正义·儒行》将"积"解释为"积聚财物"，就是指四方的贡物而言。

"中国"最初之意，是周人指商的"中央之邑"，并逐渐扩大到整个商人的势力范围。与之相应，周人一直将自己的本土岐、镐、丰一带称为"西土"，而从不以"中国"自居。随着西周政权的稳固和成周新都的建成，周人心目中"中国"的方位也发生了一些变化，即向统治中心丰镐（宗周）移动，而曾经的"中国"中心区域被称作"东土"，这是以周王朝统治中心区域为中国中心而言的，表明"中国"一词指代范围的扩大，其中心不再是曾经的商王朝统治中心区，而是转移到周王朝的统治中心区，从前的"中国"如今成了"东土"。因此从历史发展看，"中国"一词的外延是不断地在扩大。

中国正式作为国名的简称，始于辛亥革命以后，1912年元旦中华民国成立，1949年中华人民共和国成立。中国这个令人骄傲的名称首次出现在何尊铭文，已历三千多个春秋。在几千年的历史中，她牵动着无数炎黄子孙的心。在人类文明史上，很多文明都因和"中国"两字相联系而显得灿烂生辉。1982年，何尊印于中国特种邮票，成为中华人民共和国的名片，闻名海内外，向世界人民展示中华民族悠久历史和灿烂的青铜文化。

何以为尊，我有"中国"。3000年的历史演进，朝代更替，

"中国"一词从地理中心、政治中心，派生出文化中心的含义，
进而又被赋予了正统性的意义。数千年过去，太多的故事被黄土
掩盖，何尊也没有了最初夺目的光泽，但尊里的122字铭文却没
有辜负它主人的期望，跨越三千年，将祖先的丰功伟绩展现在后
人眼前。

精工之巅
——"牺尊"再现的西周时代

徐良高　王一凡（中国历史研究院考古研究所　中国社会科学院大学）

邓仲牺尊为西周时期（公元前1046—前771年）青铜酒器，因自铭"邓仲作宝尊彝"而得名。全器通长40.5厘米，通高38.9厘米，壁厚0.3厘米，尊盖长12.5厘米，宽9.5厘米，高12.7厘米。

牺尊分为六部分，即兽身，兽脖子上立虎，兽胸前立龙，兽臀部立龙，器盖，器盖上立鸟。分铸法制成，兽身与龙、虎，器盖与鸟等附饰分开铸造，然后接合在一起。整件器物造型奇幻，装饰精美，多层雕塑，制作工艺复杂，反映了西周时期先进的青铜器铸造技术。器上**铭文**"邓仲作宝尊彝"虽只有六字，却反映了西周社会的基本社会组织——血缘组织的广泛存在及与之密切相关的宗法制、世卿世禄制和异姓联姻等一系列政治制度。

文物既是历史的产物，也是历史的物证，小器物见证大历史。邓仲牺尊作为一件承载重要历史信息，集中体现西周时期政治制度、礼乐文化、宗教信仰、科技水平和审美观念的代表性文物，具有突出的历史、文化和审美价值。

一 出身尊贵 劫后余生

邓仲牺尊于20世纪80年代出土于西周都城——**丰镐遗址**张家坡井叔家族墓地第163号墓葬之中,它的出土背景和发现过程,是一段充满了神秘与侥幸的历史。

◎ 西周之都 丰镐是宅

丰镐遗址是西周时期的都城遗址。据文献和青铜器铭文记载,西周时期的都城丰镐,车水马龙,冠盖云集,周王常在此举行重大的政治活动,丰镐在中国历史上占有特别重要的地位。

自中国考古学诞生起,几代中国考古学家持续在丰镐遗址开展考古工作,出土了大量珍贵文物。经过数代人的努力,确定了丰镐遗址的基本范围。它大概位于今天陕西省西安市西咸新区马王街道、斗门街道、灵沼街道一带。在这近20平方千米的都城遗址区域内,分布着大量西周时期的居址遗存与墓葬。这些遗存都是当时都城居民和王公贵族留下的生前活动遗迹和死后魂归之所。

◎ 井叔家族 建茔丰镐

位于丰京遗址西北部郿坞岭高地的张家坡井叔家族墓地是迄今在丰镐遗址发现的最高等级墓地,也是一处有代表性的西周高等级贵族家族墓地。邓仲牺尊就出土于这片井叔家族墓地中的一座高等级墓葬——第163号墓中。

考古发掘报告《张家坡西周墓地》详细介绍了有关张家坡墓地考古发掘及邓仲牺尊的情况。井叔家族墓地是在1983—1986年被考古勘探发现和系统发掘的,墓地范围南北约150米、东西约130米,内有西周墓葬257座、车马坑3座、马坑

> **丰镐遗址**
>
> 西周王朝的首都,由位于沣河西岸的"丰",沣河东岸的"镐"组成。通过目前的考古发现看,位于今西安市区西南,马王街道、斗门街道一带,面积约18平方千米。

邓仲牺尊

22座，包括1座双墓道大型墓、3座单墓道大型墓和一批大、中、小型墓。

考古总是充满着神秘性和不可预测性，每一次发掘，考古工作人员都满怀兴奋与期待，而结果既可能让人失望，也可能超出预料，带来惊喜。当中国社会科学院考古研究所丰镐考古队勘探到张家坡这批丰镐遗址内迄今所知最高等级墓地并决定发掘时，心里既满怀期望又忐忑不安。因为，根据多年的经验，关中地区的周墓几乎是十墓十空，基本都被盗墓贼盗掘过。这些盗墓现象主要发生在西周末年犬戎占领丰镐时期，也有后来不同时期的破坏。在这种长期的盗扰下，即使是仅随葬陶器的小墓也常常难以幸免，更何况随葬大量珍品的大型墓葬呢。

果然，张家坡墓地发掘的365座西周墓葬、车马坑、马坑中，被盗掘的墓葬高达322座，其中大、中型墓葬均遭到严重盗扰，大量珍贵的青铜礼器、玉器永远地离开了保存它们的原始环境而不知所终。但从残存的文物中，亦可一窥墓主人身份、地位之尊贵。

通过发掘可知，井叔家族墓地的四座带墓道大墓的墓向均大致为南北向，处于整个家族墓地的核心位置。其中，双墓道大墓第157号墓等级最高，位于四座带墓道大墓的最西边，往东依次排列着第152号墓、第168号墓、第170号墓三座单墓道大墓。这四座带墓道的大墓体现了墓主人——几代井叔的身份之显赫及其家族地位之尊贵，属西周王朝的重要人物。

◎ 随葬珍宝　劫后余生

出土邓仲牺尊的第163号墓位于第157号墓的东侧，与之对应的是第157号墓西侧的第161号墓。虽然第163号墓、第161号墓没有墓道，但却与第157号墓并行分布，且墓室规模和随葬品

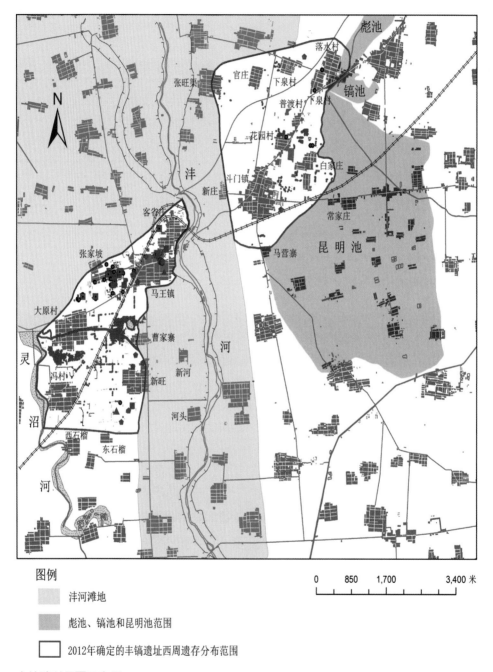

图例

沣河滩地

彪池、镐池和昆明池范围

2012年确定的丰镐遗址西周遗存分布范围

0　　850　　1,700　　　　3,400 米

丰镐遗址平面示意图

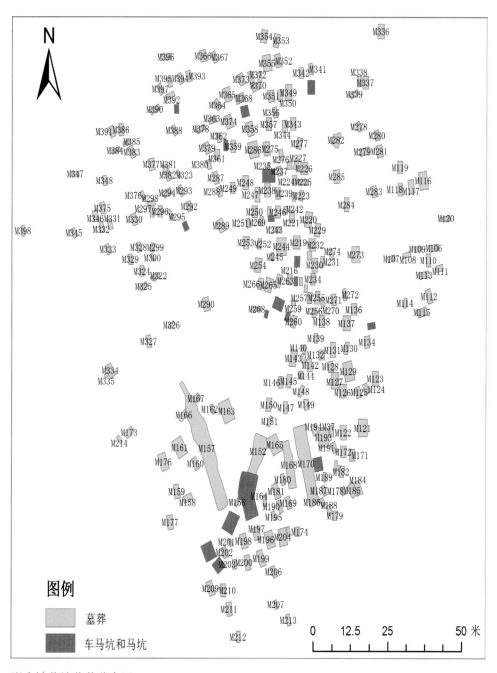

张家坡墓地墓葬分布图

的等级显示墓主人地位同样很高。根据西周时期贵族墓地盛行夫妻并穴合葬的习俗，可以推测，第163号墓是第157号墓墓主的妻子，即一代井叔的夫人。这与第163号墓出土的邓仲牺尊的铭文记载是一致的。

第163号墓属西周时期典型的竖穴土坑墓，南北长5.65米，东西宽3.4—3.8米、深9.3米，南北方向。墓内二棺一椁，椁长3.95米、宽2.6米、高1.8米。外棺长2.5米、宽1.15米、

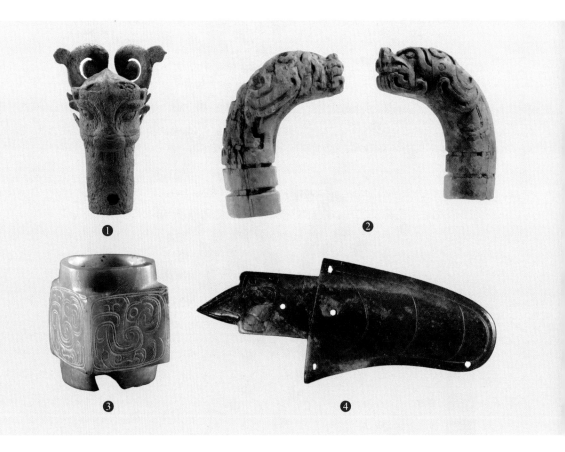

井叔家族墓地出土文物

1.铜车辕饰　　2.象牙杖首
3.玉琮　　4.玉戈

M157全景（由北向南拍摄）　　　　M170的椁室和头厢（由北向南拍摄）

残高 0.64 米。内棺长 2.03 米、宽 1 米、残高 0.44 米。棺内有大量朱砂。

　　在发掘第 163 号墓时，不出所料，从墓口到墓室，整个墓葬内共发现五个盗坑，其中东西两壁各一个，墓室西北角、西南角、东南角各一个。如此密集的盗洞，触目惊心。其中更以西壁的盗坑最为可恨，它与双墓道大墓第 157 号墓的一个盗洞相连通，甚至把第 157 号墓随葬的石磬也翻到这个盗坑中。

　　然而，再狡猾的盗墓贼也有百密一疏之时，第 163 号墓南二层台的一部分因墓葬回填土的埋压而躲过了盗墓贼的历次搜

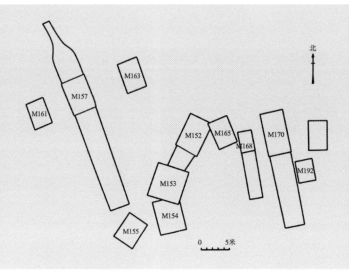

几代井叔墓葬排列位置图

掠，给我们留下了一批宝贵文物，其中就包括邓仲牺尊。它静静地躺在第163号墓南面二层台中部，东西两角的盗坑之间，等待考古学家的到来。真是一场意外与惊喜，这就是考古学的魅力！

　　这堆侥幸留存下来的青铜器包括邓仲牺尊1件、牺尊盖1件、井叔钟2件、父丁尊1件、父辛卣盖1件、爵1件、兽头车軎1件、鸭头杖首1件，还有鼎耳、簋耳等残器。除了这件完整的牺尊外，埋在一起的还有一件牺尊盖，盖内顶底同样有"邓仲作宝尊彝"的铭文，但器身已经被盗走，令人十分遗憾。井叔钟上的"井叔叔采作朕文祖穆公大钟"铭文显示其丈夫，即第157号墓的墓主人是名叫"叔采"的一代井叔，从而解决了井叔家族墓地最大的墓葬第157号墓墓主人的身份问题。这些遗留下来的珍贵器物，使我们得以推测墓主及其年代，真是不幸中之大幸！

　　第157号墓是迄今为止在丰镐遗址中发现的最高规格西周墓

葬，由墓室、南墓道、北墓道组成，平面呈**"中"字型**，总长35.4米，方向以南墓道计为158度。墓室为长方形竖穴，南北长5.5米、东西宽4米。该墓同样遭到严重盗扰，共发现九个盗坑。墓中只残存了部分青铜车马器、玉饰、石磬残块等，以及多件釉陶豆和一件陶鬲。

概而言之，第157号墓的墓主是一代井叔叔采，第163号墓的墓主是其夫人，来自邓国。第163号墓出土的"邓仲牺尊"是邓国为其嫁入井氏家族的女子制作的嫁妆，即媵器。井氏为姬姓，邓国为曼姓，符合周代"同姓不婚"的原则。

"中"字型墓

古代墓葬的一种形制。在墓室两端有两条墓道，墓葬平面看类似汉字"中"字，故称"中"字型墓。在墓室四边有四条墓道，墓葬平面看类似汉字"亚"字，则称"亚"字型墓。在墓室一边有一条墓道，墓葬平面看类似汉字"甲"字，则称"甲"字型墓。

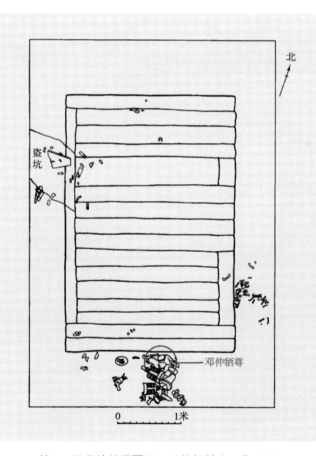

第163号墓椁盖平面图及邓仲牺尊出土位置图

邓仲牺尊出土现场

井叔家族墓地第163号墓出土井叔编钟

井叔家族墓地出土玉人像

二 龙凤意象 精工细作

◎ 神兽造型 亦真亦幻

邓仲牺尊以其富于想象力的造型，充满灵性的神态，精美的铸造，缛丽的纹饰，一经现世，即备受关注，有学者提出这就是古人所说的"天马神驹"。

整件牺尊似一站立神兽，顶部有柱状双角，双角下端与眉毛连接；眼睛位于眉毛之下，圆而外鼓，炯炯有神；耳细长竖起；兽鼻直而隆起，鼻翼两侧有阴线构成的十字网格，网格中有圆点，以模拟胡须；颌部下收，兽嘴微张，露出八颗牙齿。腹部有象征飞翼的扉棱和舌状装饰。四腿较短，蹄部侧面有爪形刻道。尾短，呈尖棱状。整体造型接近麝而又具有某种神性色彩。神兽背上有长方形凸起的尊口，为子母口，口上有盖，盖钮为一站立凤鸟。器腹中空，腿部上空下实。

按照器形、功用归类，邓仲牺尊当属学术界所说的"鸟兽形尊"，旧时习惯上将这类兽形造型器物泛称为"牺尊"（所谓"牺"，乃指作为祭祀用的各类牲畜动物）。其中，研究者对可以准确地辨认出属何种动物者，就直接以其模仿的动物名称来命名，如牛尊、羊尊、象尊、鸮尊等。

鸟兽造型牺尊的出现是在殷墟前期，殷墟晚期有了一定的发展，到了西周时期，青铜鸟兽尊的制作进入了最发达时期，数量较大，种类繁多，分布广泛，体现了商周时期先民的创造力和对这类器物的普遍喜爱和特殊情感。

其中，与邓仲牺尊造型最为接近的当属出土于宝鸡石鼓山西周早期墓葬中的牺尊。2013年宝鸡石鼓山西周墓地第4号墓中出土一对牺尊，一大一小，好似一只年长、一只年幼的两只神兽。大者通高42厘米，长44厘米；小者通高32.5厘米，长31厘米。牺尊

商周时期形态各异的鸟兽形尊

1.河南安阳殷墟妇好鸮尊　2.陕西眉县杨家村盠驹尊　3.陕西宝鸡石鼓山第4号墓牺尊　4.湖南湘潭猪尊　5.陕西岐山牛尊　6.陕西宝鸡茹家庄貘尊　7.陕西宝鸡茹家庄象尊　8.陕西宝鸡茹家庄鱼尊　9.山西曲沃北赵晋侯墓地兔尊　10.江西新干大洋洲虎尊

以麝为主题造型，又融入了多种动物元素。麝首平视前方，圆目凸起，长角分叉，双耳竖立。颈部自然弧下与身体相连。腹部两边有弧三角形短翼一对，臀部有三角状短尾微微翘起。前肢直立，后肢微微弯曲。爪状足，趾明显。腹内中空，背上有圆角长方形盖，盖上桥形钮。器物表面以鹿首凤尾纹为主体图案，沿脊线对称，以云雷纹为底纹，腹部又装饰以鳞纹，胸前饰兽面纹。

陕西宝鸡石鼓山西周墓葬出土牺尊拓片

以邓仲牺尊为代表的这类青铜鸟兽形尊造型雄奇，装饰华美，做工精湛。它们生动形象地模拟出鸟兽的生物特点和神态特征，铸造的虽是瞬间的动作，却让观者仿佛看到了活灵活现的整个生物。这是古代工匠高超手工艺技能的体现，也流露着器物主人深邃而难以揣测的思想。从今天的审美角度看，它装饰上风格独特，纹样上主次分明，形态上变化多端。精妙绝伦的造型设计，技艺非凡的铸造工艺，使其历经近三千年而魅力不减。

◎ 龙飞凤舞　立体装饰

邓仲牺尊不仅有曼妙的神兽身姿，还穿着神秘的"衣服"——三层装饰的精美图案、雕塑：第一层是附着在整个器身上，作为底纹装饰的云雷纹；第二层是底纹之上的半浮雕饕餮纹、夔龙纹、虎纹；第三层是立体雕塑的卷尾龙、凤鸟与卷尾虎，使人感受到神秘震撼之美，庄严灵动之态。

兽身整体以云雷纹为底纹，繁缛精细。云雷底纹之上是半浮雕的饕餮、夔龙纹饰。饕餮纹是主体纹饰，饰于牺尊胸部、腹部、臀部。夔龙纹则装饰在兽颈两侧与兽颈背部，其中，兽颈两侧各有一竖立状夔，夔首部融入兽眼之内，夔身向上弯曲，夔尾向下，卷曲呈回字形。兽颈背部两侧又各饰一头部向下的夔龙纹。左右臀部装饰有顾龙纹，造型独特，回首顾盼，目中带光。

神兽胸前立有一龙，龙首上昂，逼近兽嘴，卷尾向下。龙首有翼状双角，龙身呈起伏状，背部中脊起扉棱，四腿、足部嵌入兽身。神兽臀部之龙，龙首反顾外向，顶有翼状双角，角内又含两条小龙。躯体弯曲，龙尾圆卷，龙脊起扉棱。龙四肢前直后曲，似蹲似站，富于动感。

神兽项上立虎，长度约从兽头至兽脖子与兽身的转折处。虎身呈起伏状，虎首顶部有尖锥状双角，虎背中脊起扉棱，卷尾粗壮有力，四肢短，虎足嵌入兽身。

尊盖平面为圆角方形，顶部隆起呈龟背状，盖钮作立鸟形态，立于盖顶中央，鸟首与牺尊兽首方向相同。鸟首上昂，喙部巨大鲜明，翅膀自然上翘，以浅浮雕手法表示羽毛，尾部下垂连于盖顶。足部前移至胸膛下部立于盖上。足与尾之间形成手握空间。鸟的整体造型与这一时期青铜器上流行的凤鸟纹相似。

在兽腹部两侧还各附有一个鸟形扉棱，鸟首向上，鸟喙部及尾部呈弯钩状。神兽腹部两侧各有一个三角形小翼，象征飞翼。

龙在中国古代社会中是一种常见的装饰题材，我们常说"飞龙在天"。文献中龙是一种生活于水中而又能飞天的神物，具有玄妙的神力，故在上古时代被尊为神物，将其装饰于青铜器纹饰上，反映了先秦时期人们对于龙的信奉与崇拜。鸟纹或许与周族起源的神话传说有关。"凤鸣岐山"是大家耳熟能详的成语，凤鸟在周人心中代表着吉祥如意，始祖降生。

龙凤是中华民族的文化象征，龙、凤、虎纹在中华传统文化中一直寓意着和美、勇敢与前程远大。邓仲牺尊的龙凤意象表达了古人对出嫁女儿新婚夫妇的美好祝福和期望。

◎ 精工细作　科技前端

邓仲牺尊的铸造体现出了商周青铜器铸造工艺的高超水平，反映了西周时期的科学技术水平。该器器身采用块范法制成，兽身与立体龙、虎，器盖与鸟等附饰则是分开铸造，然后接合在一起。简单地说，分为七个步骤：1.制作所要铸造的器物模型；2.用泥土包裹贴敷在模型表面，塑形后切割成数块，脱出，修整，烘干，形成铸件外廓的铸型，称为制作外范；3.用泥土制作一个体积、形状与牺尊内腔相当的范，称为芯或内范；4.将外范与内范套合，中间形成空腔，空腔的厚度即为欲铸器物的厚度；5.将融化的铜液注入空腔内，待铜液冷却后，除去外范和内范；6.将装饰部件龙、虎与凤分别铸造好；7.最后用熔化的金属焊料将各部件连接在一起。

观念与技术的完美结合，丝毫毕现的精雕细刻，工艺复杂的制作流程，不同部件的无瑕整合，多种材料的性能把握，西周先民的高超科技水平，令人叹为观止！

三　铸器刻铭　和合两姓

邓仲牺尊的器盖内部和器体内底各有两行六字铭文——"邓仲作宝尊彝"，器盖同铭。

如何理解这篇六字铭文及其所包含的历史意义？

首先，我们对这六字的字形、字义做一简要考释：

铭文第一字，上从"豆"，下从两手，当从"豆"得声，隶定为"舁"，即"邓"，会双手奉豆向前祭享之意。《说文·邑部》云：邓，曼姓之国，今属南阳。Φ，

邓仲牺尊铭文拓片

隶定作"中"，吴大澂《说文古籀补》曰："伯仲之仲古作中"，故在此应通"仲"。由"邓仲"可知第163号墓的墓主人是嫁于井叔家族的邓国女子。

邓，据说是先秦时期的一个古族、古国。《左传·昭公九年》载："及武王克商……巴、濮、楚、邓，吾南土也。"《国语·郑语》载："当成周者，南有荆蛮、申、吕、应、邓、陈、蔡、随、唐。"韦昭注：邓，曼姓也。可见西周时，邓国就在周的南方。西周以来，邓立国于南阳盆地南缘、汉水中游北岸，占据了十分重要的战略位置，是周王朝"经略南土"的重要力量。从目前的考古发现来看，湖北襄樊邓城遗址可能就是邓国的文化遗存。西周时期，邓国与周王室和姬姓贵族联系密切，先后与井、应、监等姬姓宗族有联姻，还与媿姓的復，嬴姓的蒲姑氏等通婚，是一个对外联系广泛、实力较强的南方大国。

乍，隶定作"乍"，即"作"，《尔雅·释言》曰："作，为也。"在这里是制作、铸造的意思。

宝，隶定作"宝"，金文与篆文同。许慎云："宝，珍也，从宀，从王，从贝。缶声。"

尊，隶定作"障"，会双手举酒以示尊敬之意。从尊得声。是"尊"的增繁字。通常可直接写作"尊"。

彝，隶定作"彝"，象两手捧尊之形。彝，宗庙常器也。

将以上六字整合起来，意思就是"邓仲制作了这件宝贵的宗庙之器"。这类"某某作宝尊彝"的铭文是西周金文中的常见格式。

这件器物出土于一代井叔叔采夫人的墓中，铭文虽短，却是西周中晚期井、邓两大异姓宗族联姻的见证。西周时期奉行"同姓不婚"的原则，婚姻关系一般在异姓贵族之间和周王室与异姓诸侯国之间进行。贵族之间的婚姻不仅是男女双方个人之事，更是不同的贵族家族之间政治纽带的强化，所谓"合两姓之好"。通过建立于血缘关系之上的宗法制度，同姓贵族之间形成大宗与小宗的等级关系；通过异姓联姻制度，异姓贵族之间建立甥舅间的拟血缘关系。如此，宗法制度与"和合两姓"的联姻制度相结合，贵族家族的世袭统治得以维系与巩固。

在这种异姓婚嫁礼仪活动中，同当今男女双方嫁娶的习俗相类似，由男方出聘礼，女方出嫁妆，在西周时期作为嫁妆的器物被称为"媵器"。邓仲牺尊应是井叔夫人，即第163号墓墓主人嫁给井叔叔采时从邓国带来的嫁妆，死后随葬在墓中。

四　藏礼于器　周制见证

我们都知道，周公最重要的政绩之一，也是对后来中国影响最大的政治举措就是"制礼作乐"，即在前人基础上对礼乐制度的规范化，中国"礼乐之邦"的文化特色也由此而形成。那么，何为"礼"？礼是各种风俗习惯与政治、宗教礼仪制度的总和，是维护宗法制度、社会秩序的手段。《礼记·礼运》曰："故圣人以礼示之，故天下国家可得而正也。"周代的礼仪活动包括吉礼、凶礼、军礼、宾礼、嘉礼五个方面，涉及祭祀、征伐、田猎、朝聘、成人、宴饮、丧葬等社会生活的各个方面。

礼是制度、行为、观念与信仰，需要通过物质形态的"器"来体现，即藏礼于器，"器"成为礼的物化象征。邓仲牺尊正是这样一件典型的藏礼之器。小文物反映大历史，邓仲牺尊反映了西周大时代的社会组织、政治制度、行为方式、思想观念与宗教信仰。

◎　血缘社会　坟墓以族

西周社会是一个以血缘组织为基本社会组织的社会，一切

社会制度的设计与运行均以血缘组织为基础而展开。理解了这一点，也就理解了周代的礼乐制度。

之所以这样说，文献记载和考古发现给了我们证据与理由，其中，出土邓仲牺尊的井叔家族墓地就是一个很好的例证。

古人"事死如事生"，墓地、墓葬及随葬品典型地反映了死者生前的社会状况。据文献记载，周人活着时同族而居，死后同族而葬，在家族墓地中，不同身份地位的成员按照固定的次序排列墓位。

商周时期广泛存在的亲族组织内部结构大致是宗族—宗氏—分族—类（平民）—丑（家内奴隶）。一个大的家族墓地是围绕着宗氏形成的，它可能由几个分支家族墓地组成，即同一宗氏内的近亲小家族有各自的墓地，分别聚葬在一起。

以此来分析张家坡井叔家族墓地，就是一处典型的血缘宗族墓地。其中，第157号墓是一代井叔叔采之墓，位于其东侧的第163号墓是其妻室——一位来自邓国的女性墓葬。往东，东西并列着三座单墓道的"甲"字形大墓第152号墓、第168号墓、第170号墓。其中，第152号墓的头厢中发现一件带盘鼎（M152：15），鼎内底有"井叔作"铭文；一件带流鼎（M152：51），鼎内壁有"井"字铭文；一件铜板（M152：36），有铭文"王赐达驹，达拜稽首"。对棺内残留骨骼鉴定，墓主人为40岁左右的男性。由此推测，墓主应是一代名为"达"的井叔。第168号墓被盗掘严重，未发现任何青铜礼器，墓主人骨骼残缺不全，无法鉴定，发掘者根据该墓在井叔家族墓地中的位置及一椁两棺的形制，认为墓主也是一代井叔。第170号墓是井叔家族墓地中带墓道大墓中最东边的一座，其中头厢中出土的一件青铜方彝（M170：54）器、盖同铭"井叔作旅彝"，可确认墓主同样是一代井叔。这几座高等级贵族墓葬构成了井叔家族墓地的核心组群，其中第157号墓最早，第152号墓次之，第170号墓最晚。

同时期的铜器铭文中，有多处井叔担任周王册命仪式中"右者"的记载，如：免簋铭文中的"王各于大庙，井叔右免"，师察簋铭文中的"井叔入右师察"，免尊、免卣铭文中的"王各大室，井叔右免……王蔑免历，令史懋赐免……作司空……"，等等。免尊的年代大约是穆共之间，师察簋属懿孝时期，这显示出西周中期井叔在王室官僚体系中的极高地位，此时的井叔大权在握。

西周晚期，井叔家族墓地呈现出"衰落"的景象，在可分期的墓葬中，仅见两座较大的竖穴土坑墓第126号墓（墓底长3.8米，宽2.65米）、第127号墓（墓底长4.35米，宽2.8米），一座小型墓第164号墓，未见带墓道的大墓。这可能是因为在西周晚期井叔家族地位下降，也有可能是此时井叔家族移居到"郑"地。

这种按照墓主人生前的地位及宗法等级关系，以尊卑安排墓位前后的方式，在其他一些考古发现中也有体现，如周公庙的周公家族墓地、岐山孔头沟的宋家西周家族墓地，等等。

◎ 家国同构　宗法维系

在血缘宗族组织作为社会基本组织而存在的时代背景下，同姓贵族家族之间的政治等级划分和关系维系主要依靠宗法制度，异姓贵族家族之间的关系则通过联姻来巩固与维系。

宗法组织结构的金字塔与政治组织结构的金字塔相对应，宗法上的大宗与小宗关系同政治上的上下级关系结合在一起。"殷周时期的宗法式家族制度的特点是政权和族权，君统和宗统结合在一起，按地域划分的国家各级行政组织和按血缘划分的大小家族基本上合而为一，殷周王室和各诸侯国、各卿大夫邑，既是国家的一级行政机构，又是大大小小的家族，殷王、周王、诸

侯、卿大夫和各级贵族；既是各级政权的首领，又是各个家族的族长。"家"常被用来指贵族的宗族组织，又常被用来称呼贵族的政治组织，因为在宗法制度之下，贵族的政治组织是和宗族组织密切结合在一起的。西周社会的贵族既是不同等级社会政治组织的负责人，也是特定血缘组织的族长、大宗。政治组织与血缘组织的密切结合，必然导致西周政体的家国同构特征，"国家"一词即由此而来。

宗法制的核心是以血缘关系确定人际等级关系。与宗子血缘关系越近，通常就会拥有越高的政治地位、经济利益。这从制度层面增强了血缘家族的向心力、凝聚力，树立了家族宗子的血缘中心地位，保证了国家政体的稳定运行。

井叔家族墓地与井氏铜器群为我们以井氏一族为例认识西周社会的宗法制度，观察大、小宗关系提供了理想素材。

◎ 井叔家族从何而来？

金文中的"井"即后来汉字中的"邢"，井氏家族即邢氏家族，先有邢侯，后有邢氏，即井氏家族。《左传·僖公二十四年》记载，"昔周公吊二叔之不咸，故封建亲戚，以藩屏周……凡、蒋、邢、茅、胙、祭，周公之胤也"。由此可知，邢国始封之君"邢侯"（即"井侯"）乃是周公旦的庶子。井（邢）侯簋铭中"介邢侯服"与麦尊铭中的"王令辟邢侯出坯，侯于邢"，也证明井（邢）侯是周初分封的诸侯之一，其封国大约在今河北邢台一带。邢台考古发现了成组西周时期带墓道大墓，即井（邢）侯家族墓地。井（邢）侯及井叔家族为姬姓。文献记载、考古发现和铭文内容沟通了封于邢台的邢国与处于西周都城丰镐遗址的张家坡井叔（即邢叔）家族墓地墓主人的关系。原来，井叔家族乃是井（邢）侯家族的分支，大名鼎鼎的周公之裔。也正因为如此，井叔才能在世卿世禄的西周王朝中担任要职，井叔家族才会在西周社会中享有如此尊崇的地位。邢台葛家庄邢国墓地、西安张家坡井叔墓地同属西周井氏，畿外的一支为诸侯国君主，畿内的一支担任王官，共同维护着国家的稳定与周王的统治。

井氏铜器组铭文也证明了这一点。见于金文的井氏铜器可分为：井侯（即邢侯）组、井伯组、井叔组、井季组、丰井叔组、郑（奠）井叔组、井公组。按照各组铜器出现的年代先后顺序，它们清晰地体现了井氏的宗法关系，即周初分封，产生了井侯。井侯自立一宗，是整个井氏的大宗子，"井"的名称来源于井侯受封的地点"井"地。西周早期和中期偏早阶段，井氏得名以后，其留在畿内的一支也形成自己的宗氏，其宗子称"井伯"。这也符合周代高级贵族家族诸子既有出外就封，成为诸侯，又有守祀宗庙，辅佐王室的惯例。到了共懿孝夷时，井叔家族从畿内井氏之宗子井伯所领属的宗族内分离出来自立宗氏，成为井氏新的分支。宗族就是在这种不断的分蘖中发展壮大的。

在西周血缘社会里，依靠宗法制度，周王的绝对权力和至高地位得以确立和延续。各级宗子也因客观存在的血缘关系区分出亲疏远近，宗法制度由此规定出每一个家族成员与生俱来的等级、权利和义务。

◎ 尊祖敬天　礼乐文化

宗法制度背后的意识形态和宗教信仰就是祖先崇拜。与先王即创业祖先血缘关系的远近，决定了贵族在宗法体系中的地位高低。祖先崇拜提供了周王与各级贵族的权力与地位合法性、神圣性的理论依据，因此在商周社会中被确立为官方信仰，祖先神受到频繁而隆重的祭祀。大部分重大政治活动均在宗庙内进行，宗庙内的祭祀用器——青铜礼器和各种乐器成为

最重要的用品和权力与地位的象征。"国之大事，在祀与戎。"藏礼之器，不惜工本。礼乐文化通过礼乐之器展现出来，发达的青铜礼乐器成为商周社会独特的文化面貌，昭示着中国礼乐文化的形成与发达。商周"青铜礼乐器文化圈"的形成与扩展也成为"中国礼乐文化认同圈"形成与扩展的物质文化标志。

与祖先崇拜信仰相对应的则是中国文化中的"敬天法人""子不语乱力鬼神""敬鬼神而远之"的人本思想，这些思想一直位居主流。

◎ 政治盟友　异姓联姻

周王室、姬姓宗族、异姓诸侯、异姓方国之间通过各种异姓联姻建立起某种血缘联系，从而在不同的异姓政治集团之间构建一个更大的亲缘集团，以巩固姬姓王族的统治。

邓仲牺尊的主人——第163号墓女性墓主正是西周时期异姓联姻制度的见证。邓国曼姓，井叔姬姓，两者联姻，形成"舅甥关系"，从而加强了姬姓周王室对地处汉水流域的邓国的控制。

在宝鸡弜国墓地的发掘中，我们则发现了井氏女子外嫁弜国的证据。1974—1975年，在宝鸡茹家庄发现了两座东西并列的带墓道的西周"甲"字形大墓，1号墓墓主是弜伯，2号墓墓主是井姬，这是一组夫妻异穴合葬墓，其中的1号墓主人可能是来自古蜀族群的族长弜伯，2号墓墓主应是嫁给弜伯的井氏女子。

这样的例子在金文和传世文献中还有许多。姬姓周王族作为西周王朝的统治核心，通过同姓不婚、异姓联姻这样的手段加强了统治，这些手段也对西周王朝的政治稳定、文化融合，以及统一多民族国家的形成产生了重要的作用和影响。

◎ 内服外服　官制成型

通过邓仲牺尊和张家坡井叔家族墓地，我们还可以看到，西周王朝已经建构起较成熟的国家管理体系——内、外服制度。所谓内服，即在周王朝中央和王畿地区所建立的分属**卿事寮、太史寮**的两套官僚机构系统，以对整个王朝和王畿地区进行管理。所谓外服，即通过封建诸侯，形成畿外封国，以保卫周王室。内服官员由周王直接控制，外服官员具有相对的独立性，但在宗法制度与血缘关系维系下，周王既是内服官僚体系的首脑，又是外服诸侯的大宗和共主。

卿事寮系统的首长是周王之下的"三公"，他们是周王朝的首席执政大臣，多数为畿内强宗大族的宗子。周初由周公旦、召公奭、太公望担任，统辖百官与国家的运行。卿事寮系统中主要的政务官员是"三有司"，即司土、司工、司马。

太史寮系统中包括祝、宗、卜、史等官员，太史是史官之长，其下还有"作册"，西周金文中常见"作册"的称呼。太史寮主要掌管着王朝的历法、天文、记事、占卜、教育等事务。内服系统中除卿事寮和太史寮之外，还存在直接为王家服务的官员，如总管王室事务的太宰、管理王室饮食的膳夫、管理王室马匹的趣马。

此外，畿内地区还存在大量的贵族采邑，强宗大族的宗子在王朝为官，家族在畿内拥有采邑。

而外服诸侯国基本分布于交通要道、重要资源产地等战略要地。诸侯要定期朝觐周王，汇报工作，周王也对诸侯进行定期考核，判定其优劣并予以奖惩。内服的官员常代表周王，前往外服地区，对诸侯进行检视，并宣告王命、进行赏赐。山西省翼城县大河口西周霸国墓地中出土一件铜簋，上有铭文五十字"唯十又一月，井叔来拜，乃蔑霸伯历，使伐。用畴二百、丹二粮、虎皮

卿事寮、太史寮

西周时期，周王朝中央官僚系统分为卿事寮和太史寮两部分。卿事寮主要掌管王朝日常政务的处理，主要的政务官员是"三有司"，即司土、司工、司马；太史寮主要掌管着王朝的历法、天文、记事、占卜、教育等事务，包括史、卜、祝、宗等官员，太史是史官之长，其下还有"作册"等。

一……"大意是说井叔到霸国嘉勉霸伯，传达征伐的命令，行"蔑历"之礼，并赏赐给霸伯麻地二百田，百亩公田所产的五种粮食，虎皮一张。霸伯拜首叩头，感谢井叔。井叔代表周王对晋南地区的霸国君主霸伯进行赏赐，体现了周王室对外服诸侯的有效控制。

◎ 世卿世禄　共享天下

"宅兹中国，自之乂民"（《何尊》铭文），周人以"小邦周"击败"大邑商"，建立西周王朝后，周王以宗周（丰镐）、成周（雒邑）、岐周（周原）为政治中心，实现"溥天之下，莫非王土；率土之滨，莫非王臣"的天下一统。西周王朝形成了以三都为中心的王畿、封国和四夷层级分明的政治疆域格局。

各级贵族则享受着世卿世禄的世袭特权，与周王形成一定的共享天下的共治关系。比如，周公后裔的一支——井氏自西周早期出现后，一直延续到西周晚期。井侯在畿外就封，建立邢国，直到春秋末年亡于卫国；井伯在王廷的册命仪式中担任右者，掌握军事、建造等权力；井叔也在西周中期身居高位，且至少四位井叔享有带墓道大墓的高等级墓葬规格。与之相似的贵族家族在西周时期还有很多，除周公家族外，还有南公家族、召公家族，等等。近年湖北随州一系列有关两周曾国的重要考古发现就是南公的世袭后裔封国的遗存。此外还有微氏家族、克氏家族、函氏家族、散氏家族、中氏家族等。

邓仲牺尊，一件出身尊贵，经历传奇，充满象征意味的经典西周青铜器；一件造型梦幻，装饰神秘，工艺精湛的古代艺术珍品。一篇铭文虽仅6字，却蕴含着西周时期无比丰富的历史信息。

邓仲牺尊，为我们回答丰镐遗址张家坡井叔家族墓地的墓主人，认识井叔家族的社会地位与角色，提供了重要信息。邓仲牺尊及其所属的井叔家族墓地是西周时期广泛存在血缘组织的证明，反映出西周时期的礼乐制度、宗法制度、内外服制度、世卿世禄制度、异姓联姻制度等一系列政治制度和文化面貌，是我们认识西周王朝政治体制与经略模式的第一手实证材料，是西周考古与历史研究中诸多重要问题的锁钥。

邓仲牺尊，一件祖先留给我们的艺术瑰宝与历史见证。对邓仲牺尊的解读仅仅只是开始，它身上蕴藏的更多历史之谜和艺术魅力还有待大家去发现、去感悟……

第三篇 大国风范

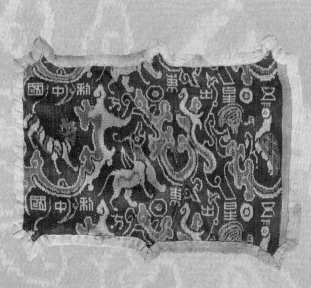

篇首语

六合一统，盛世华章。经过春秋战国时期思想、政治与军事的激荡与争鸣，中国历史进入秦汉一统阶段。秦始皇开创大一统局面，建立中央集权政治制度，推行"书同文、车同轨"，促使文化认同深入人心。

肇始于秦汉时期的古代丝绸之路和海上丝绸之路是人类文明史上的一大创举，它浓缩了亚欧大陆历经18个世纪政治、经济、文化、社会的演进，见证了东西方物质文明和精神文明的交流与交融。在商品流通、经贸繁荣的同时，人文交流、科技互动、宗教传播贯穿始终；在商品互通有无、文化多元交汇、文明包容共存中，古代丝绸之路沿线各国人民共同谱写了史诗般的乐章，缔造出和而不同、各美其美、美人之美、美美与共的价值取向，凝练成"和平合作、开放包容、互学互鉴、互利共赢"为核心要义的伟大丝路精神。

　　中国是统一的多民族国家，各族人民在神州大地上繁衍生息，和谐相处。历经五千多年沧桑巨变，勤劳勇敢的中国人民缔造出文景之治、汉武盛世、贞观之治、开元盛世、康乾盛世的辉煌。中华民族在漫长历史长河中形成的优秀传统文化，是当代中国发展进步的基础，是取之不尽用之不竭的智慧宝库。

锦绣中国
——神秘的"五星"织锦

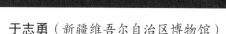

于志勇（新疆维吾尔自治区博物馆）

　　1995年，新疆考古工作者在尼雅遗址墓葬中发现了保存完好的"五星出东方利中国"织锦护臂（以下简称"五星"织锦），引起了海内外的高度关注。这件珍品色彩绚丽，纹样诡秘，文字激扬，充满神奇，长久地吸引着大众的探谜激情和对文化史背景的求知欲望。精美的"五星"织锦，被誉为20世纪中国考古最伟大的发现之一，被国务院列入《首批禁止出国（境）展览文物目录》。

　　华丽的织锦是如何制作的？文句的意思是什么？纹样中的祥禽瑞兽蕴含什么象征元素？把文字织在彩锦上的用意是什么？是何时何地织造的？是通过何种方式传入西域绿洲城邦古国的？有什么科学史价值？考古发现以来，社会各界尤其是文史爱好者一直在关注织锦上"五星""中国"的丰富历史内涵和恢宏壮阔的现实关联。考古学家、历史学家也一直在求解真切的学术奥秘，探知趣味横生的历史细节。让我们回顾这件宝物激动人心的"发现之旅"，来了解"五星"织锦的身世和遭遇，以及织锦上所编织的一些历史细节和故事。

一 沙埋西域的古代文明废墟——尼雅遗址

1995年，中日尼雅遗址学术考察队在对尼雅聚落遗址进行调查时，意外地发现了一处墓葬分布密集的墓地。在清理发掘第8号墓时，棺内男尸一侧随葬的一套弓箭、箭箙等遗物当中，一件保存状态较好，色泽鲜艳，织出吉祥语文字的"五星出东方利中国"织锦制品成为考古人注目的焦点。这件珍品文物的发现，标志着沙埋古代文明废墟——尼雅遗址考古乃至丝绸之路历史文化研究步入了新阶段。

◎ 沙埋绿洲古代文明

尼雅遗址位于新疆民丰县北100余公里的塔克拉玛干沙漠腹

"五星出东方利中国"织锦护臂（主体部分）

地，是塔克拉玛干沙漠南缘现存规模最大的绿洲城邦聚落遗址群。在沿着蜿蜒曲折的尼雅河下游尾闾南北长约30公里，东西宽约2—3公里的区域内，由若干居住建筑遗址等构成的小聚落遗址有20余组，呈大分散、小聚居分布；在遗址中部偏南，一处圆形古城应当是整个聚落遗址的中心。遗址群中心区的佛塔引人注目，是沙埋尼雅古代文明的典型标识，去此处考古探秘、科学考察、野外探险，佛塔都是首程的目标。

自匈牙利籍的英国学者 A.斯坦因（Marc Aurel Stein）1901年首次发现尼雅遗址以来，尼雅的考古发现与研究经历了三个大的阶段。

◎ 秘境西域·列强的文化侵略

第一阶段是20世纪前30年的外国探险考古活动。1901年，斯坦因在向导的指引下，首次发现尼雅遗址，并对遗址中部、北部地区进行了调查和发掘，发现、采集了大量珍贵遗物。在将沙埋古代文明珍宝劫掠到欧洲后，尼雅遗址成为国际地理探险、考古探秘的焦点。1905年，美国学者亨廷顿在昆仑山北缘进行气象学考察时，曾涉足此地。1906年，斯坦因第二次考察尼雅遗址，发现并劫掠了大量珍贵的佉卢文简牍、建筑构件、艺术品等。1909—1910年，日本大谷探险队橘瑞超一行也对尼雅河流域尽头的古代遗址进行了调查，并购买了一批佉卢文木简等文物。1913年，斯坦因第三次对尼雅遗址进行了盗掘。1931年，斯坦因第四次调查尼雅遗址，当局在北平古物管理委员会强烈反对下，派员严密监视考察活动，出土的汉简等重

斯坦因发现的雕花木椅

尼雅遗址房屋建筑遗迹

尼雅遗址标识中心——佛塔（南向北）

斯坦因盗掘的N24遗址

要文物未能如他所愿带出境外。

斯坦因等在尼雅遗址的考古与探险，发现的大量房屋建筑遗迹，盗掘获取的许多艺术品，尤其是近千件佉卢文简牍文书和汉文木简，引起了学术界的强烈关注，揭开了尼雅遗址历史文化研究的序幕。

◎ 新疆考古揭开新篇章

第二阶段是中华人民共和国成立后，1950年至1988年前后中国学者对尼雅遗址的考察。1959年中国历史博物馆史树青先生首次调查尼雅遗址。同年10月，新疆博物馆李遇春先生带队对尼雅遗址进行了调查、发掘，发现了一批珍贵的佉卢文简牍文书等文物，并且清理了两座东汉时期墓葬，出土了干尸和一批珍贵遗物。这是中国学者首次尼雅遗址考察，为新中国成立10周年献上了一份厚礼。1980—1984年，和田地区文管所对尼雅遗址看护巡查时，采集到了数十件佉卢文简牍文书和其他古代艺术品。

◎ 改革开放与丝绸之路历史文化研究的兴盛

第三阶段是改革开放后中日合作考察尼雅遗址。1991年《中华人民共和国涉外考古工作管理办法》颁布实施，中日合作考察尼雅遗址，成为我国首个正式批准的国际合作考古项目。经过1988—1990年三年的预备调查，1992—1997年，考察队全面开展大规模的遗址田野调查和发掘；1998—2010年，考古资料整理和基础研究有序开展。中日合作考察尼雅遗址是当时全国延续时间最长、参与人数最多、涉及学科领域广泛、考古成果最为丰富的国际考古合作项目。

二 "五星出东方利中国"织锦护臂的出土

◎ 沙漠考古·尘封的西域珍藏

1995年，中日联合考察取得一系列激动人心的发现和突破：首次发掘一处聚落及佛寺遗址，出土了大量的壁画、木雕、佉卢文简牍、汉文木简等遗物；发现了一座周长590米的圆形古城；清理发掘了一处以第3号、第8号墓为代表的贵族墓地，出土了一批重要的遗物。

第8号墓是夫妇合葬墓，长方形箱式木棺。沙漠干燥的埋藏

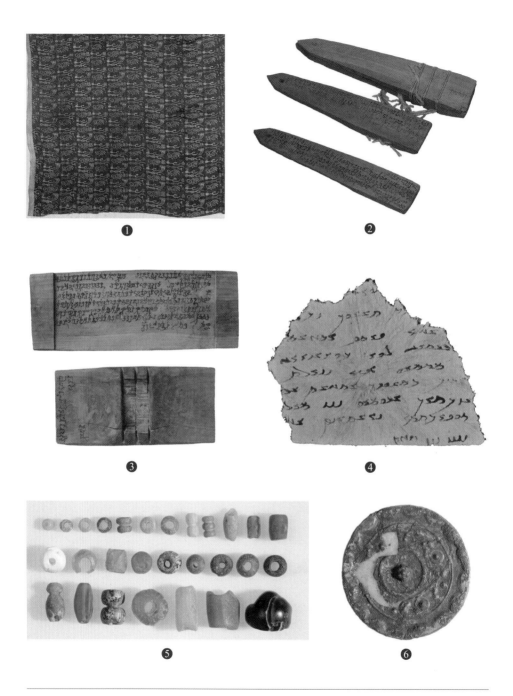

中日合作考察尼雅遗址出土文物

1."王侯合昏（婚）千秋万岁宜子孙"锦衾 2.楔形佉卢文简牍 3.矩形佉卢文简牍 4.粟特文文书 5.各类玻璃珠 6.汉镜

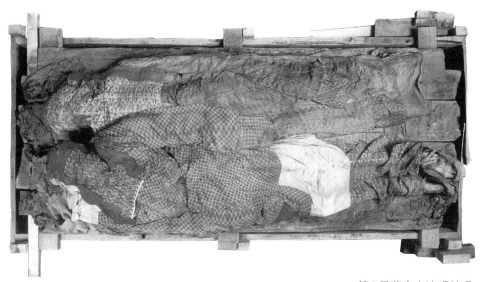

第3号墓室内清理情况

环境，使得墓葬里的干尸、随葬品得以较好保存。墓葬形态的完整性和结构的可观察性，使得我们了解了大量罕见的历史文化细节。葬者均成为干尸，身着华丽锦绣丝绸服饰。男性葬者身穿"延年益寿长葆子孙"锦、"安乐绣文大宜子孙"锦镶边的袍服和裤子，彰显着身份和地位的特殊。葬者足端位置，随葬较多食物、食器、器座，还有一个墨书类似汉字"王"字字符的陶罐等。在男性葬者右侧，随葬有一套弓、箭、箭箙等物品，"五星"织锦就在其中。在现场对木棺拍摄记录、文物包装、加固保护后，第8号墓被整体运回了乌鲁木齐，室内整理全面展开。尼雅遗址被评为1995年全国十大考古新发现。

第8号墓出土男尸

◎ 丝绸之路南道的绿洲"精绝"古国

《汉书·西域传》记载："精绝国，王治精绝城，

153

第8号墓出土时情况

第8号墓出土"五星"织锦情况

去长安八千八百二十里，户四百八十，口三千三百六十，胜兵五百人。精绝都尉、左右将、译长各一人。北至都护治所二千七百二十三里。"对尼雅古代绿洲历史地理的研究和探索，始自19世纪70年代。当时法国学者格勒纳瑞结合对《汉书·西域传》的研究，认为汉代"精绝国"应该就在尼雅河流域的某处。斯坦因在《塞林迪亚》《亚洲腹地》等调查报告中，通过对汉文简牍的释读、分析，大胆地推定尼雅遗址是汉代"精绝国"。斯坦因第四次考察尼雅遗址时，曾发现一片墨书"汉精绝王承书从事"汉隶文字残简，木简为典型的汉代官文书写格式。经过斯坦因、王国维等的

"汉精绝王承书从事"
汉简

缜密考证，学术界已经确定，尼雅遗址就是《汉书》所记载的丝路南道绿洲城邦"精绝国"旧址。

三 随葬"五星"织锦等珍宝的墓主人身份

◎"精绝国"的两代国王

通过对墓葬木棺规格、葬俗特征、随葬品尤其是大量华贵织锦的综合分析，研究者最初认为，第3号、第8号墓葬的主人可能是"精绝国"的王族或者贵族，年代当是东汉中后期至魏晋时期。著名考古学家俞伟超指出，"这样一个绿洲小国，精绝才有480户，3360口人，出土高规格等次的棺木，出土这样华丽服饰的干尸和高等次的随葬品，足以证明墓葬葬者应该是两代精绝王"。

从发掘情况判断，墓地是"精绝国"王族的墓区，其中第8号墓埋葬时间要早于第3号墓。人类学研究结果显示，3号墓男主人身高接近178厘米，年龄在40—45岁；女主人是30—35岁。第8号墓男主人身高接近164厘米，45岁左右；女主人身高在160厘米左右。

四 "五星"织锦的用途和古代称谓

从出土位置可以看出，"五星"织锦是一代"精绝"王生前喜爱的物品。时间的流逝没有令其褪色，2000年后的今天，依然闪烁着璀璨光芒和迷人风采。

◎"五星"织锦的形制和性质

"五星"织锦是一块长方形锦料、边缘缝缀有六条系带的物品，锦面长18.5厘米、宽12.5厘米，白绢带长约21厘米。出土时，它和弓箭、箭箙、刀鞘等放在一起。根据出土时器物组合情

"五星出东方利中国"织锦护臂完整图

况，结合有关历史、考古资料，推定应是与射箭有关的物品——护臂。同时，考虑到墓葬等级、规格，它应与墓葬主人身份、地位密切相关。

◎ "射鞴""臂鞴"——锦护臂的古称

考古工作者在新疆尉犁县营盘墓地、若羌县小河汉晋墓葬、民丰县尼雅遗址97号墓地、鄯善县苏贝希墓地、且末县扎滚鲁克墓地等地点，以及河南、内蒙古等地的墓葬，曾发现过一些护臂类物品，材质丰富，有织物、骨板、竹木板、金属板片、皮革、玉石等多种材质。

护臂，古代称为"射鞴"（gōu）或"臂鞴"。"射鞴"，或写作"射韝""射韝"，因材质的不同，字形有所变化。史书里也有称为"拾"或"遂""扞"等。在古代社会，因尊卑、身份等级不同，"射鞴"在用料、形制、做工等方面存在差异；"射鞴"在射礼、攻战、射猎、丧葬等场合使用，实际功用可能有区别。

经鉴定，"五星"织锦是五重平纹经锦，典型的汉锦组织，经向显花，经密220根/厘米，纬密48

"五星"织锦的保护和宣传

考古发掘结束后，中日联合考察队及时组织开展资料整理、科学保护和基础研究。1995年冬至1996年春夏，国家文物局委托文物保护专家王㐨（xù）对保护工作给予指导和帮助；文物修复专家王亚蓉组织指挥了以第3号、第5号、第8号墓葬为重点的纺织品揭取和保护。之后，江苏省苏州丝绸博物馆王晨、张建平等纺织品修复保护专家受邀来新疆，对第1号、第8号墓葬出土的重要纺织品进行了分析和技术保护。1996年、1998年，修复后的"五星"织锦先后在中国历史博物馆（今中国国家博物馆）主办的"中国古代科技展"，上海博物馆主办的"新疆丝绸之路文物展"上正式展出，引起轰动。之后，"五星"织锦与尼雅遗址等地出土的许多珍贵文物一起，先后赴国内外多地展出，成为宣传新疆历史文化的金色名片。如今，"五星"织锦成了新疆知名度最高的国家宝藏。

根/厘米。五重织锦精密、厚实，织造必须得有高超、精湛的工艺。织锦上吉祥语文字、祥瑞动物纹、星纹、云纹图案，都是经过巧妙设计、织造出来的，显现出了汉代织锦织造的高超技术水平。

五 "五星"织锦的年代

◎ "五星"织锦制作年代的推定

这件文物珍品是什么时候织造的呢？考古学上对于丝绸类纺织品文物年代的判定，有一套严谨的分析方法，一般是通过对遗物组合分析，结合考古类型学对比，参考^{14}C年代测定，推定出墓地或遗址的年代，再进一步探讨随葬物品的实际年代。研究结果表明，出土"五星"织锦的第8号墓，年代应在东汉中后期至魏晋时期，即公元2—3世纪；考虑到织锦的织造、生产和流通使用，其年代无疑要更早，因此很可能是在东汉中后期。8号墓中，还同时出土"安乐如意长寿无极"锦枕、"千秋万岁宜子孙"锦枕、"讨南羌"文字织锦，以及精美的铜镜等重要遗物，也佐证了对"五星"织锦年代的判定。

"讨南羌"织锦

◎ 汉锦——"元和元年"锦囊的关键性佐证

1998年，尼雅遗址新发现一件"元和元年"锦囊，以及相关的多类织锦组合材料，对"五星"织锦断代研究有十分重要的价值。

"元和元年"锦囊为长方形，长12厘米、宽5.5厘米；有长42厘米的白绢提带；口部有襻，穿有束口绢系带2条。锦囊袋口采用织锦镶边，袋身上半部前后用绛地"（延年益寿）长（葆子孙）"锦等多种锦料缝缀，下半部用瑞兽鹿纹云气纹"元和元年"织锦缝缀，底部用其他类型的织锦缝制。锦囊的五类织锦（口缘用锦、"延年益寿长葆子孙"锦、"元和元年"锦、瑞鸟云纹锦、袋底用锦），部分在尼雅遗址、楼兰古城、山普拉墓地出土过。

元和元年，是东汉章帝的年号。在织锦上织出纪年文字，很自然地让人判定是织造的时间。也可能，纪年文字是织出的叙事文句或吉祥祈瑞文句的一部分，表示已经完成之时间，而织锦的织造时间应该在此时间之后。简言之，织锦的织造不早

云气纹

汉魏时代流行的装饰花纹之一。是一种用流畅的圆涡形线条组成的图案，一般作为神人、神兽、四神等图像的地纹，也有单独出现的。

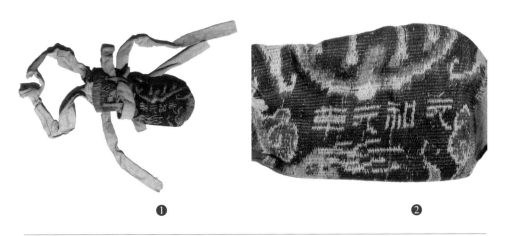

❶   ❷

"元和元年"锦囊

1. "元和元年"锦囊（整体）
2. "元和元年"锦囊（局部）

于汉章帝元和元年，即公元84年。"元和元年"锦囊是目前发现唯一有明确纪年的织锦，它的发现为出土织锦的制造年代和类型学研究树立了一个标尺。重点参考这件织锦的年代、图案风格、织造技法，我们判断"五星"织锦的织造年代应该是东汉章帝时期。

六 "五星"织锦的织造

◎ "五星"织锦由汉朝政府批准设计生产

"五星"织锦，最为引人注目的是织出的吉祥语文字。这句吉祥语是我国正史文献中记述的天文占辞术语。古代中国是统一的多民族中央集权的国家，秦汉时期确立的典章制度，深刻影响了中国两千余年历史的发展进程，历代王朝对天文历法拥有着绝对的解释权，观天文、颁历法由皇家史官专门掌管，是王权和法统的体现。因此，可以断言，织锦使用"五星出东方利中国"文句，清晰地表明该织锦由皇室官府批准织造生产。

西汉时，负责管理官府丝织业的政府部门有少府属官织室令丞。汉代陈留襄邑（今河南睢县）、临淄（今山东淄博市）等地的服官专为皇室、诸侯国王侯们织造服饰。东汉设有织室丞。官府作坊生产的丝织品种类繁多，品质优良。

◎ "五星"织锦遵循汉代布帛规制设计织造

根据《汉书·食货志》记载，布帛的规制为"二尺二寸"，按照一汉尺约为23.4厘米换算，幅宽尺度应当为50—51厘米。新疆楼兰古城地区、蒙古国诺因乌拉墓地出土有完整幅宽的织锦材料，基本为50—51厘米左右，符合并印证了文献"二尺二寸"的规制。那么，由织室、服官组织设计、织造的"五星"织锦是否符合"二尺二寸"规制呢？

"五星"织锦右侧存有幅边，同墓所出有与其图案风格完全相同的织锦制品，锦片最大残宽7.7厘米，织有"讨南羌"小篆文字和云纹、羽人、星纹。从图案风格分析，"讨南羌"织锦与"五星"织锦是同类织锦，有可能是使用同一类锦料或从同一匹

"五星"织锦复原

锦料上裁剪下来的。"五星"织锦宽18.5厘米,"讨南羌"织锦宽7.7厘米,将两块锦料左右拼接,基本接近半幅,有缀合的可能。赵丰根据"讨南羌"织锦上不同位置的羽人图像发现图案呈左右对称,结合两块锦片的具体尺寸,他指出"五星"锦和"讨南羌"织锦能够左右拼对,两者之间只差1厘米多,在此基础上,成功地对织锦进行了图案复原。依据复原的结果,整幅织锦符合汉代二尺二寸的幅宽规制。

◎"五星"织锦文字为大吉的政治祈语

基于织锦图案纹样的成功复原,"五星"织锦和"讨南羌"织锦上的文字可连读缀合为"五星出东方利中国讨南羌……"。后续的文字,对比参考在楼兰、尼雅等地出土的其他文字织锦,内容多为9—17字的吉祥语,无疑也为吉祥语文字。在中国港台地区的私人收藏中,有一件基本为整幅、但褪色严重的"五星出东方利中国讨南羌四夷服单于降与天无极"织锦,织造技术特征和纹样风格,与尼雅遗址所出"五星"织锦基本相同。以此为关键参考依据,尼雅遗址"五星"织锦文字应当也是21字的吉祥语:

五星出东方利中国讨南羌四夷服单于降与天无极。

◎"五星"织锦图案以灵禽瑞兽为主题圣瑞元素

了解了"五星"织锦的文字,我们再来看看它的图案。

1996年,考察队整理资料时,对织锦纹样、图案风格进行了分析。认为该织锦纹样可分为四类,第一类是动物纹,自右向左依次是"孔雀、仙鹤、辟邪、虎";第二类是吉祥语文字;第三类是以多色圆圈纹符号代表的"五星"星纹;第四类是祥瑞的云气纹。考古报告称,"五星"织锦的五组色经线根据纹样分别显花，织出星纹、云纹及孔雀、仙鹤、辟邪、虎等灵禽瑞兽纹样；上下每二组循环花纹间织出"五星出东方利中国"文字；每组花纹循环为7.40厘米。孙机先生认为"五星"织锦是一件典型的东汉"云气禽兽纹锦"，上面的动物纹图案，自右向左依次为"虎、辟邪、大鸟、灵禽"纹样；红色和白色的两个圆圈（圆点）纹样，应代表日、月。李零撰文指出自右向左依次为"狮子（虎）—天禄辟邪—鸵鸟—世乐鸟"。各种说法，莫衷一是。

2008年，俄罗斯艾尔米塔什博物馆举办了"千佛洞：俄罗斯丝绸之路探险文物展"，一件以前秘不示人的云气动物纹织锦，首次公开展陈。这件织锦如同一把钥匙，且来看看为我们解开了什么样的秘密。

这件蒙古国诺因乌拉墓地汉代墓葬出土的云气动物纹织锦（简称"凤凰"锦），通幅50.0厘米，褪色发黄的织锦上，有连续的云气纹、祥禽纹样，织有"凤凰下群鹄鸠（聚）昌万岁宜子孙"吉祥语文字。织锦纹样图案单元是两方连续的循环，居中较大的立鸟图案较为突出，左右各有三个形态较小的鸟纹图案。对应织锦上的文字，大鸟图案应是文字里的"凤凰"，小鸟图案应是"群鹄"。

通过观察，"凤凰"锦的纹样图案和1995年尼雅遗址出土的"千秋万岁宜子孙"织锦基本相同，区别在于吉祥语文字不同。而将这两个织锦上凸显的"凤凰"纹样，和"五星"织锦右侧的大鸟纹样进行观察对比，三者图案风格基本相同。这样可确定"五星"织锦上同类图案是"凤凰"。"五星"织锦上的"凤凰"纹样，应当是汉代纺织品祥瑞纹样中"凤凰"的标准像。

两汉时期"阴阳五行"及"天人感应"思想广泛地影响政治运作、社会经济、意识形态诸多领域，文化和艺术也不例外。

汉代文献中常见的凤凰、麒麟、白虎、黄鹄、
鸾鸟、五星、祥云纹、甘露、白鹿等元素，
作为祥瑞图案符号，也就直接应用到了汉锦
的纹样设计中。俄罗斯展出的这件织锦解开
了交织在织锦上、浸润在色泽里的祥瑞图案
的秘密，使大家能够"看图识字"，形象地理
解古文献中晦涩难懂的祥瑞记录。

至此，确认了"凤凰"图案，我们可以
判断，"五星"织锦上的动物纹图案，自右至
左，依次应该是凤凰—鸾鸟—麒麟—白虎。

"凤凰"锦

"凤凰"锦（局部）

"凤凰"锦（局部）

❶

❷

❸

❹

"五星"织锦图案

1. "五星"织锦上的"凤凰"图案 2. "五星"织锦上的"鸾鸟"图案
3. "五星"织锦上的"麒麟"图案 4. "五星"织锦上的"白虎"图案

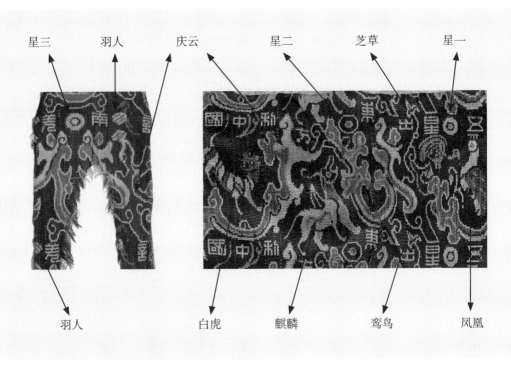

星三　　羽人　　庆云　　星二　　芝草　　星一

羽人　　白虎　　麒麟　　鸾鸟　　凤凰

"五星""讨南羌"织锦图案纹样与祥瑞元素组合

　　完整缀合复原"五星出东方利中国讨南羌"织锦图案纹样，分析图案纹样中祥瑞符号元素，令人兴奋。根据楼兰遗址、尼雅遗址等地出土的汉晋时期织锦来看，图案纹样有着鲜明的程序化、格式化的特征，不同的瑞符元素及其组合只是在不同类型吉祥语文字织锦上存在一些差异。这种程序化的图案风格，时代特征鲜明，凸显出等级规格方面的属性。

◎ **织锦织造与"阴阳五行""瑞应德化"思想**

　　顾颉刚曾经指出，阴阳五行思想是汉代中国人的"思想律"。"五星"织锦的设计受到了阴阳五行学说的强烈影响，丰富的纹样背后蕴涵着深层次的文化内涵和特殊的文化意义。

织锦中五星有序排列表达着五星为五行之佐的概念和含义，以五色织出表明五种色彩的经线之配色与金木水火土五行所对应之五种颜色——白、青、黑、赤、黄密切相关。如果以星纹单元上哪种色彩占主要部分作为推定依据，"五星"织锦上的星纹可能代表的是金星、火星，"讨南羌"锦片上的星纹应是土星。

汉代人观念中的符瑞具有强烈的道德属性，这一道德属性又通过汉锦符瑞图案反映出来，即"德化"和"有道"的观念。汉晋帝王期望以德化社稷，治天下，能够得"有道"仁义之君的盛誉，祈愿符瑞出现，因此十分重视"圣瑞明兆"。祈愿天下太平，瑞应"德化"和"有道"的思想观念也被艺术化、形象化；大吉、大利的思想观念不断地被社会接受。符瑞作为表现德化、有道的"圣瑞"元素运用在特殊的物品上，应该是自上而下的文化运作。它体现着王权，反映着等级制度，反映着礼制规约；更是国家意志的象征。所以，经学家们称"麟凤五灵，王者之嘉瑞也"。

"五星"织锦上的文字、星纹、祥云纹及凤凰、鸾鸟、麒麟、白虎等祥瑞纹样的和谐组合，是宣扬瑞应"德化""有道"的典型实物。

◎ **"五星"织锦的织造产地**

汉代纺织业的兴盛地区主要在黄河流域，尤其以今天的鲁西、豫北和冀南为最盛，其次是四川成都平原。这些地方在古代正是经济繁荣、人口最密集的地区，又是蚕桑丝织历史传统最悠久、最发达的地区。两汉时期，帝都长安、洛阳地区，毫无疑问是制定纺织业生产政策与措施、劳动组织与生产管理、流通交换与消费的中心。在长安设有东、西织室。全国的丝织业生产形成了三大中心。

一是设有三服官的齐鲁地区，两汉时包括泰山以北的齐郡（齐国）等地，泰山西南的东郡、鲁国及东平国（东汉分为任城国）。这里不仅有作工数千人、一岁费巨万的最大官办丝织作坊；民营丝织生产也很兴盛，细缯、缟、绨、细缣等产品名扬天下。任城国亢父县（今山东省济宁县南）出产的缣帛，就远销至西北边郡各地。二是陈留、河南、河内三郡，陈留郡襄邑（今河南睢县）以织锦最为有名，汉中央政府在此设立服官，汉代宫廷官府中礼服所用的锦绣，很多是依靠襄邑一地的生产来供给。除了政府官办的服官外，襄邑民间织造锦绣之风也很盛。在黄河以北的河内郡，所辖朝歌（今河南卫辉市东北）以织造罗绮闻名，修武等地出产品质好的缣帛。三是设有锦官的蜀地成都为中心的地区。这里蚕桑事业有悠久的历史传统。西汉时期，蜀锦已负盛名。2012年成都市老官山汉墓出土了4台蜀锦提花织机模型，从侧面展示了汉代蜀地丝织业的繁盛。

出土"五星"织锦墓葬最初的考古断代定在魏晋时期，有学者认为"五星"织锦可能是蜀地织造生产的；还推测"五星"织锦有可能是在曹魏灭蜀后，挟大批蜀地织锦工匠至魏地后织造的。在历史上，蜀地成熟的织锦制作技术，曾对黄河流域丝织业的发展产生过重要而深远的影响。东汉时期，蜀地织锦生产工艺上乘，规模大，老官山汉墓出土的蜀锦织机充分证明了蜀锦技术的精湛，可以说蜀地的织造技术是完全有能力织造"五星"织锦的。

不过，根据对织锦织造年代的认识，"五星"织锦的产地，在陈留郡襄邑的可能性最大。为什么呢？一是，襄邑在东汉至三国时期是织锦生产的要地，左思《魏都赋》里有"锦绣襄邑，罗绮朝歌，锦纩房子，缣緦清河，若此之属，繁富伙够"。所说的情况是大约自东汉以来襄邑一直是织造锦绣的繁富之地。二是，襄邑有专为天子贵族制作服饰的服官。司马彪《舆服志》云"衣裳玉佩备章采，乘舆刺史公侯九卿以下皆织成。陈留襄邑献之"。襄邑县内"睢、涣之间出文章，天子郊庙御服出焉"。襄邑服官至东汉时仍然存在。三是，"五星"织锦属于高规格产品，设计织造无疑应由官府决定，其生产也应由官府作坊来实施。襄邑作为官府锦绣的指定产地，织造出"五星"织锦是顺理成章的。

◎ 锦绣织造之"织绩"与伟大

《释名》云："锦，金也，作之用功重，其价如金，故其制字帛与金也。"古代圣贤们在造字时，就使用了"金""帛"造出了"锦"字。"五星"织锦属于汉代丝绸中最为华贵、精美的丝织织造，凝结了古代织工的辛勤劳动与才情智慧。班固在《汉书·食货志》中称"女工一月得四十五日"。经学家们充满同情地给了注解："一月之中又得夜半，为十五日，凡四十五日。"那么，"五星"这样的织锦，制作生产出一尺或者一匹需要多长的时间呢？

如果不计算劳动组织和各种工序准备所需要的巨大投入和付出，仅就织造而言，花费已经颇巨。按史学家的考证和分析，汉代织工每日大致可以织出普通织品二尺五寸，十六日成一匹。而奢华的锦绫需要更多时间。据《西京杂记》，西汉时期"霍光妻遗淳于衍蒲桃锦二十四匹、散花绫二十五匹。绫出钜鹿陈宝光家，宝光妻传其法。霍显召入其第，使作之。机用一百二十镊，六十日成一匹，匹直万钱"。以此计算，六十日成一匹，每天能够织出的散花绫不过六寸左右。

长篇叙事诗《孔雀东南飞》中写到刘兰芝在嫁给焦仲卿前后的辛勤劳作：

十三能织素，十四学裁衣，十五弹箜篌，十六诵诗书。十七为君妇，心中常苦悲。君既为府吏，守节情不移，贱妾留空房，相见常日稀。鸡鸣入机织，夜夜不得息。三日断五匹，大人故嫌迟。非为织作迟，君家妇难为！……左手持刀尺，右手执绫罗。朝成绣夹裙，晚成单罗衫。

这里说到的是织素，应该是指普通绢绸的制作。三日断五匹，按照 23.4 厘米为一尺，十尺为一丈，四丈为一匹来换算，每日至少得织出 15.6 米，这还是缫丝、纺纱或者购买原料、组装织机等一切准备时间不算在内，劳动强度之大令人不可思议！当然，我们可以说诗文里充满着文学的夸张，不可尽信。但也从一个侧面反映了织造劳动的强度之大。

普通绢帛制作都这样辛苦，可以想见，比普通绢帛更为繁复奢华的"五星"织锦的制作，是何等耗时费功！虽然历史文献中没有留下织工的名字，但是他们精湛的技艺在历史长河中熠熠生光！

七 "五星"织锦文字的内涵

◎"五星出东方利中国"是我国古代天文星占占辞

我国有五千多年的悠久历史，中华民族创造了灿烂的中华文化，天文星占文化在中华文明体系中占有特殊地位。织锦上的"五星"文字，便是我国古代先民观察五大行星运行变化，总结归纳出来的天文星占占辞。这一占辞，最早见诸现在已亡佚的战国时期大占星家石申的著述；唐代瞿昙悉达在《开元占经》中引述云："五星分天之中，积于东方，中国大利；积于西方，负海之国用兵利。"

"五星出东方利中国"占辞，在现存文献中最早见于《史记·天官书》，云"五星分天之中，积于东方，中国利；积于西方，外国用兵者利"。《汉书·天文志》的记述与《史记》基本相同，云"五星分天之中，积于东方，中国大利；积于西方，夷狄用兵者利"。《晋书》等正史的《天文志》《天象志》《符瑞志》《五行志》中也有相同的内容。

◎ 织锦文字里的"五星"

"五星"指水、火、木、金、土五大行星；在中国史籍之中，有专门的称谓：辰星、荧惑、岁星、太白、镇星。

五大行星中国古代称谓与公转周期对应表

行星名	中国古代称谓	公转周期（以地球年、日计算）
水星	辰星	87.969 日
金星	太白	224.7 日
火星	荧惑	约 687 日
木星	岁星	11.86 年
土星	镇星或填星	29.5 年

◎ 织锦文字里的"东方"

"东方"，是我国古代星占术中分区分野概念，指具体的某部分天穹位置。分野理论的基本思想是：将天穹划分为若干天区，使之与地上的郡国州府分别对应，这样某一天区出现了某种天象，其所主吉凶就可以与地上对应的郡国州县联系起来，这是星占术的基础。星占术理论和方法体系，在中国古代有一个形成过程，对五星聚会的组合及其所蕴涵的所谓占星"精义"的归纳，到战国时期已基本定型。

有关研究指出，秦统一中国，到司马迁在《史记·天官书》叙述五星的大吉有利占义时，对"出东方"的解释是模糊的。汉代的占断吸收了阴阳对立的分析，政治上和文化上属于中国的与政治上属于非中国的相对立，占断中应用了更宽松的、经过修订的天象/地物对应模式。在"五星占"发展的最晚阶段，呈现出对战国早期星占学理论的改革，使原来对多诸侯国世界的关注转而适应早期帝国时代在权力关系的观念中"中国对外国"或"我们对他们"的二元的情形。

◎ 织锦文字里的"中国"

"中国"一词，最早出现在陕西出土的西周初期青铜器何尊上，铭文里有"宅兹中或（国）"，指周天子东迁洛邑所居之地。"国"字本意指城、邦，"中国"的原意就是"中央之城"或"中央之邦"，即王国都邑及京畿地区。《大雅·民劳》里就有"惠此中国，以绥四方"。古代天文星占学占辞里"中国"概念的内涵和外延有一个变化的过程。西周时期，星占学意义上的"中国"概念主要指称周王室所在的京畿洛邑地区；东周时期周天子王畿或京师成周为"中国"，诸夏的领土疆域也称作"中国"，地理范围扩大为中原地区；秦汉时期尤其是汉代，"中国"则是指汉朝行政所辖诸郡国的地域概念，核心多指领土疆域。杜荣坤指出历史上"中国"泛指中原王朝所直接管辖的地区。

◎ 织锦文字里的"五星出东方"

"五星出东方"，即"五星聚会"或"五星连珠"的现象，是指在某一时期内在某一个星空聚会的现象。聚东方，是说五颗行星同时相聚而汇合出现于与"中国"所对应的"东方"天域。在先秦乃至秦汉时期，天文星占所指称的"出东方"，应当是指在以黄河中下游地区的安阳、长安、洛阳等都邑为中心的地域进行的观测和记录。中国古代的天文体系里，"五星聚于一舍"，通常被用于定义五星的聚会，"五星聚东方"，一定有具体星宿背景的星空位置。正史文献没有关于"五星聚会"具体角度、范围量化等的记载。席泽宗通过研究长沙马王堆出土"五星占"帛书，认为帛书里暗含了15度的规定，进而指出必须把"五星聚于一舍"理解为五星聚于最大不超过经度15度的范围之内。据此，通过现代天文学软件计算，在公元前2000年间实际上就只有四次天文现象符合标准，平均500年一次；更令人称奇的是，史书上记载的有些天象的发生，在当时可能是在很小的角度，如公元前1953年和前1059年的两次壮丽的五星聚会中五大行星的接近程度更紧密，聚于4—7度的范围之内。由此可见，中国古人对五星的关注，已经到了极高的程度，对五星聚会的角度、在天域的位置、密集程度等，给出许多吉凶解释。

◎"五星出东方利中国"：大瑞·大吉

"五星出东方利中国"，即出现五星共现"东方"的天象，则昭示着对"中国"军国大事将一定有大利。众所周知，五大行星绕太阳公转，由于公转周期各不相同，从地球视点上能够看到它们2—3个以上行星聚合出现的概率比较小，而它们在二十八宿恒星背景下穿行、会聚，各自的亮度、形状、大小、颜色等变化，视觉上相互接近，是能够被观测到的。"五星"的运行也能够用数学方法描述和推算出来，因此"五星聚会"被星占家们赋予了特殊的星占学意义，成为古代中国星占学上最吉的天象。"五星出东方利中国"占辞术语进而也成为最能够反映中国古代天文学社会功能的典型例证。

"五星出东方利中国"占辞术语产生的历史背景，一是源于在漫长的农耕文明形成发展过程中，中华先民们对于物候、天文的重视和概括，以及知识化的归纳与总结。二是源于先秦时期阴阳五行、"天人感应"及"天垂象，见吉凶"思想的创生和体系化,"察变之动,莫著于五星"观念对社会政治、经济文化的深刻影响;希冀通过观天象星辰运行变化,审辨吉凶祸福。三是由于我国古代星占学体系化的战国时期,"争于攻取,兵革更起,城邑数屠,因以饥馑疾疫焦苦,臣主共忧患,其察機祥,候星气尤急",数术家又创"五星失行,州国受殃"等观念,五大行星天象所兆示的天意受到格外关注。

在我国古人的思想观念里,天至大至重,"五星"为天之佐,"天"是人格化、有意志、有情感的,无法彻底认识,只能顺应其"道";"天命""天意"的基本原则是赏善罚恶,道德至上。"天命"可知,归于"有德"的人;"君权天授","凡帝王者之将兴也,天必先见祥乎下民"。赏罚之柄在天,"天惟时求民主"。"天人感应"观念及阴阳五行学说中的神秘主义成分渗透到政治经济、社会文化各领域,构成了古代星占术社会思想基础。

八 "五星出东方"的现代天文学阐释

◎ 天文科学视野中的五星会聚

"五星出东方利中国"星占辞的产生,有一定的科学认知背景支撑,作为其基础层面或初期理论体系的星辰观测,具有相对的科学性。国内外天文考古专家曾运用天文学计算软件,对照中国历史上"五星出东方"天象进行了推算,取得了一系列重要成果。

精确算法的基础构建和研究的前提,在于对"五星会聚"理想周期的推算研究。天文学家研究得出,木星、土星、火星等运行较慢的行星平均会合周期是516.33年,如果条件有利,公转运行快的金星和水星会在短时间内与它们会合在一起。中外学者研究指出,如果将五星聚会的视域范围稍放宽泛一些的话,历史记载的"五星出东方"天象可能曾多次出现。

◎ 现代天文学技术对古天象的推算

天文学家运用天文学计算软件，对前文举证的"五星出东方"古代天文史事，进行过极有价值的计算。黄一农与班大为认为前述"汉之兴，五星聚东井"的天象应该在公元前205年5月下旬。班大为还认为当时五星在**舆鬼宿**中排成"连珠"，为"汉之兴，五星聚于东井"天象，与文王受命、晋文公称霸的星聚位置完全一致。曾蓝莹女士运用软件推算，发现汉高祖元年六月二十七日（公元前206年8月3日）清晨5时左右，已可见到五星成斜线排布于长安东方，其排布的区域以井宿为中心，五星同出的现象大致到7月25日以后，因为水星为太阳所掩，从肉眼能观察的范围消失。她认为席泽宗依据《五星占》帛书推算的结果是最接近的。

舆鬼宿

亦称"鬼宿"，星官名，二十八宿之一。

历史上部分"五星"天象推算

时间	五星天象	史事
公元前 1953 年 2 月 26 日	五星聚会	夏代开始
公元前 1676 年 12 月 26 日	水火木土	商王朝兴起
公元前 1059 年 5 月 27 日	五星聚	周文王受命
公元前 632 年	金木水火	晋文公称霸
公元前 205 年 5 月下旬	五星聚于东井	汉之兴
公元前 61 年 8 月 27 日	五星并出东方	赵充国讨羌
公元 426 年 12 月 21 日	五星天象	北魏太武帝讨伐赫连昌
公元 768 年 8 月 17—18 日	五星聚	唐代宗大历三年七月
公元 1044 年 1 月 2 日	五星聚	宋仁宗庆历三年
公元 1403 年 6 月 18 日	五星聚	明成祖永乐元年

九 "五星"织锦的创制与史事的关联

"五星出东方利中国"作为政治祈语出现在高规格的织锦上，

一定有特殊历史背景。织锦文字本身包含了两方面内容：一是"五星"天象，二是"讨南羌"。整句祈语最简单的理解就是为祈祝讨羌胜利成功，而将能占验或祈愿的天象占辞与"讨南羌"具体行动任务或宏伟目标结合起来，以"利中国"。

◎ 政治祈语与史事

涉及的史事和史实的具体背景，可以做如下深入探讨：一是"五星"星占天象和"讨南羌"事件均为具体史实；二是"五星"占辞为祈祝吉利用语，而"讨南羌"为具体史实；三是东汉中期以后，羌乱成为主要边患，为祝祈讨羌诸事顺利和成功，便将二者结合起来，作为国家的祈愿和追求。织锦既然为东汉中后期创制，目前尚未发现这一时期的"五星出东方"天象史料的支持，因此，上述第一条是不成立的。

◎ 东汉时期的边患：羌乱与讨羌

东汉中后期严重的羌乱，成为重大的边患。公元107—169年，通过多次重大军事行动，东汉边疆危机得以缓解，有所成效，但用费颇巨。时势造就的邓骘、任尚、马贤、张奂、皇甫规、段颎等诸多猛将，在历史上皆以勇武闻名。若将织锦文字"讨南羌"与具体的某次讨羌战役直接挂钩，可能和这些将臣的事迹密切相关。

"五星"织锦织造年代既然是羌乱严重的东汉中后期，那么"讨南羌"文字所反映的正是持续五六十年讨羌的史实。对《汉书·赵充国传》记述的讨羌与天象故事价值和意义的思考，可以拓宽我们的视野。汉宣帝时，"五星并出东方"，"天助"赵充国讨羌大利，形塑了征伐得天命的心理优势。赵充国去世后，为彰显他的功绩，宣帝命人图画其人于未央宫麒麟殿，法其容貌，署其官爵、姓名，位列丞相之前。汉成帝时，"西羌尝有警，上思将帅之臣，追美充国，乃召黄门郎扬雄即充国图画而颂之"。赞美老帅"在汉中兴，充国作武，赳赳桓桓，亦绍厥后"。照此设想，东汉为平定羌乱，在讨羌时追思赵充国等忠烈将帅讨羌韬略与故事，将"五星出东方利中国讨南羌四夷服单于降与天无极"作为祈愿讨羌宏愿成功而提振军旅精神的吉语，用在制作有重要仪礼象征或纪念意义的物品上，祈祝能"循天之道""邀天之福"，是很有可能的。"五星"织锦也可能因此背景而创生。

十 "五星"织锦是汉朝政府的赠赐

"五星"织锦所用锦料奢华富贵，锦上织出的天文星占占辞清楚地昭示织锦制作生产和使用受严格管控。其特殊政治文化内涵更昭示出它本身不是一般的奢侈品、消费品，而是汉朝官府专门制作，主要用于五礼（吉礼、凶礼、嘉礼、军礼、宾礼）等重大活动的专用品，是用于朝贡、外交、和亲、归附、结盟等重要政治活动的赠赐用品。墓主人拥有这件织锦护臂，应是汉王朝赐赠西域"精绝"绿洲城邦王族的贵重礼物之一。

十一 "五星"织锦主人知晓织锦文字含义

"五星"织锦，毋庸置疑，是墓葬主人生前使用过的私人物品。织锦护臂出土以来，一个重要的问题似乎被忽略了，那就是织锦护臂是如何得来的？它的主人是否知道华丽织锦上的文字是什么意思？这样的物品，和其他高规格锦绣制品集中出土，一定有彰显其身份和地位的象征意义。因此而言，墓主人生前应该清楚地知道这件特殊礼物——织锦"射褠"上吉祥语文字的意思。汉晋时期与西域政治经济相关的研究成果和考古发现，为阐明这一结论提供了有力证据。

◎ 汉朝政府设立西域都护府开启西域历史新纪元

汉代设立西域都护，西域成为汉朝的一部分。汉朝政府在西域设官建制、屯田戍守、封赏赠赐、安辑诛伐，实施了有效的管辖和治理，开启了西域历史的新纪元。汉晋时期，中原和西域间政治、经济、文化联系密切，使者往来、朝贡、族群迁徙、商贸交流等活动频繁。西域绿洲城邦王公贵族向慕汉朝的"广大""殷实"和礼乐制度，学习掌握汉语言文字成了当时的社会文化潮流。

◎ 汉语言文字是两汉时期西域通用语言文字

尼雅遗址曾出土过"仓颉篇"汉简，互赠礼品和问候的汉简等，可以看出尼雅绿洲贵族确实具有较高的识习和运用汉文的水平。百年来西北地区出土的汉晋简牍文书证明，丝绸之路的通畅与繁荣，政治、经济的交往，作为官方语言的汉语起了关键作用。

尼雅遗址出土的西晋简　　　　　　尼雅遗址出土的汉简

◎ 汉朝政府重视汉语言文字的使用和传播

历史记载，西域都护（长史）统辖下的西域绿洲诸国，均设有职掌翻译的部门和官员。《汉书·西域传》就记载诸国均有"译长"。尼雅绿洲的"精绝"，也不例外。在长安、洛阳两京地区，还有专门管理西域的机构和官吏。公元前64年，"置官属侍御百余人，舍上林中，学乌孙言"，以谋划与乌孙和亲事宜，可知京洛两地当时设有教习语言的专门机构。对西域绿洲城邦而言，王公贵族、质子和译长等学习、掌握好汉朝语言文字，是实现与内地间政治、经济文化交往、交流的关键手段，关乎利益与成败。西域诸国语言各有不同，"译长"的身份、地位和官称因城邦实力也不尽相同，但是在"重九译"才能交往的岁月，译长们的确是引导、引领和沟通的桥梁，在西域诸国与内地的政治、经济、文化交往中，发挥了重要的作用。

◎ 中原王朝对西域实行了有效的统辖和治理

在甘肃敦煌市汉代"悬泉置"遗址，考古出土数万枚汉简，其中150余件汉简内容涉及西域绿洲城邦诸国，有律令、供食账单、使者往来名簿等，其中就有多枚汉简记录了"精绝王"及遣使朝贡往来的内容。这些珍贵汉简资料的出土，揭示出"精绝"和汉朝中央政府关系密切的史实。

出土"五星"织锦的"精绝"古国，在西汉至东汉明帝时期，一直是相对独立的绿洲城邦。在西域绿洲城邦诸国复杂的地缘政治格局中，"精绝"面对鄯善和于阗两个绿洲城邦强邻，倚重强大的汉朝，需要汉朝政府在政治、经济、军事等方面给予佑护。而"精绝"王族只有亲附向汉，解决好沟通与交流问题，才能在夹缝中生存，解决绿洲小国"不两属无以自安"的问题。汉明帝之后，"精绝"为塔里木盆地东部"绿洲大国"鄯善兼并，至四世纪末走向衰亡。这期间精绝成为鄯善的一部分，地理上"近汉"的鄯善也一直与中原王朝保持着紧密的政治、经济和文化联系，识习汉语汉字，与内地交往交流持续不断，至晋十六国时期更是如此。

◎ 丝绸之路的繁盛促进了西域王公贵族识习汉语汉文

两汉时期，丝绸之路畅通，西域文明因素也因为人员和物流贸易的往来，源源不断地传入中原，双方各取所需。可知到东汉中后期，中原地区出现了文化面貌异彩纷呈、杂糅融汇的情形。丝绸之路通畅而带动各地经济文化繁盛的背后，通用语言文字强有力的支撑功不可没。

1980年在楼兰出土一件墨书佉卢文字的"延年益寿长葆子孙"织锦。佉卢文初释为"频婆·室利诃陀之锦（值）百钱"。梵文专家最新研究认为佉卢文应读为"有吉祥语的丝绸（织锦）

营盘墓地出土汉文佉卢文双语织锦

值……"。新的释读清晰地说明，书写佉卢文的人知道织锦上织有"延年益寿"吉祥语，或别人告诉这是"延年益寿"吉祥语文字织锦，因而写出清楚的墨书标记。通过这一资料可知，汉晋时楼兰、鄯善居民，特别是王公贵族、商贾等，不仅对奢华的汉锦十分珍爱，对织锦纹样及其上织出的文字内涵亦有相当水平的认识。

无独有偶，在尉犁县营盘墓地，出土的一件汉文佉卢文双语织锦，也反映出西域绿洲王公贵族对汉地文化的认同。该织锦纹样为变形狮子纹图案，织出的汉字为"王"，佉卢文经过释读，可读为"悉……"。研究显示，这类狮纹双语织锦明显是内地织造，而织锦纹样很可能是在京的西域绿洲城邦王族或质子们请求织室或服官作坊，定制设计生产的。"王"字，无疑关涉定制者地位和身份。

由此可知，拥有这件宝物的"精绝"王，一定理解织锦上激扬的文字含义，明白这份珍贵礼物的价值。

结 束 语

"五星"织锦是汉代卓越、精湛的丝织技术的集中体现，凝结了古人的艺术创造、智慧才情和辛勤劳动。通过这些织锦珍品，我们可以见识到古代高超的织造技术水平；可以感悟以"天人对应"为基础，以"天人感应"为原则，以天象观测为依据，以社会现实为参考的中国古代天象文化内涵。

知者创物，需"天时""地气""材美""工巧"，无枉物性，不违天真。织锦透射出古人智慧和信仰，织文表达了对"中国"的热爱和情感，展示了古代中国崇高的艺术追求和道德标准；"五星"织锦西现"精绝"故地，逾千年而益新，展现了多元一体中华文化之新疆篇章。

"五星"织锦的考古发现与研究，有力地揭示出一系列重要史实：新疆历史悠久，文化形态多样，文化面貌灿烂，新疆各族人民和全国人民一起共同创造了悠久的中国历史和灿烂的中国文化；历史上中原王朝对西域进行了有效的政治管理和经营；中华文化对西域地方历史文化的影响，起始早，时间久，规模大，范围广，程度深，对西域古代文明进程起到了重要推动作用。

愿"五星出东方利中国"灵动的祥瑞、激扬的图文，鼓舞大家为丝绸之路人类文化遗产的保护作出新贡献！

"来通"纵横说
——国际范儿的兽首玛瑙杯

葛承雍（中国文化遗产研究院）

中国的西安，是东亚历史上最著名的都城"长安"，这座"不靠海、不沿边"的内陆大城市，却是公元前3世纪至公元9世纪最有名的世界名城之一，与雅典、罗马、开罗、君士坦丁堡等并驾齐驱。根本原因就是，它依托丝绸之路东西往来的文化优势，从"孤赏"走向"共赏"，彰显了千年古都的"国际范儿"，曾经以大国首都的姿态立于国际城市之林。

千年前的长安，是我国历史上最强大的王朝之一——唐的国都。公元7—8世纪，唐朝国力达到了鼎盛，史称开元天宝盛世。当时各国纷纷与唐朝来往，被誉为"万国来朝"。欧亚大陆上的主要国家无一不知唐朝的存在，很多藩属国和遥远的国家为了贸易和文化交流，不断派使节与商队前来长安，有的以"进贡"名义觐见，有的以"献宝"场面赢人。驼载马运，长安城汇聚了不少外来的珍宝异物，也促成了"西市""东市"成为当时东亚最大的贸易市场。这些珍宝备受皇家贵族和高官显吏的喜爱，很多后来成了主人墓中的奢侈陪葬品。千年之后这些珍宝经考古工作者之手，不断呈现在大众面前。

人杰地灵，地不爱宝，我们今天讲的就是东西方交流的国宝——唐代"镶金兽首玛瑙杯"。

一 石破天惊：考古发现的镶金兽首玛瑙杯

1970年10月5日，在西安市南郊何家村的一个建筑工地上，正在忙碌的工人们突然在地下不到一米处，刨出了一个陶瓮和一个银罐。陶瓮高65厘米、腹径为60厘米，银罐高30厘米、腹径为25厘米。打开陶瓮和银罐，大家立刻惊呆了，原来里面藏着闪耀夺目的金银器、玉器等各种珍宝。他们赶快将挖出宝物的消息报告给陕西省文物主管部门，随后，陕西省博物馆派专家前往现场进行清理调查。专家们来到现场后也大为惊叹出土宝物的珍贵。凭着考古职业的直觉，他们总感觉这些器物并不成套，推测还可能有器物未被发现，于是决定四面普探。他们在附近一连钻探了好几天，功夫不负有心人，10月11日，在第一个陶瓮出土地北侧不远处，探铲打下去以后突然传来清脆的金属碰撞声，清理后，第二个陶瓮露了出来，其大小和形状与第一个陶瓮基本相同，但是上面盖了一块银渣。打开一看，同样盛满了各种金银、玉器等宝物，琳琅满目，令人惊叹不已。

经过考古人员清点和统计，最终发现何家村窖藏两个陶瓮和一个银罐里共有1000多件唐代文物，其中金银器271件，玉器等20多件，还有金银铜钱币466枚，以及银铤、银饼和药材等若干。在玉器中，又包括玛瑙器3件、琉璃器1件、水晶器1件，还有各种玉带、玉镯、红蓝绿宝石等。其中最有名的瑰宝之一，就是这件后来被定为国宝的文物——镶金兽首玛瑙杯。

此杯采用红色玛瑙雕琢而成，长15.5厘米、杯口径5.9厘米、高6.5厘米。从外形上看，动物的眼珠圆瞪，直视远方，这是此前从未见过的奇异动物，有人说是长角鹿头，有人说是羚羊头，有人说是羚牛头。头上的一对长角呈螺旋状弯曲，粗壮有力，角尖与杯身连接，在杯口沿下又恰到好处地装饰有两条圆凸弦，线条流畅自然。形象极为生动，毫无造作之感。专家们经过讨论，认为不能确定角杯的造型完全出自写实的手法，因而，笼统定名为"兽首玛瑙杯"。

经过著名的文物专家孙机等人的解读，我们知道了这是一件号角状的用来饮酒或奠酒的杯子，椎尖通常是各种动物的头部形状，弯曲的角杯曾经广泛流行于欧亚大陆。这件镶金兽首玛瑙杯是中国考古史上前所未有的，被列入《首批禁止出国（境）展览文物目录》。作为"国之重宝""国家宝藏"，它不仅是一件精美绝伦的艺术品，而且象征着古代人们的财富和权力。那么，如此巧夺天工的宝物，为何它如此珍贵？它有着怎样的文化价值？其背后隐藏着怎样的身世之谜？

第一，从造型艺术上说，镶金兽首玛瑙杯诞生于公元6—7世纪，是迄今所见唐代唯一的一件俏色玉雕，也是唐代玉器中做工最精湛的一件作品。兽嘴镶金的工艺处理，不仅克服了兽嘴处材质色泽过深的不足，还使兽头的造型之美更为突出。细细品来，

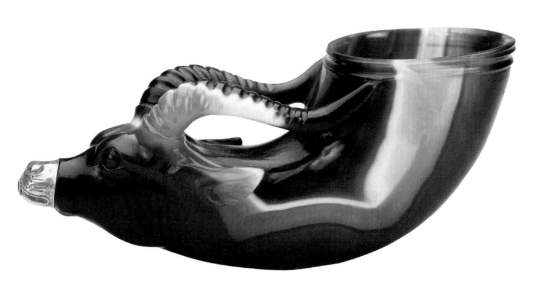

西安何家村出土镶金兽首玛瑙杯

兽首玛瑙杯局部   兽首玛瑙杯兽头金塞子

玛瑙杯采用的是兽首造型，形体宛若一横置的牛角，又似平卧的羚羊，用来喝酒时予人以无尽的遐想。雕琢玉石的技师在玉材的小端雕琢出惟妙惟肖的兽头，把纹理竖直的粗端雕琢成杯口，而口沿外又恰好有两条圆凸弦，线条流畅自然，天衣无缝。口鼻端装饰的龙嘴形金帽，可以卸下，内部有流与杯腔相通，以便杯中

扩展阅读

俏色玉雕

"俏色"是玉器工艺加工过程中常用的专业术语，是利用玉石本来颜色的一种技巧。多是利用玉料上天生的、固有的、面积小、色调鲜明且区别于原料上大面积其他颜色的一种色彩进行设计创作，并将这种色彩强化成具体物象。在雕刻大师妙手天成的经营下，可将这一小块颜色运用得非常巧妙、自然和灵动，使其在作品中达到极致的效果，以充分展示出天然造化的艺术感染力。这种俏色玉雕作品往往是妙趣天成，犹若神来之笔，且是世上绝无仅有的，往往具有不可复制性。这种巧用颜色就被称为"俏色"或"巧色"。

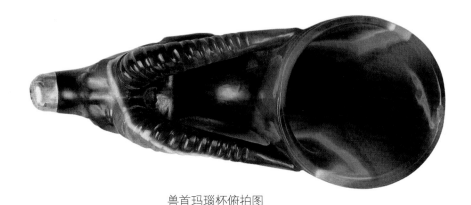

兽首玛瑙杯俯拍图

的酒顺流泻出,设计巧妙。角杯通体抛光,晶莹剔透,更显富丽华贵之气。兽嘴镶金圆帽的工艺处理也是匠心独运。圆帽金光闪闪显得非常精良,安装在兽头最前方,类似笼嘴状的金帽,克服了兽嘴处玛瑙材质色泽太深的不足,使得兽头造型之美更为突出。

第二,从材质用料上说,酒杯的材质选用的是世界上极为罕见的红色玛瑙。酱红色夹橙黄、乳白色玛瑙,犹如缟带相生相伴又层次分明。这件玛瑙的材质为不纯净的杂色料,深红中又带有淡红,中间则夹有一层乳白,色泽鲜润可爱,是一块稀世罕见的俏色玉材,而且也是迄今所见唐代唯一的一件俏色玉。

第三,从制作来说,这个镶金兽首玛瑙杯是一件中西融合的作品,是古代丝绸之路的见证。杯子的器形最早来源于欧亚交接地区,自史前时代就广泛存在于欧亚大陆一些地区。这只玛瑙杯,更是选用了世界上极为罕见的缠丝玛瑙琢制,很有可能是来自于西亚、中亚的贡品。根据历史记载,我国的玛瑙以白色、青色和黄色居多,红色夹心的玛瑙几乎都是来自中亚和西亚地区。虽然我国也有不少的兽首装饰,但却未曾见过兽首红心玛瑙杯。这件兽首杯,雕刻技师巧妙地用俏色技巧,将兽眼刻画得黑白分明,真正达到"画龙点睛"的效果,加之独特的造型,使整件器物形神毕肖,与我国古代其他玉雕工艺品有明显区别，因此可以断定是来自西方的宝物。

深受古人喜爱的玛瑙，纹理交错，悦目美丽，分布广泛，几乎遍及整个世界。我国玛瑙出产丰富，尤以辽宁省和黑龙江省为最。因此，玛瑙也是中国古代玉匠雕制各种器皿常用的材质之一，经常被用来制作水盂、烟嘴、碗和杯子等日常用品。但是我国玛瑙的色泽以白、黄居多，淡青其次，红色鲜见。而在众多玛瑙色彩中，又以红色玛瑙最有价值。至今珠宝业里还有这样一句俗话，"玛瑙无红一世穷"。明代《潜确类书》中也记载："玛瑙出西洋者，名番玛瑙，红色为佳。"所以说，此件兽首来通杯所用红色玛瑙是非常珍贵的。

世事沧桑，地老天荒。关于西安何家村这件无价之宝，自从发现以来就众说纷纭，主流意见认为虽然兽首玛瑙杯在唐代文物窖藏中出土，但并不一定是唐代的产品。中国古代玛瑙也多来自西方，康国、吐火罗、波斯均向唐王朝进献过玛瑙器。国外有学者甚至认为何家村玛瑙杯是来自上埃及公元前2世纪的艺术品，因为开罗博物馆收藏有托勒密王朝时期的玛瑙羊首来通，两者很类似。照这样说，这件兽首杯埋入唐代地下时，已经是一件有900多年历史的传世古物了。《旧唐书·西戎传》记载康国"开

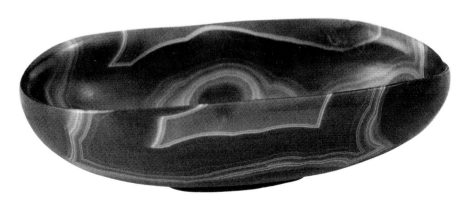

西安何家村出土唐玛瑙长杯

元六年遣使贡献锁子甲、水精杯、玛瑙瓶、鸵鸟卵及越诺之类"。因此有学者推测此杯是从中亚或西亚进献来的礼品。但也有研究者坚信，此杯出自唐人之手。兽首杯在制作之初，可能也想模拟西方风尚采用羚羊之形，可由于对题材的生疏，所以最后成了现在的面目。因此，这件珍贵的玛瑙杯可能出自居住在长安的中亚或西亚的工匠之手，抑或是唐代工匠学习外来工艺后，利用外国进贡原料琢制而成的杰作。

二 名贵酒器：来通酒杯的起源与传播

世界上，大凡一件精美绝世的文物诞生，都离不开独特历史、地理尤其是文化的涵养。一件件奇拙精妙的角形酒杯随着商旅流动到欧亚大陆各个国家，成为人们十分着迷的啜饮抿酒用具，即使醉得不省人事也捧着这种酒器不松手。那么我们看看它的来源和流动的轨迹。

我国远在新石器时代已有粗糙的陶制角杯，在战国、西汉时的铜器刻纹与壁画中，也能见到持角器的人物形象。但这些角器的底端都没有穿孔留口，下部亦无兽首，即使唐代出土数量不少的三彩兽首杯，也无流口。虽然造型上杯体呈弯角形，从轮廓上看宛若一个生动可爱趴卧在地的兽头，但实际上均与何家村兽首玛瑙杯不属同一器类。

通过流出孔将酒倒入杯中或送入口中的角杯应该起源于西方，这种杯像一个牛角，美酒从上面的大口倒进去，饮者用下面的小口吮吸，喝完后，可以用一个软木塞子把角杯的小口塞住，酒就不会流出。公元前1500年的克里特岛已出现此种器物，但当时其下部尚无兽首，传入希腊后才被加上独具匠心的装饰。希腊人称之为"来通"（rhyton），此词是自希腊语rhéō（流出）派生出来的。因为它像一只漏斗，可用于灌注神酒。当时的人们相信"来通"角杯是圣物，有着不可替代的"神圣性"，用它饮酒能防止中毒，如果用手高高举起"来通"仰脖将酒一饮而尽，就是向酒神表示崇高的敬意。

在西亚，来通的出现不晚于公元前1000年。伊朗西北部，里海南岸吉兰省（马鲁里科）的王侯墓葬中出土有各种动物形状的陶器，其中牛形来通颈部有圆形注水口，鼻尖有小孔，可注入葡萄酒等，据推测是当时仪式上使用过的器具。另一个牛形陶质的来通，也出自伊朗西北部，是公元前10世纪至前8世纪的出土物。在铁器时代早期，这些象形器较多以公牛为原型，原因是瘤牛在古代的西亚、印度、非洲等地区被视为家畜来饲养繁育，而从动物状器具流出的酒水等，对于古人来说，具有神秘的力量。后来来通虽然形态各异，但基本都是在贵族酒宴、集体筵席或是祭祀典礼上使用的酒具。

自公元前2000年开始，圆锥来通形的酒具就已经出现在了

伊朗西北部出土公元前1千年下半叶水牛形陶来通（平山郁夫丝绸之路美术馆藏）

伊朗西北部出土公元前10—前8世纪牛形陶来通（平山郁夫丝绸之路美术馆藏）

爱琴海地区。当然，它并不限于该地区。来通可能源于与其形状相似的角杯，用角制成的饮器早在史前时代就已经存在于亚欧地区了。这种造型的酒具在中亚、西亚，特别是伊朗萨珊波斯是十分常见的，伦敦巴拉卡特美术画廊就收藏有公元前5世纪的波斯牛角来通杯。在波斯这种器具被称为"塔库克"（takuk，کوکت）。在希腊战胜波斯时，很多金银器等奢侈品被带回了雅典，其中就包含了很多的来通。希腊的工匠们也开始仿造波斯风格的来通。当然，也不是所有的来通都如此精美珍贵，很多仅是带有简单纹饰的陶瓷制锥形杯。

著名文物学家孙机先生在他的名篇《玛瑙兽首杯》中，依据年代分类法，将"来通"酒具区分为五种类型，分析了来通的演变史。为了更明了地介绍给广大读者，我们按照制作"来通"的材质，分类一一道来。

意大利南部出土公元前4世纪牛头红彩陶来通（环地中海地区，平山郁夫丝绸之路美术馆藏）

美索不达米亚出土公元2—3世纪绿釉人面双柄陶来通（平山郁夫丝绸之路美术馆藏）

◎ 第一类：陶制"来通"

早期陶制"来通"多呈短而直的圆锥状。意大利南部出土公元前4世纪牛头红彩陶来通，是环地中海地区的代表，平山郁夫丝绸之路美术馆藏。还有公元前7世纪早期亚述帝国山赫里布朝的羊首陶来通，巴格达伊拉克博物馆所藏。在美索不达米亚出土的绿釉人面双柄来通，是公元2—3世纪的陶质来通，上部为双耳瓶装，底部为羊或鹿的头部形状的流口，瓶肩部饰有手持长角杯侧卧的大力神赫拉克勒斯像，最下部还有一个头戴冠带、两侧为卷发的贵族头像，非常珍贵。

◎ 第二类：青铜"来通"

我们来看一件日本美秀美术馆藏的公元前4世纪牡鹿形青铜来通，牡鹿跳跃前驱的形象非常生动，鼻唇的图案精细别致，前

公元前4世纪牡鹿形青铜来通（日本美秀美术馆藏）

公元前2世纪犍陀罗青铜水壶（平山郁夫丝绸之路美术馆藏）

犍陀罗

亦译作"乾陀罗""健驮逻"。古印度地名，亦国名。相当于当今巴基斯坦北部、阿富汗东部一带。

胸处有流口。有人认为这是2400年前祭祀狩猎女神仪式上使用的艺术品。

还有一件来自日本平山郁夫丝绸之路美术馆收藏的公元前2世纪的**犍陀罗**青铜水壶，手柄上持角杯的男神是犍陀罗吸纳亚历山大时期元素——希腊化最显著的标志。青铜材质的水壶有着独特的斜喇叭口工艺，或许为罗马的制作工艺。把手上端有一个对角的男神斜卧像，他手里举着"来通"角杯，似乎陶醉在葡萄架下。把手下端为一葡萄树叶下藏着的女神胸像。此件器物应为盛葡萄酒的容器。

◎ **第三类：金银"来通"**

在古波斯，阿契米德王朝制造的银来通乍看如同角杯，但是其兽首式样除羊首外，还有马首、牛首、狮首及其他怪兽首形。

公元前5—前4世纪波斯卧马屈腿形银制来通杯（日本美秀美术馆藏）

公元前5—前4世纪双角怪兽银制来通（日本美秀美术馆藏）

伊朗出土公元前4世纪天马形银制来通（平山郁夫丝绸之路美术馆藏）

用来通饮酒时,酒从其下端的孔中流出,注入饮者口中,与用杯类容器饮酒的样子完全不同。也有形制或非实用之器,口大底小,难以直置,所以阿契米德时又创造出一种底部折而向前平伸的来通。

我们来看看各个博物馆的精美藏品。

公元前5—前4世纪的波斯卧马屈腿形银制来通杯,马前端下部有流口,可插管引流,为当时王室工坊制作。日本美秀美术馆藏。

公元前5—前4世纪的双角怪兽银制来通,怪兽额头上有注口,液体可通过注口插管直流而下。这种由有翼狮子合成的动物是当时波斯的灵兽。日本美秀美术馆藏。

伊朗出土公元前4世纪天马形银制来通,平山郁夫丝绸之路美术馆藏。

公元前2世纪后期至前1世纪大山猫咬鸡形来通银鎏金角杯,日本美秀美术馆藏品。这件来通前嘴用鎏金公鸡装饰做塞口,山猫驱前猛扑,动作栩栩如生。

一些饰有亚述式花边的金、银来通将其平伸的那一部分做成带前肢的兽形,造型雍容华贵,有不少出色的工艺品。而这种式样反馈到希腊人那里,他们也将来通下部的兽加上前肢。1982年在黑海北岸克拉斯诺达尔出土的下部为天马形的银来通就是这样的。随着古希腊人的对外扩张,"来通"制品也随之四处扩散,其设计意匠也为古波斯安息王朝的工艺师所接受。

公元3世纪之后,继安息而兴的波斯帝国萨珊王朝制造了大量的金、银角形来通杯,上面常镶嵌以宝石或玻璃,显得闪闪发亮、雍容华贵。萨珊金银器中存世的来通酒杯,目前有百余件,它们作为"重器"非常引人注目。波斯国王无论在举行典礼、骑马狩猎或与宫眷宴游等场合,都戴着他们各自形制不同的装饰繁缛精美之王冠,举着精美无比的来通酒杯饮酒作乐。

第三篇 大国风范

公元前2世纪后期至前1世纪大山猫咬鸡形来通银鎏金角杯（日本美秀美术馆藏）

伊朗西北部出土公元前3—前2世纪马形釉陶来通（平山郁夫丝绸之路美术馆藏）

公元前1世纪波斯来通（美国大都会艺术博物馆藏）

公元前4世纪希腊来通（美国沃尔特斯艺术博物馆藏）

公元前4世纪希腊黄金和青铜来通

◎ 第四类：象牙"来通"

20世纪40年代，在曾经的安息波斯帝国第一个首都，土库曼斯坦尼萨古城的方宫遗址出土了一批象牙角杯，年代约为公元前2世纪，共复原出60余件。它们的长度一般为50厘米左右，上部的饰带中雕出神话人物，边缘饰有彩色玻璃、宝石或黄金，下部则雕出马、格里芬（鹫头飞狮）或半人半马怪等，外轮廓均为带弧度的长角形。据推测，这里可能是安息历代君王的宝库。这批象牙角杯具有希腊

土库曼斯坦出土的象牙来通杯

特色，杯壁上往往浮雕着古希腊诸神的形象，而杯角则雕成马、鹿、长着翅膀的神兽以及女神的形象。浓郁的希腊风格不禁让人联想到此前200年亚历山大大帝的那场著名远征。难道"来通"角杯的形制是从希腊带到波斯的？果然早在公元前1000年的希腊迈锡尼文明时期，就已经有牛头形的角杯，以供人们畅饮之用。

◎ 第五类：玻璃"来通"

值得指出的是，玻璃"来通"在中国未被发现，但是在欧洲、西亚和中亚地区有很多玻璃"来通"出现，而且制造技术很成熟。各种颜色的玻璃"来通"由于造型变化丰富，更显得晶莹透亮，灌入新酿造的红色葡萄酒，越发吸引人们的饮酒兴趣。当然也显现出饮酒者的品位与地位。

阿富汗贝格拉姆出土的公元1世纪玻璃带足来通杯，杯体为号角弯曲形状，头部是动物尖角，杯体下面有喇叭形圈足座支撑，这种玻璃来通的功能与别的来通功能是一样的。佳士得拍品

曾有一件公元1世纪的罗马玻璃来通。美国康宁玻璃博物馆收藏有一件公元1世纪的罗马玻璃来通。大英博物馆收藏有一件英国埃塞克斯出土的公元7世纪盎格鲁—撒克逊人来通杯。

印欧人的文明之河从两河流域泛滥开来，无论是埃及、希腊，还是波斯都逃不过从这里开端的文明洪流——无论他们自己是多么骄傲自负且物质强大。来通杯就是一个很好的实物例证，出土文物中古希腊和古波斯都有这样的杯子。制式也非常相似。

阿富汗贝格拉姆出土公元1世
纪玻璃带足来通杯

公元1世纪罗马玻璃来通
（美国康宁玻璃博物馆藏）

公元1世纪罗马玻璃来通
（佳士得拍品）

英国埃塞克斯出土公元7世纪盎格鲁-撒克逊
人来通杯
（大英博物馆藏）

不过有一点微小的差别，似乎希腊人更热衷于头部偏写实的风格，这与他们的雕塑艺术一脉相承。而波斯人的作品多了些抽象化的形象提炼——曲线脸的狮子以及平面图形直接升级成三维的形象。

遍观世界可以观察到，从阿契米德时代到安息时代再到萨珊时代，来通的造型越来越艺术化。萨珊波斯文化的特点是在器身上模塑人像，来通器身上不仅装饰有骑马人像，还装饰妇女像。伦敦大英博物馆收藏的一件釉陶器，也在器身上模塑出王者像与妇女像，其下部且有兽首和泄水孔，应属来通的又一形制。据专家考证，此来通上的王者像是沙普尔一世，而妇女像则是女神娜娜（Nana）。娜娜本是两河流域的女神，这时已经与波斯女神阿尔美蒂（Armaiti）合而为一，对她的信仰已东渐至中亚贵霜和粟特。鉴于器身上同时出现女神像和国王像的情况，可知此型来通不仅在宗教仪式中用于灌奠，同时还应包含崇拜君主的用意。

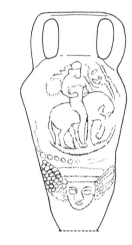

萨珊波斯釉陶来通线图

更值得注意的是，我国新疆地区也曾发现人像来通。圣彼得堡爱尔米塔什博物馆于1896年入藏一件和田出土的陶来通，其两端微残，器身上陶塑出长胡须人像。新疆阿图什市阿扎克乡也发现女首牛头来通，这件来通保存状况良好，下部的牛首和底端的泄水孔均完整无损，造型的意匠显然是由萨珊经中亚传来的，所以新疆当地专家判断是唐代的。1976年在于阗国都约特干遗址又发现了两件略有残缺的陶来通，其中一件人首牛头来通与俄罗斯收藏的基本相同。另一件有人说是印度人像，也有人说是丝路上过往的客商之像，更有人猜测是佛教法器。孙机认为以萨珊波斯之例，这种长须人像应该表示当时的于阗国王，而非

萨珊波斯王者与女神像
釉陶来通线图
（大英博物馆藏）

197

其他，来通肯定不是佛教的法器。

公元4世纪以前"来通"在中国内地没有见过，大约它未曾随着希腊化艺术自和田继续向东传播。然而，6世纪以后式样不同的另一种"来通"在中原地区出现了。例如大英博物馆藏白瓷狮兽首杯，西安南郊唐墓出土的三彩象首杯，洛阳出土的龙首杯等，它们均未留泄流孔，虽然外轮廓仍与来通相仿，但实际上已成为杯了。来通造型在中国逐渐向杯形器转化，适应了"华化"的需要，原来西域人那种用"来通"饮酒的姿势，即饮者须仰起脖子承接自上方流注而泄下之姿势，已经开始改变了。外来使用来通饮酒方式与中国传统用杯饮酒的习惯大不相同。唐代来通向中国式杯形器的转化应该在7世纪后期已经完成。8世纪以后，随着三彩陶器的衰落，来通类器物渐渐少了。后世

新疆阿图什市阿扎克乡发现　　　　　　新疆和田县约特干遗址出土
　唐代女首牛头来通　　　　　　　　　唐代人首牛头来通

偶尔作为特殊工艺品少量仿制，实际上和来通的亲缘关系已经迷失在历史烟云之中了。

通过上述来通造型和传播的情况，不难看出何家村镶金兽首玛瑙杯的形制与以上诸例均有所不同。对比分析中西资料，有助于探讨何家村玛瑙杯的造型渊源、产地和制作时间等问题。欧亚大陆早期崛起的大国有不少来通实物存世，在其他器物的刻纹中也出现过来通的形象，例如日本正仓院皇室收藏的一件唐代漆胡樽角杯，下部的小口微微上翘，据说适用于马上或骆驼上携带。大量的来通实物向人们提供了更为丰富的信息。

回过来再看何家村的兽首玛瑙杯，则可知此来通既有极为逼真而传神的波斯样式，又糅合了粟特样式艺术上的夸张成分，制作的年代约为6世纪后期至7世纪前期。仅从高鼻羚羊或是长角

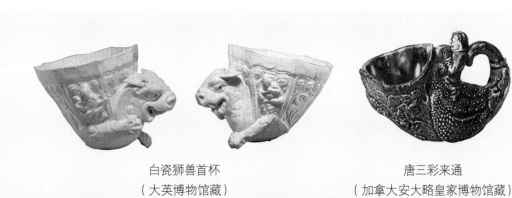

白瓷狮兽首杯
（大英博物馆藏）

唐三彩来通
（加拿大安大略皇家博物馆藏）

漆胡樽角杯（日本正仓院藏）

唐李寿墓石椁内壁侍女持来通线刻图
（采自孙机《仰观集》）

羚牛来看，究竟是萨珊的还是粟特的产品，目前尚难以断定。像何家村玛瑙杯这样罕见的、在东西方古文明相碰撞的火花中诞生的重要文物，研究者们对其渊源、年代、产地等问题有不同的看法和认识是很正常的，我们应秉持包容的态度。

不过，何家村玛瑙兽首杯这类器物在中国的演变历程中产生了白瓷狮首杯、白瓷牛首杯等物，始终保持着角形器的外貌，只是底端没有出孔口流酒。文物专家们对其相对年代大体上都能作出判断。因此，完全可以将"来通"纳入我国考古建立的古器物发展谱系的框架中。唐李寿墓石椁内壁线刻画上就有侍女手持"来通"的图像。所以，研究中国发现的"来通"类器物，不仅是探讨中西文化交流的需要，而且在一定程度上也对亚洲文物的交流提供了重要的鉴定参考或者依据。

三 饮酒姿态："来通"造型艺术与贵族使用风范

◎ 镀金兽首玛瑙杯的"身世"之谜

玛瑙酒杯、六曲长杯等在唐人的宴会上经常使用，但都是达官贵人家中才有，光泽瑰丽的玛瑙杯不仅显示出玉质酒具的奢华，更是贵族身份的象征。如果说兽首玛瑙酒杯这件国宝象征着财富和权力，很可能是中亚或西亚的一个国家进奉唐朝的国礼，意义非同一般，是东西方文明交流的重要见证。

从史书记载上看，玛瑙材质的物品在中古时期往往都是贡品。《北史·西域传》也记载隋炀帝时，曾派遣侍御史韦节、司隶从事杜行满出使到"西蕃诸国，至罽宾得玛瑙杯，王舍城得佛经，史国得十舞女、狮子皮、火鼠毛而还"。唐代与各国交往更加频繁，朝贡品既是互通友好的象征，又是皇家贵族垂涎喜爱的礼品。《旧唐书·高宗纪上》记载永徽五年"十二月癸丑，倭国献琥珀、玛瑙，琥珀大如斗，玛瑙大如五斗器"。《旧唐书·波斯传》记载天宝六载"四月，遣使献玛瑙床"。《旧唐书·拂菻传》记载拜占庭帝国本土"多金银奇宝，有夜光璧、明月珠、骇鸡犀、大贝、砗磲、玛瑙、孔翠、珊瑚、琥珀，凡西域诸珍异多出其国"。唐代诗人卢纶《栖岩寺隋文帝马脑盏歌》曰："天宫宝器隋朝物，锁在金函比金骨。开函捧之光乃发，阿修罗王掌中月；五云如拳轻复浓，昔曾噀酒今藏龙；规形环影相透彻，乱雪繁花千重万。可怜贞质无今古，可叹隋陵一抔土。"可见我国自古以来，作为贡品的玛瑙，一直是人们梦寐以求的瑰宝。杜甫《韦讽录事宅观曹将军画马图》诗中曾赞叹"内府殷红玛瑙盘，婕仔传诏才人索"，这是唐初以来"人间珍宝"，说明当时人们对玛瑙杯盏类高档酒具的崇尚与渴慕。

隋唐时期由于国力强盛，文化发达，经济繁荣，特别是丝绸之路的贯通，与西域各国的经济文化交流十分活跃。国都长安更是闻名欧亚大陆的大都市，商贾、使臣往来频繁，艺人、工匠云集荟萃。因此，何家村窖藏中出现带有浓厚异域特征的金银器物也不足为奇。早在魏晋南北朝时期，中国和波斯间的友好往来就较为频繁，如北魏时期，波斯使臣到中国达数十次之多，给北魏皇帝带来的礼品，有珍贵宝物、驯象等。隋唐以后与波斯萨珊王朝（224—651）的贸易往来、文化交流均达到空前水平。中国的物产丝绸、药材、纸张等运往波斯，而波斯特有的金银器、香料、宝石、玻璃器等大量进入中国。也正是在这个时候，兽首玛瑙来通杯这种新型的实用器皿开始进入长安这样的大都市。2000年，西安北郊考古发现的**北周安伽墓**石屏上，就有胡人首领萨宝坐在帐篷里手拿角杯聚会的场景。曾经有人推测突厥人与粟特人结盟时往往爱用角形"来通"举行结盟仪式，真正欢庆宴会时则用大酒碗——金叵罗来表示豪饮的英雄气概。

自古以来，西亚阿拉伯人有着琢玉的传统，其琢玉技法与汉族玉匠明显不同。无论是开元六年（718）康国（今乌兹别克斯坦撒马尔罕）遣特使献给唐玄宗的一只玛瑙杯，还是天宝六载（747）波斯遣使进献的玛瑙床，都说明兽首玛瑙杯有着作为中亚或西亚进献礼品的可能。

有的学者坚信唐朝工匠也能制作"来通"或玛瑙杯子，但是即使在制作过程中模仿了西域金银杯的造型，中国的花纹风格也还是会流露出来的。四川邛崃窑址出土唐代胡人抱"来通"酒杯的陶俑，说明巴蜀之地也曾受外来酒器的影响。如果何家村兽首玛瑙杯制作者真是中国唐朝皇家的工匠，那就是说唐朝艺术工匠雕刻工艺之精良可与同时期拜占庭、波斯以及中亚粟特诸国相媲美。

唐朝与西域往来频繁，在当时的长安，穿胡服、用胡器，成了一种潮流。《旧唐书·舆服志》记载："开元来……太常乐尚胡曲，贵人御馔，尽供胡食，士女皆竟衣胡服。"胡人风尚可谓弥漫于社会生活的方方面面。何家村兽首玛瑙杯，不仅所用材质世所罕见，同时也是目前发现唐代玉器中做工最精湛的一件，实属海内仅有的

四川邛崃窑址出土唐三彩胡人抱角杯

孤品。再联系到与其一同发现的千余件窖藏的精美金银器、宝石、货币、名贵药材等，它的制作年代很显然当在公元6—7世纪，它原来主人的身份、地位一定极为显赫，并且极有可能是皇族。

那么，它的主人到底是谁呢？谁能拥有镶金兽首玛瑙杯这样的瑰宝呢？千古之谜总会给后人留下无尽遐想。

自何家村窖藏珍宝出土后，为其寻找主人的工作就始终没有停止过。主流意见认为，这些珍宝或许是安史之乱时期，安史叛军攻入长安，慌乱逃亡中有贵族高门将自家珍宝埋入地下，想等到社会稳定时再返回取出，可惜大乱后家散人亡已经没机会了，从而给后世留下了考古发现的机会。

考古、历史、文物、科技等各方面的专家都想破解这个谜，试图还原何家村这批珍宝埋藏地点的历史风貌，于是提出了多条线索。首先寻找答案的重要线索就是何家村在唐代长安属于兴化坊，往北过两坊即皇城，东面隔一坊为朱雀大街，西北跨一步即是西市。在盛唐时期，兴化坊的周边正是皇族贵戚和高门望族居住的黄金地带。查阅唐代韦述《两京新记》，曾在兴化坊居住过的达官显贵，首先映入眼帘的显赫人物是邠王李守礼，他就居住在兴化坊西门之北，是当时的高档小区，不仅距离国际商城西市很近，而且策马扬鞭离皇城也不远。

李守礼又是谁呢？他就是备受世人惋惜的章怀太子李贤之子。当初，李贤因受到母亲武则天的怀疑，由皇太子废为庶人，32岁时被迫自杀。李守礼是李贤的第二个儿子。因为父亲的原因，李守礼也被幽禁了十多年。唐中宗李显死后，他又被封为王。从幽禁多年的生活解脱后，李守礼生活放纵，尽情享受，挥霍无度，即使经济窘迫常常负债也无所谓，因为唐玄宗是他的堂兄弟，有后台撑着。邠王李守礼宅邸就在兴化坊中部偏西南部位，与发现何家村窖藏珍宝的位置很吻合。因此，大多数人都推测邠王李守礼就是珍宝的主人，他的家人在危急中仓皇外逃时埋下珍宝。但是考古人员在窖藏珍宝中还发现了大量唐德宗时期的物品，而此时李守礼早已去世多年。看来，贸然判定何家村窖藏珍宝的主人就是邠王李守礼，确实有不少疑点，未能一锤定音。

也有学者认为何家村窖藏遗址位置不在邠王府，窖藏主人另有他人。北京大学考古系教授齐东方以《太平广记》卷四八六引薛调撰《无双传》为依据，认为何家村窖藏珍宝的主人可能是租庸使刘震。刘震于唐德宗时期担任尚书租庸使一职，其职责是专门征收租庸调，有点像后世的税务局局长角色。而窖藏文物中有文字书写的"庸调"银饼，他替皇家掌管贡品和财富库存，自然有机会接触到大量的皇家物品。唐德宗建中四年（783）十月，准备调往淮西前线平叛的泾原兵马途经长安时，因为没有得到朝廷银饷，士兵发生了哗变，唐德宗仓皇出逃到了奉天（今陕西乾县）。刘震一看也打算出逃，他让外甥王仙客押运"金银罗锦二十驼"出开远门，约定在城外见面。不料城内大乱，叛军占据宫殿与城门要道，刘震只得折返回家中，将随身携带的这些珍宝匆匆埋藏。这也就是为什么何家村珍宝的埋藏明显没有经过任何修饰，似乎是在慌乱之中埋藏的原因。不久，唐军平定了叛乱又回到了长安，刘震夫妇因投降叛军而被朝廷处死。从此，埋藏在地下的这批珍宝永远无人知晓了，直到千年之后被人们偶然发现。但是这个推测依据的是笔记小说，史书无载，疑点丛生，不能完全令人信服。

何家村丰富的珍宝有着多源性和复杂性，有东罗马金币、萨珊银币和大量没有使用过的金银钱币，有进贡上交或是作为礼品的波斯风格金银器皿，有器物入库的物品记录文字，有成套的药物和药具，还有兽首玛瑙杯和水晶八曲长杯、白玉杯、玻璃杯等，并不像仓促紧迫埋藏，反而像是有计划有准备地按照不同渠道集中埋入的。

◎ "来通"酒杯的用法

最后要介绍给大家的是，"来通"作为酒杯是怎么使用的呢？这是很多人都关心的问题，我们结合中外文物图像做一解答，重新勾起历史的记忆。

意大利罗马赫库兰尼姆古城私宅1世纪壁画，富人夫妇手持银来通宴饮，半卧躺在榻上的男子高擎"来通"，来通前下部牛头有吸管流入饮者口中，显示了来通的用法。

罗马庞贝遗址中私人宅邸壁画里遗留有萨提尔宴饮图。出土于特里同和涅里伊德（Triton and Nereid）的公元1世纪罗马人马赛克地板画，夫妻同坐，男子手持来通状器。

维也纳艺术史博物馆收藏的公元前390年希腊彩陶画上，显示有地位的男子高举来通饮酒的情状，这是当时贵族用"来通"的"范儿"。公元前325—前300年古希腊彩绘壁画，一群妇女持来通举行宴会。克利夫兰艺术博物馆藏银杯纹饰中，持来通饮酒者单腿跪地，将来通举至嘴前面，似乎正在宗教仪式上礼敬神明。

从旁遮普银盘纹饰中持来通饮酒者，可看出饮酒的人竖立起来通杯从上向下流，并有吸管通往饮酒者嘴中。俄罗斯圣彼得堡博物馆收藏的粟特康国片吉肯特遗址公元8世纪粟特（索格狄亚那）壁画中，也有贵族富商们手持来通饮酒的样子。

从上层贵族的饮酒到下

意大利罗马赫库兰尼姆古城私宅1世纪壁画，富人夫妇手持银来通宴饮

罗马庞贝壁画萨提尔宴饮图　　　　　公元前1世纪罗马人马赛克地板画

层民众的喝酒，其喝法都有身份的象征性。

　　美国波士顿艺术博物馆所藏传安阳出土的北齐画像石上，刻出了一群粟特人节日时聚坐在葡萄架下饮酒的场面。为首者手擎牛首来通杯，可以作为饮酒时使用来通酒杯的有力佐证。这种来

公元前4世纪希腊陶瓶展开图

公元前325—前300年古希腊彩绘壁画，一群妇女持来通宴饮

中亚片吉肯特粟特贵族持来通壁画

通的杯身挺直，倾杯畅饮时甚至可以将角杯翻转，使兽首朝上、器口朝下。从擎杯的姿势看，饮酒的方式都是擎举"来通"使酒自上而下流入饮者的嘴里。日本正仓院所藏金银平文琴上展现的胡人饮酒姿势也是如此，显然他们拿的是日本皇室收藏的那类角

旁遮普银盘纹饰中持来通饮酒者（采自孙机《仰观集》线描图）

克利夫兰艺术博物馆藏银杯纹饰中持来通饮酒者线描图（采自孙机《仰观集》）

安阳北齐胡人擎举来通饮酒画像石线描图（美国波士顿艺术博物馆藏，采自孙机《仰观集》）

公元814年金银平文琴，胡人持来通饮酒（日本正仓院藏）

杯。我们以图为例，不难看出来自遥远西方和中亚的饮酒习俗传入东亚后的变与不变，也许这就是"以图证史""用图明史"的魅力吧。

四　酒后尾声　置杯小结

角杯的起源可以追溯到人类最初的文明。一开始，它可能就是动物的角制成的杯子，人们以此献酒来表达对神的敬意。后来角杯在各文明间传递，从美索不达米亚到希腊、波斯、粟特，最后来到了中国，角杯的材质也从动物角扩大到青铜、金银、象牙、玛瑙、玻璃等。角杯"来通"造型也由早期地中海地区的平卧型演变为波斯地区的竖立型，硕大的"来通"是拜神的"圣物"礼器，玲珑精美小的"来通"则是实用器，明白这样一条交流线索和文化脉络，何家村兽首玛瑙杯的谱系才能一目了然、清清楚楚。千百年的发明，几万里的传播，这只小小的兽首玛瑙杯上承载了一部人类文明的发展交往史。它曾经出现在一场场肃穆的祭祀上，又出现在一场场喧闹的宴席上；它曾经目睹了不同时代人们的欢聚宴会、醉生梦死，也曾经铭记了一个个喜怒哀乐、悲欢离合的难忘瞬间。

今天，这件镶金兽首玛瑙杯不仅已成为陕西历史博物馆的镇馆之宝，也不仅是何家村玉器当中最为精美的一件，它已然是唐代玉器中最具代表性的杰作，更是唐代中西方文明交流融汇的见证。它给我们打开了掩埋地下遗产宝藏的交流大门，让我们捕捉到异域而来的悠悠古韵，为我们注入了一份独家记忆。

画中市井
——玄机四伏的《清明上河图》

余 辉（故宫博物院）

北宋张择端的《清明上河图》卷（以下简称《清》卷），是中国十大传世名画之一，国宝级文物。绢本设色，纵24.8厘米、横528.7厘米，收藏于故宫博物院，是绘画史上最著名的风俗画，汇集了人物、树石、动物、**界画**等画科的艺术成就。

以表面的视觉感受，可以确定《清》卷的主题是表现北宋开封清明节期间发达的商贸、繁荣的街肆和兴旺的漕运等景象，犹如12世纪的"嘉年华"。如果我们穿越到张择端绘制该图的时代，以图像考据的方式，细细探究画中出现的一些关键性图像与历史文献的内在联系，那么，会有一个惊人的发现，会让我们重新感悟这幅画曾经承载过的沉重的历史重任！

一 东京汴梁开封城

要想欣赏《清》卷，首先得了解它诞生的社会背景。《清》卷画的是北宋开封城。汴梁开封城是七朝都城。最早是战国魏惠王在此建立魏国国都大梁，后来在战乱中被毁。隋代称汴州，隋炀帝杨广在此开凿了通济渠，由泗水经汴州流入淮河，成为中原地区的水路交通枢纽。唐代在此设节度使，784年，唐德宗又在此置军队十万,开封成为中原的军事重镇、大唐的东屏。更重要的是,由于通济渠作为贯通东西南北的交通大动脉,满足了开封的军需和商贸需求,使得这里成为和洛阳并峙的商贸中心。宣武军节度使朱温建立了后梁,定都于此,将汴州设为开封府,此后的后晋、后汉、后周、北宋、金朝均在此建都。

◎ 北宋的开封城

北宋开封城是当时世界上最大的城市,新旧城共有8厢120坊,居民达10万户,加上驻防的军队共有137万人。百姓们去掉了街与街之间的栅栏,打通墙壁改成店铺,开封城成为"坊市合

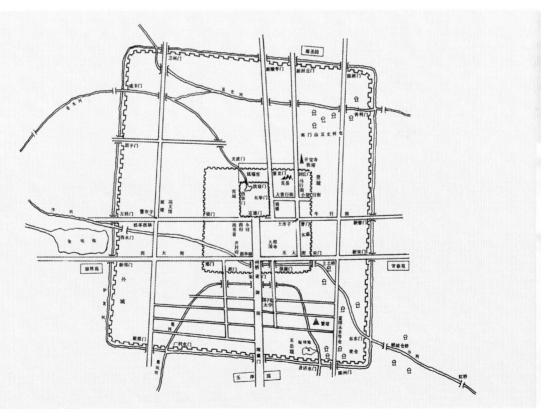

根据考古发掘绘制的北宋东京开封地图(来自周宝珠《宋代东京研究》)

一"的开放性大都市了。北宋是当时世界上最富庶的国家，年税收最高达到1.6亿贯，合今人民币2080亿元，开封是其中最繁荣的城市。

◎ 繁华都市里的城市经济

北宋灭亡后，一个叫孟元老的人离开东京开封南渡，避地江南之时写了一本回忆开封的札记《东京梦华录》，所记述的市民生活就是《清》卷的社会背景。开封城作为大都城，它最关键的变化是在北宋初期开始有了夜市。五代以前，所有城市的店铺在天黑之前必须关门，实行宵禁。到了后周末至北宋初，由于开封是一个水陆交通的大枢纽，南来北往的货物在这里集散，白天做不完的生意就会拖延，最后拖到子时。等天蒙蒙亮，摆早摊的又出来了……

夜市的出现是中国商业史上非常重要的革命，它带来了许多娱乐、服务行业的新发展，甚至连皇室也关注酒肆茶馆里百姓的艺术趣味，"太祖阅蜀宫画图，问其所用，曰：'以奉主人尔。'太祖曰：'独觉孰若使众观邪！'于是以赐东华门茶肆"。（北宋陈师道《后山丛谈》卷五）宋太祖看到宫里藏的西蜀绘画，觉得应该让老百姓欣赏，就赐给了东华门外的茶馆。北宋初年，商家们在街肆里开设了茶坊，挂起了图画，招揽茶客，世俗百姓模仿文人士夫在斋室里的饮茶方式，在茶肆里会友、娱乐到深夜。

百姓的娱乐活动主要是各种说唱艺术，由于市井夜生活的延长，在客观上要求增加艺术作品的长度和表述生活情节的精细度，这推进了北宋俗讲文学的发展，特别是出现了从唐代俗讲和变文演化而来的话本小说。讲述故事的"说话人"演说那些现实性很强的城市生活题材，也涉及灵怪、传奇、公案、神仙、妖术等方面的内容，历史故事发展成长篇"评话"，情节跌宕起伏、故事脍炙人口，成为明清章回小说的始祖。如《大唐三藏取经诗

街肆一隅的说书人

话》《五代史平话》等许多评话本子，其故事内容波澜起伏，情
节曲折动人，说话人连演数夜不止。在汴京勾栏瓦子里，也上演
了情节复杂的长篇杂剧，演出者多达四五人，并出现了明星挂牌
演出，如李师师、张七七等；每天表演数十个戏曲节目，常常是
"每日五更头回小杂剧，差晚看不及矣"（南宋孟元老《东京梦
华录》卷五《京瓦伎艺》），几乎达到了通宵都应接不暇的程度。
在北宋后期的艺术表现形式上，还出现了另一个突出的现象，即
以辛辣的手法讽刺现实社会中的弊病。

到了白天，消费的去处就更多了，当时的商业活动已经形成
了定点化、行业化和规模化的特点，出现了医药、器皿、茶室、
酒店、票行、牙行、典当、赌局、占卜、车行、运输等行业。这
些行业为张择端打开了一扇扇活生生的社会窗口。我们在画中看
到各式各样的行人，如文武官员、士子、兵卒、牙人（即中间
商）、贩夫、船工、工匠、车夫、力夫、村夫、流民、丐童等各色
人等，不下几十种。这些人向艺术家展露了城市生活的各种表情。

◎ 小中见大的《清》卷

许多人对"上河"不太理解，其实这个词我们现在还在用，只不过不说"上河"了，但还说"上车""上桥""上船"等，"上"实际是一个动词。所以"清明上河"就是说在清明时节，大家上河，即到河的堤岸上去、到桥上去，去看春天的景致。《清》卷表现的就是清明节的春天景色，画中出现踏青归来的人马，街头卖纸马的店铺，还有当时开封百姓要在清明节里吃的面食**枣锢**。

枣锢

这是一种发面饼，上面嵌着一些大枣。

张择端《清》卷的成功，是由许多前代画家做了种种艺术铺垫，到了张择端的时代终于达到了艺术高潮。例如，画中的场面非常大，人物有810多人，这是借鉴了宗教绘画的成就。当时开封城的大相国寺和玉清昭应宫，都画有大量的宗教壁画，其中的人物场景是很宏大的，如武宗元的《朝元仙仗图》就是一个大场景中的片段。张择端其实是借鉴了宗教画里的大场景。《清》卷的场景大了，里面的人和物就得压缩、变小，否则没有办法画下那么大的场景。

在此之前，北宋已经有了相当成熟的、可称为"微画"的技艺。就是在很小幅的画面上，能够画很多很小的动物或人物。比如北宋的宫廷画家马贲，擅长画百雁、百猿、百马、百牛、百

清明节开封特有的食品枣锢

羊、百鹿。在不太大的画面上能画上百只同类的动物，这些动物的描绘不是简单的罗列，而必须要有组合、有铺垫、有高潮、有收尾，甚至还有一些情节。如文人画家李公麟《临韦偃牧放图》

北宋武宗元《朝元仙仗图》卷（部分）

北宋李公麟《临韦偃牧放图》卷（部分）

卷（故宫博物院藏）的关键之处，在于整体把握由1200多匹马和140余人构成的画面气势，比如人物的进场，人、马的聚散和离合，等等，形成了一个个非常鲜明的动势。在当时，这是检验画家艺术能力的一个基本标准。

二 《清》卷的时间刻度在哪里？

《清》卷到底绘于何时？这要通过查验画中出现的有时间刻度的事物来综合判定。

妇女的衣冠服饰是变化最快的，时间刻度比较细，画中有不到十位妇女，她们穿的衣服都是宽松式的短褙子（相当于现在的外套）。根据南宋遗民徐大焯的《烬余录》记载，这种女装样式是在北宋崇宁、大观年间（1102—1110）出现的。最先穿这样衣

白沙宋墓壁画中着宽松式短褙的伎乐师（摹本）

《清》卷中穿短褙的妇女

服的人是杂剧演员，证据在绘于元符三年（1100）的白沙宋墓壁画《伎乐图》上，然后普通老百姓渐渐地也穿上了这样的衣服。这种衣服有个特点，比较短、宽松，干起活来比较方便。到了宣和、靖康年间（1119—1127），这样的衣服已经不太流行了，妇女都爱穿那种紧身的半长外套了。

城里"孙羊店"挂出了羊下水的牌价："每斤六十足"，60足就是60个铜钱不能少，旁边挂着一对羊肺，还有羊心、羊肝等。通常，羊下水的统货价是羊肉的近一半，这意味着羊肉的统货价格是120—130文左右一斤，这恰恰也是北宋崇宁初年的价格。

有两辆独轮车上盖着大苫布，上面写着草书大字，一辆正在出城，一辆在城外路口。仔细看，它本来不是苫布，原本是粘在屏风上面的书法作品。这么好的书法作品给扯下来当苫布了，一

崇宁初年的羊下水牌价

旧党人的屏风大字被撕下当作苫布

定是写字的人出事了。这就要结合北宋朝廷里的新旧党争来说了。北宋只有在崇宁初年发生了类似的事件，旧党人如苏轼、黄庭坚等被宋徽宗废黜，崇宁元年、二年，徽宗下诏让蔡京接着追查，责令把旧党人的书籍、墨迹统统都销毁，画家正是记录了此事件中的一个片段。

画中出现的多处事件和物件，都指向了崇宁年间，那么这张画的完成很可能是在崇宁中后期，差不多在1105年左右。

三 揭开尘封的历史画面

读过《清》卷尾元代李祁、明代李东阳的跋文和失而复得的邵宝跋文抄本后，我们惊奇地发现，古人在800年前就把张择端《清》卷的核心谜题彻底解开了！

◎ 元明文人早已看透了《清》卷的劝诫作用

元代的江浙儒学提举李祁认为该图"犹有忧勤惕厉之意"，他认为百姓为糊口而艰辛（"勤"），并不是好事，街头险象环生（"厉"），应该引起忧虑和警惕。他提出"宜以此图与《无逸图》并观之"。"无逸"源自《尚书·无逸》："先知稼穑之艰难，乃逸，则知小人之依。相小人，阙父母勤劳稼穑，厥子乃不知稼穑之艰难乃逸……'"《无逸》篇记载周公劝成王勿沉溺于享乐。唐开元年间（713—741），宰相宋璟借《尚书·无逸》篇告诫唐玄宗要励精图治，他抄录了该篇，并绘成《无逸图》献给唐玄宗。此后，朝廷确定了《无逸图》的规谏作用。元代李祁是第一个看出《清》卷"门道"的人，他把该图比作劝诫唐玄宗的《无逸图》。

李祁的五世孙、明代礼部尚书兼文渊阁大学士李东阳（1447—1516），平素就关注时政得失，曾多次上疏谏言，他欣赏《清》卷后的感受是"独从忧乐感兴衰"。

把《清》卷看得最透彻的明代南京礼部尚书邵宝，他曾是一个勤政怜民的地方官。当他"反复展阅"张择端在铺陈汴京城清明节商贸繁华的景象时，出乎寻常地发现了一系列使他"洞心骇目"和"触目警心"的社会问题，很自然地将日常的从政观念带到了绘画赏析中，与400年前的张择端产生共鸣。邵氏认为该图的主题是"明盛忧危之志"，画中的种种情节令人"触于目而警于心"。画家"以不言之意而绘为图"，是"溢于缣毫素绚之先"。画家在事先就进行了周密的构思。邵宝进一步发现了这个秘密，其内心是十分惊奋的！遗憾的是，《清》卷后的邵宝跋文在明末被裁去。后来刘渊临等学者在清代卞永誉《式古堂书画汇考》（吴兴蒋氏密均楼藏本）画卷十三"张择端清明上河图卷"发现了邵宝的这篇跋文。

那么，张择端是怎样以一个个连续不断的图像，揭示出徽宗朝大好风光背后的种种社会危机？

◎"虚中有实"的地方

首先要看《清》卷画的是什么地方。过去一直都说画的是汴京城的东南角、东水门一带，因为那里是汴河到汴京城的入口处，商贸活动非常热闹。仔细观察城门的牌匾，"门"字前面只点了几

城楼上的大牌匾只清楚地写了一个"门"字

寺庙不写庙名

张择端书写的牌匾字

点，说明画家有意要回避具体的城门名。

画中有一个带门钉的寺庙，牌匾上面也是点了两点。还有画中的拱桥，汴河上有十三座拱桥，到底画的是哪一座呢？桥身上没有桥名。在宋代，人们会在桥的两头建个小牌坊，牌坊上面写上桥的名字，但画中都没有。那么会不会是因为字太小，画家眼神不济，难以写清楚？当我们看到画中其他地方的大小招牌、广告，不论再小的字，画家都写得一清二楚。便知道不是画家眼神的问题，而是有特别的构思：很显然，画家不画具体的某个地方，是为了能够概括提炼出在开封城各个地方发生的一些事情，然后将它们集中到一起，让大家在这个有限的尺幅里，一下子看个明白，看个清楚，还要看得"触目警心"！

◎ 摄人魂魄的画面情节

卷首，有一队人马踏青归来，官人骑马、官太坐轿，轿顶插花，好不惬意。往前就是城乡接合部的集市，沿街有茶馆饭铺。突然，他们的一匹马受了惊，正要冲到集市里去，那可是要出人命的！当时气氛很紧张，一个老人赶紧招呼他的小孙子回屋，另一个老头吓得落荒而逃。受惊的马奔跑和嘶鸣惊扰了在小茶馆里喝茶的老百姓，他们纷纷寻声外望，一头黑驴也受了惊吓，蹦跳了起来。下面会发生些什么，就可想而知了……

受惊的官马冲向集市

　　孟元老《东京梦华录》卷三《防火》记载道：京师于高处砖砌望火楼，楼上有人卓望，下有官屋数间，还有驻屯军守在里面，一旦发现火情，马上实行扑救。开封有120个坊，每一个坊都设有一个望火楼观察火情。整个《清》卷所展示的街道绵延十里，没有一座望火楼，唯一看到的相似设施是一个砖砌高台。从高台的基础和下面的"官屋数间"来看，砖台上原本立了四个高高的柱子，顶部是一个高台。它原本应是一座望火楼，或者是与军事瞭望有关的高台建筑。眼下四根木柱被截取大半，支撑的却是凉亭，上有石桌石凳，供食客休憩，其下的两排营房变成了饭铺。

　　再往前，有一个官衙模样的建筑，在门口横七竖八地躺着八九个士兵，他们身边有两个文件箱，最近吉林大学赵里萌发现里面还有两个手持轻型枷锁的捕头。原来这是两班人马，一班是去送文件的，另一班是去捕人的，都躺着睡大觉、闲聊。院子里面有一匹白

眼下的望火楼被改成了凉亭

官衙门口的瞌睡兵

捕头

马，喂得饱饱的，也躺在地上。他们的长官还在屋里睡着呢！从这里可以看出北宋冗官、冗兵、冗费的恶果是懒惰和消极。

再往前走，汴河上停泊着许多很大的运粮漕船。过去都说，大量的运粮漕船到了汴京，表现了当时汴河的繁忙和兴盛。其实繁荣的背后，正隐藏着深刻的粮食危机。这些不是官船，都是私家的粮船。北宋太宗朝就立下了规矩，朝廷必须掌控京畿要地的粮食，私粮不得入内。过去，私家粮贩只能在京城外远远地兜售少量补充调剂用的粮食，无法跻身汴京城里的市场。眼下却有大量的私家粮船涌入，粮贩在吆三喝四地指挥着民工把粮食运到街道里巷的私仓里，准备囤货居奇，果然，到了宣和四年（1122），京城粮价涨到每石2500文至3000文（《宋史》卷183《食货志》），比平常涨了四倍！

怎么发现这是私粮呢？因为官粮必须要有官员在场，士兵持械护卫，在其他画面上可以看到，在运输官粮的时候，都有军人

私家漕粮纷纷运抵京师并囤积起来

在前后押送。《清》卷中所有的粮船，没有一个官员或军人看守。

画中的高潮在拱桥上下，充分表现了画家对事物敏锐的观察力和生动的表现力。桥下一条大客船突然发生了险情，它的桅杆将要撞上桥帮。怎么会发生这样的险情呢？按常理，在离虹桥一定远的地方，官员应该安排人员值守，提醒纤夫停止拉纤、放下桅杆，以免桅杆撞上桥帮。但这些岗职都没有了，埋头拉纤的纤夫一直把船拉到桥跟前还不知道，幸亏桥上的人发现这个险情，赶紧叫停船，等船工发现，已经是"火烧眉毛"了。一个机警的船工拿起一个长杆，死死顶住桥帮，让船暂时过不去，使其他伙计有足够的时间把桅杆放下来。这个时候，船上、桥上和周围的老百姓，都为这条船的命运捏着一把汗。从画面上看，似乎要转危为安了。

一波未平一波又起，桥上更是险象环生，桥上拥挤的人群，完全是两边占道经营造成的。桥的两头分别过来一文官、一武将，他们的马弁护卫彼此争吵，互不相让，乱成一团。画家把当

船桥即将相撞的刹那间　　　　　　　　　桥上互不相让的官员

时的各种矛盾交织在桥上和桥下，揭示了北宋后期官员不作为所
造成的尖锐社会矛盾。

　　城门洞开更是让人震惊不已。城门口没有一个士兵在看守，
貌似域外的骆驼商队长驱直入、扬长而去，也无人盘查，国都成

毫不设防的开封城门

了一个不设防的城市。再看城墙，是用泥土夯出来的，上面已经疏松了，长了很粗的杂树，由于年久失修，塌陷严重。

高税收引发的争执。我们在明清两朝的《清》卷里都可以看到进城门的第一个建筑是城防机关，但在北宋的《清》卷里，进城的第一站却是税务所，意味着政府更关注的是获取更多的税收。画家特别画了为纺织品税额争吵的场景。纺织品的税收在宋代是最高的，最容易激起矛盾。大概画中的税务官指着大麻包说出了一个数，一个货主听了不禁张大了嘴，一副惊恐的模样，另一个物主赶紧拿着单子辩解，税额高得使他们无法承担，发生了争执。北宋爆发的许多次农民起义，主要就是税收过高引起的。

城门口内的场务高税

◎ **张择端的讽刺与幽默**

城里最热闹的去处是"孙记正店"，"正店"是政府授权酿酒的大店，它的旁边是一个军巡铺（相当于消防站），地上放着

消防站被改作军酒转运站　　　　　　急速赶来运酒的军车

很多储水桶。眼下这里变成了军酒转运站，运送的就是这家"孙记正店"酿造的美酒，原先用来装消防用水的大木桶正好用来装酒。画中还画了一种消防工具叫麻搭，就是一根竹竿前面绑一个圆圈，据《东京梦华录·防火》载，麻搭的圆圈上必须缠绕着两斤麻绳，消防兵拿它蘸上泥浆去灭火。然而眼前的麻搭没有按要求捆上麻绳，而是闲置一边。显然，这个消防站已经失去了它原有的功能。

铺里有几个士兵在拉弓箭，整个《清》卷里面出现的士兵，只有这三个人最精神，他们在运酒前检查武器，按惯例拉拉弓，紧紧护腕，系系腰带，防止遇到打劫时拉不开弓。在他们不远处有两辆四拉骡车，每辆车上装着四只用于封桶的牛皮口袋。骡车正风驰电掣地急转过来，由于速度过快，惊吓了路人。画家以狡黠的黑色幽默辛辣地讽刺了这些馋酒的禁军官兵。

"侵街"痼疾日益严重。街道两侧屋檐大量加建雨搭，或从平房伸展出遮阳篷等辅助性建筑，在其下开设买卖。房主不断得

官员的建筑不断占据街道

寸进尺，构成了北宋几朝都无法解决的"侵街"痼疾，造成交通拥挤、消防通道堵塞的恶果，且愈演愈烈。商铺甚至云集到拱桥上，堵塞桥面通行，造成险象环生的局面。城门口亦拥堵不堪，无人管理，以至于有人当街举行祭拜"路神"的仪式。画家在卷尾揭示了侵街的根源：设有门屋的品官之家（据《宋会要辑稿·舆服》记载"非品官，毋得起门屋"）开设了一家旅店，挂起"久住王员外家"等招牌，门外搭建的凉棚层层向街中心递进，还有遮阳伞、广告牌向道路中延伸，这里面深藏着朝廷大员们的私利，迫使朝廷默许。

◎ 鲜明的贫富之差

北宋摆不正的天平——贫富巨差。《清》卷中绘有810多个人物，每一个人都有自己的身份、职业，他们苦乐不均。据程民生的《宋代物价研究》得知，北宋劳动力的价格是每人每天10文钱至300文钱不等，崇宁年间一个抄书匠的收入是每天约

合116文钱，在码头扛一天大包也就300文钱左右。北宋财政吃紧时，实行卖官制，庆历年间乌纱帽的价格是九品官主簿、县尉值6000贯，八品殿值1万贯。就北宋官员的收入而言：正一品官的月俸是120贯加150石米，每年外加20匹绫、1匹罗、50两绵；从九品官的月俸钱是8贯加5石米，每年外加绵12两。宋代官员的俸禄达到中国历史上的高峰，是清代官员的2倍至6倍，加剧了宋代贫富差别的极度分化，潜藏着一定的社会危机和诸多隐患。画家在"游学京师"期间，想必生活在社会底层，使他熟悉并同情底层百姓的劳动生活。画家最关注的是船夫、车夫、纤夫、轿夫、马夫、挑夫、伙夫等苦力们艰辛的劳作场面，还有商业买卖中的普通人群，如酒保、摊贩、伙计、牙人等为生计而奔波劳累的情景，对他们都寄予了一定的同情。底层百姓们虽然生活得十分艰辛，但彼此相见时，均十分热情地打着招呼。

画家从卷首开始就注重表现贫富对比，困顿的出行者和踏青

百姓相遇，招呼频频

平民出城

橹工之累

返城的欢快贵族，街边的饿汉与酒楼里的"饕餮"一族，河边卖力的纤夫与车轿里的富翁和骑马的官宦子弟，喝酒喝出病的富人与饥渴难耐的穷人，等等，形成了鲜明而强烈的反差。

画中较多地描绘了破产农民到汴京谋生的细腻情景：饥民们纷纷进城寻找打短工的机会，成为城市流民，他们单挑着一个行李卷或箩筐游走在大街小巷。卷首茶铺门口站立一个找不到活计的流民，他原是准备帮人家挑东西挣点钱的，可到晌午了，在茶水铺门口，他脱光了上身也摸不出一个铜板，当时的茶水也就一个铜板一碗。

北宋开封城百姓的用餐习俗起先是一日两餐，由于商业运转的时间加长和社会物质不断丰富，在真宗朝以后，逐渐改为一日三餐了。忙归忙，生活享受不能没有。我们每天吃的炒菜，其实就是在宋代形成的，菜的口味更加鲜美。午餐这一顿对开封人来说正是在最忙时候的享受。画中可以看到送"外卖"的，说明当时商业运转的节奏加快了，一些商人在中午都离不开铺子，要等人送饭来。有一个送"外卖"的伙计，他能一手拿两个碗，奔跑而去。有的叫"外卖"的比较讲究，要吃热乎的，一个半大孩子送"外卖"时还搭上一个明炉，沉重的明炉迫使他必须将身体倾向另

纤夫之苦

修车的木工

十千脚店里的食客

找不到活干的流民掏不出一文茶钱

这个送外卖的小哥已是熟练工种了

外卖小哥代租明炉

流浪的丐童讨到一文钱

一侧。在平桥上，三个年幼的乞丐缠着看春景的文人，一个文人模样的人嫌他脏，拿出一个铜板远远地递给了他。一个铜板在当时能买什么呢？只能买半个馍馍或一碗豆浆。画家捕捉不同身份人物的细节和心态，可谓成功之至。

再看看有钱的"大佬"。在城门外，有一个拿着祷文的富翁，他的仆人正当街宰杀黄羊，他在请路神保佑家里的贵客能够平安回去。当时，最贵的肉类就是黄羊肉。在十千脚店里，已是杯盘狼藉，孙记正店楼上的三个窗户里都有人影在晃动，或对饮、或休闲。在这些高档店里，一定能喝到东京最好、最贵的酒：八十

富豪雇人杀黄羊祭路神送客

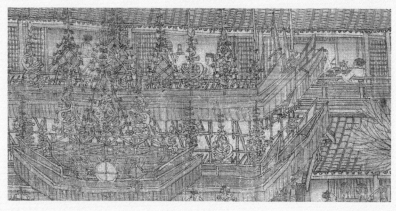

孙记正店雅间里的享乐者

文一角的羊羔酒和七十二文一角的银瓶酒，在这里大快朵颐一场，光酒钱，一个人至少要花掉大半贯！

◎ "问命""问道""问病"

画家林林总总地把社会危机和痼疾展示了出来，到最后，就该有一个内涵深刻的收笔了，他接连发出三问：问命，问道，问病。这非常符合张择端本人的身份，一个宫廷画家，不可能拿出什么治国良方，但是他困惑，他希望看到的这些危机现象能有人管管！

问命。在医铺对面，画家画了一个算命铺，外面挂了一个"解"字招牌，一群穿戴、年纪差不多的人虔诚地围着一个算命的老者。算命的老者拿着扇子，扬着头，在挨个说着什么。北宋

问命

问道

的开封城算命是最兴盛的，清明节过后的两个星期，就是每三年一次的进士考试。画家画了这个问命的场景，表达了他对未来社会的担忧，不知煌煌大宋之茫茫前程……

问道。在医铺旁的官宅门口，一个乡下男子手里拿着点心匣子，正在向官宅的守门人打探去路，守门人在指点路径。画家表达了希望能有人指点治理天下的迷津。

问病。在结尾的地方有这样一个情景：两个妇人带着孩子，到一家名为"赵太丞家"的医铺求医，也许是这两个妇人的丈夫昨天对饮后大醉，把家里闹得狼狈不堪，太医夫人在安慰她们。画家非常幽默地在大牌匾上标出这家医铺的特色是"专治酒所伤真方集香丸"，专门治"五劳七伤"，即喝酒喝伤胃和五脏的人。这个"赵太丞"是一位侍奉朝廷的太医，他有专门治醉酒的

问病

本事，说明他在宫里的时候，上上下下也都喝出病了。现在他退休出宫，看到街面上到处都在喝酒，整个开封城都弥漫在酒气之中，有多位学者指出，画的最后总得有个收场，治治这个酒病。画家在这个地方表达了希望医治"酒病"的愿望。

合起来就是"三问"。《清》卷结束时，画家像一位伟大的音乐家一样，弹响了最后一个音符，他的忧患、期待、迷茫，尽在其中，这就是此幅长卷真正深藏的秘密。《清》卷不是一幅简单的风俗画，它是那个时代像张择端这样有儒家情怀的画家留给我们的精神财富和艺术范本。

四　张择端的微观世界

以上所有这些事件，都来源于丰富的日常生活，体现了画家对宏观世界的洞察能力。张择端还具有细微敏锐的观察生活的能力。在《清》卷中，出现了许多新的物件，每一个微小的细节都体现了当时科学技术水平下人们的生活方式、生活质量、生产力水平乃至生产关系。

画中的煤炉，证实煤炭进入了市场。在卷首的第一家店铺即茶肆里，使用的不是炉灶，而是类同于近代城市居民广泛使用的煤炉，这证明煤炭已经进入北宋城市的民居生活。炉子中部是炉膛，炉子上面烧着水壶。

画中展现了开封的商业广告艺术。当时的汴京利用无字灯暗示店里面的特殊经营，如栀子灯暗示店内有妓女陪客等。图中还有插屏、牌匾和各种酒幌子等多种广告形式。摆放在十千脚店和孙记正店门口的三维立体灯光广告别具一格，顾客可从多个角度看到广告内容。

街头出现烧煤炭的炉子

在税务所里有一架大抬秤，专门用来称

孙记正店门口的栀子灯和灯箱广告

体大物重的货物，较二人抬的大秤要省力方便得多，说明当时的贸易量已大大增多。

画中科技水平最高的物件是大船上的桅杆"人字桅"，又称"可眠式桅杆"，采用转轴技术，可以卧倒，以便于通过桥梁。据船舶设计专家席龙飞先生研究，北宋时当然不可能探讨今天高等数学上的悬链线方程式，但《清》卷所绘出的船舶图样上的拉纤船夫所牵拉的系在桅顶的纤绳形象，却合乎悬链线方程，真实而形象。画中在船头和井上出现绞盘，这些均说明商业和日常生活的需求促进了各类工具的改革和发展。画中的拱桥、屋宇等无不体现出北宋土木工程的营造技术。

税务所里的大抬秤

画中还有一种十分特殊的工具——"签筹"，出现在画卷前半部分的粮船码头，一位男子挨个向一队背负麻袋的力夫发放竹签。发签筹者是雇主或代理者，在生产关系上，证实了北宋出现了雇工现象和计件工资制，因而经济学界曾有人以宋代出现雇工为据，将中国出现资本主义萌芽的时间提前到北宋。这种早期的雇工模式值得历史学家们研究。

可起落的桅杆　　　　　　　　　　　船上的绞盘

码头上的计件工资制——签筹　　　车载制动装置和车左侧的脚镫

　　车载脚镫反映了宋代的交通规则。据唐代刘餗《隋唐嘉话》载："中书令马周，始以布衣上书，太宗览之……城门入由左，出由右：皆周法也。"唐代初年大臣马周制定了车辆靠右行的规则。从画中马车的结构可以推定北宋城市的交通管制实行的是左行制，如手卷后部绘有一辆迎面而来的骡车，这是由四匹骡子拉的大车，马车上下车的脚镫子是安装在马车后部的左侧，这是出于方便人们从道路左侧上下车、马的考虑。

　　交脚用具显示出自由的商业形式。画中有四处出现这样的情景，一男子单肩扛或头顶着物品，手里拿着一个长木架，像是要出摊的样子。根据街头小商贩使用的架上摆货物的售货形式，这个长木架是一个可折叠的支架，左右两腿交叉，交接点作轴，顶部可用几根绳索固定，上面可放置箩、扁等容器，内装货物。这种支架在当时是一种新式货架，它来自交椅的折叠形式。画中屡屡出现交脚货架，表现了北宋后期小摊贩的兴盛程度。

图中出现了许多职业化的服装，这是商业经济发展到一定阶段的必然结果。孟元老回忆北宋汴京的行业服饰："其士农工商诸行百户衣装，各有本事，不敢越外。……街市行人，便认得是何色目。"（《东京梦华录》卷5《民俗》）《清》卷印证了这一记述，如船工的衣着几乎都是浅色短打，即便是搬运工，不同的码头，其装束也不同，有的着白色**坎肩**。在服务行业里，如货栈伙计、饭馆酒保和差役等，均头戴黑巾，身着灰色盘领长衫，下摆卷起系在腰间，以便于腿脚活动。还有专门穿长袖的中间商——"牙人"，这是阿拉伯商人的习俗，双方在袖笼里掐着对方的手指讨价还价，想必是在开封的阿拉伯商人带来的习俗。一位坐在轿

坎肩

在当时被称为"背搭"，靖康之难时，汴京人大量南迁至临安（今浙江杭州），"背搭"之词至今还保留在杭州话里。

多处出现交脚货架

职业媒婆

子里的"半老徐娘",头顶扎着绢花,那是职业媒婆的打扮,她当天要在茶馆里与人沟通嫁娶之事。服装职业化对规范商业行为是有积极作用的,这在中国商业史上具有开先河的意义,说明当时很可能出现了商业行会的雏形。

此外,画家在许多细微之处表现了北宋日趋精细化和艺术化的日常生活。比较突出的是店铺里外的公共卫生措施初现雏形,如设置公共垃圾桶。图中最具有时代特性的瓷器是饭馆里用于温

店铺摆放的垃圾桶

注壶和注碗

文人宅院里的假山石

精致的竹编挑子　　　　　　　　桥上地摊出售的各种规格的钳子

酒的酒具，即注壶和注碗，以保持壶中酒的温度。一些官员住宅的庭院里摆上了假山石，种起了花竹。贩夫走卒所使用的工具也极为精巧，如摊贩用的各类竹木制成的货担、货架，藤竹编制的食盒、柳条编制的筐篮等，编织技巧十分精巧且丰富多样。拱形桥上的地摊，摆满了各式"小五金"工具，其中最引人注意的是各种规格的铁钳，制作十分精致，这些复杂的工具表明当时的制作水平和生活需求在追求精细化。

五　谁是张择端？

　　问题来了，这个画家张择端是谁？他怎么有这么大的胆子批评宋徽宗的统治？关于张择端的唯一信息就是金代文人张著的《清》卷跋文。结合《清》卷和其他相关文献及历史文化背景，从中可探知张择端的家庭背景和进取经历。

　　　　翰林张择端，字正道，东武人也。幼读书，游学于京师，后习绘事。本工其界画，尤嗜于舟车、市桥郭径，别成家数也。按《向氏评论图画记》云："《西湖争标图》《清明上河图》选入神品。"藏者宜宝之。大定丙午（1186）清明后一日，燕山张著跋。

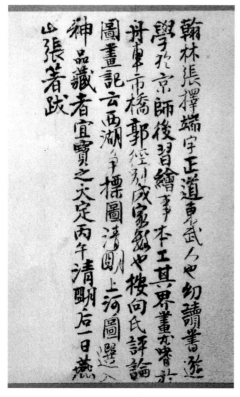

《清》卷卷尾金代张著的跋文

"翰林"是唐宋人对在御用机构翰林院供职者的简称和尊称。雍熙元年（984），宋太宗赵光义在内侍省之下设立了翰林图画院，许多山水、花鸟、人物等专职画家，都在这里供职。

"张择端，字正道。"其名出于《孟子·离娄下》："夫尹公之他，端人也，其取友必端矣。"《礼记·燕仪》曰："上必明正道以道民。"是说国君应该将治国的正确道理告知老百姓。张择端的名和字深刻地烙上了儒家思想的印记，可知张择端及其父辈尊崇的是儒家的道德观念。

"东武"，即今山东诸城人。诸城是一个有四千多年历史的古城。历史上在诸城一带涌现出多位儒家思想的传人，此后一直到北宋，密州的儒学经师人才辈出，成为儒家经学思想非常重要的发源地和中心。诸城的许多经学传人成功地选择了科举入仕的道路，如经学家、翰林侍讲学士杨安国，龙图阁待制赵粹中，左丞赵挺之，太学生、金石学家赵明诚等，这对张择端必然会产生导向作用。

　　"幼读书"，读的是什么书呢？张择端在儒家经学重镇的氛围里，早年读的书多半是以经学典籍为主。

　　"游学于京师"，则是说成年后的张择端赴京赶考。根据北宋的交通状况，他从东武到汴京很有可能走的路线是：诸城→临沂（今属山东）→宿州（今属安徽）→入水路走汴河→汴京，一半以上的路程是水路，历时月余。一路上，他可以看到大量的漕运活动并体验船上生活，这给他积累了大量未来绘画创作的生活素材。

　　北宋曾有这样的规定："国家用人之法，非进士及第者不得美官，非善为诗赋论策者不得及第，非游学京师者不善为诗赋论策。"（元代马端临《文献通考》卷31《选举考四》）可知"游学京师"是来学诗赋论策的，然后才能参加进士考试，中了进士之后，就可以得到朝廷的美官。张择端到京师投考，说明他已经通

富家子弟在开封长期包房复习备考

一百文

据考证，宋代1文钱的购买力相当于今人民币1.3元左右。

策论

封建时代指议论当前政治问题、向朝廷献策的文章。

过了由地方主持的乡试，考中了秀才，被报送到京师参加会试，如果通过了会试，相当于中举，即可参加三年一次的进士考试，以求仕进。在《清》卷中，就绘有游学京师者的身影。如卷尾绘有馆舍的招牌，上书"久住王员外家"，即经营长期包房，一位学子在楼上苦读。一位普通试子在东京平均一天的生活开销不少于**一百文钱**，这超过了当时北方农家一个壮劳力平均一天的收入，由此看来张择端的家境还比较殷实。

"后习绘事"就是转行学绘画，张择端肯定是没有考中。他来自经学重镇，所研习的科目是关于经世治国的**策论**。在北宋中后期，科举考试是以诗赋取士、还是以策论选优，已经成为新旧党争的焦点之一，这种不太稳定的考试科目给试子们平添了一些变数。如果没有其他原因的话，张择端也许是因为不适应这种变化，才科场失利。他为了在开封谋生，不得不半路学习绘画。

"本工其界画"，说明张择端学的是"界画"，他很可能在年少时有一定的绘画基础。界画较易画出喜人的视觉效果，只要熟练运用工具、画得精细准确，就会讨得欣赏者的认可，并以此谋生。

"尤嗜于舟车、市桥郭径，别成家数也。"说的是张择端的界画最后自成一家。北宋学界画者，无不仰慕宋初的界画宗师郭忠恕。从郭忠恕传世的《雪霁江行图》卷来看，张择端深受郭忠恕画风的影响。一定是在这方面的特长，使他考进了翰林图画院。由于他是后习绘事，刚入画院时，年纪不会小、职位不会高。

"按《向氏评论图画记》云：'《西湖争标图》《清明上河图》选入神品。藏者宜宝之。'"张著关于张择端的信息来源是《向氏评论图画记》，在北宋界画家中，被选入神品的画家此前仅有宋初的郭忠恕（《圣朝名画评》卷3《屋木》），也是匠师画家的最高品级。宋徽宗专尚法度，以"神品"居于画品之首。《清》卷和《西湖争标图》卷是姊妹卷，都被定为"神品"，体现了向

北宋郭忠恕《雪霁江行图》卷

1. 北宋郭忠恕《雪霁江行图》卷（台北"故宫博物院"藏）
2. 北宋郭忠恕《雪霁江行图》卷（局部）

氏的审美标准受到了徽宗的影响。根据他在题写跋文时的语气推知，《向氏评论图画记》和这两幅画卷藏于金中都（今北京）某私家手里，否则张著不会提示"藏者宜宝之"。

细察《清》卷的绘画技艺，画家对细节之处刻画精微且娴熟，考虑到张择端是"后习绘事"，该图可能是画家40岁左右的中年之作，时在崇宁年间（1102—1106）中后期。再年轻些，恐功力不达，若再老些，则目力不及。由此可以推导出张择端大约出生于1063年至1168年之间，北宋灭亡后，没有关于他的任何活动记载，极可能亡于北方。

综上所述，张择端出生于东武（今山东诸城）一个信奉儒家思想的富裕之家。他幼年受儒家思想影响，好读经学，年长时通过了乡试后，到汴京备考，试图通过会试和殿试走上仕途，因诸多原因未能如愿，后改习界画。最后，他以画艺进入了翰林图画院，其艺术生涯的后期主要在徽宗朝。根据元人杨准和明人李东阳的尾跋，分别提及《清》卷卷首有徽宗的题签和双龙小印，张择端是领旨绘制了该画及其姊妹卷《西湖争标图》，在艺术上得到了徽宗的认可，很可能画中没有什么吉祥事物，徽宗便将这对姊妹卷一并赐给外戚向宗回了。

在了解了张择端丰富而曲折的身世后，就不会轻视《清》卷了，并且这是他留下的唯一真迹。张择端长期生活在开封的社会底层，了解市井百姓各行各业艰辛的生活和生计以及乐观向上的精神状态，给予他们深情的关注。全卷以儒家关注社会、关注民生的思想为创作之本，以充满智慧和幽默的手段，深刻地揭示出北宋末徽宗朝的世相百态，值得我们重新发掘、品赏和感悟其中的妙谛。

六 张择端何以这般直率大胆

至于张择端为什么有勇气批判现实社会，与宋代政治和社会风气息息相关。明代李东阳指出《清》卷卷首有宋徽宗的五字题签，还加钤了徽宗的双龙小印，可知这件作品是张择端画给徽宗的。张择端站在维护北宋统治的立场上，在表现开封城商贸繁荣的同时，善意地、客观地揭示出各种社会败象。不过徽宗没有从中获得教益，只是肯定了画家的技艺，又将此图送给了外戚向宗回。画中的社会弊病在北宋最后的二十余年里愈演愈烈，直至宋朝失去半壁江山。张择端的勇气和徽宗的麻木，有着深厚的政治背景。

◎ 文官治国与谏言风气

宋太祖以来北宋采取文官治国的国策，朝廷制定了鼓励文人谏言的政治措施，特别是立下了"不得杀士大夫及上书言事人"的祖训，关注社会现实和朝廷政治是宋代画家较为普遍的创作趋向。北宋的上谏之风越往后越激烈，不仅有朝官谏上，而且还有杂剧家、画家等艺术家参与谏净，从书面的"文谏"发展为"画谏""艺谏"和"诗谏"等形式。随着北宋后期社会矛盾不断尖锐，文学艺术家更加大胆地、直接地发表抨击时政的言论，反映民怨，最大的特点就是增强了幽默诙谐的艺术手段。

宋徽宗于建中靖国元年（1101）登基，不久就发布了一个诏令，说他年纪很轻，初为人君，有很多事情看不到也听不到，在执政当中会出现问题，希望臣下能对他的施政提出批评意见，说对了，给予奖励，说错了，不会追究。这是他继承了宋太祖赵匡胤建立的传统，不时地征求臣下对朝廷施政的意见。

◎ **艺谏里的黑色幽默**

在这样的历史背景下，当时杂剧界、文学界、绘画界都发出了大相一致的声音。崇宁（1102—1106）初年，徽宗在全国对老弱孤寡者实行救济措施，但管理极为不善。杂剧界出现了"艺谏"的形式，剧作家和演员们以上演杂剧的手段批评徽宗及其宠臣们的"德政"，在表现三教的杂剧中就有充满黑色幽默的谏词："惟穷民无所归……无以殓则与之棺，使之埋葬，恩及泉壤"，深刻、辛辣地讽刺了徽宗引以为"德政"的汴京安济坊等养老院的种种惨状，徽宗听了"为之恻然长思，弗以为罪"（南宋洪迈《夷坚志》支志乙卷4《优伶箴戏》）。

当时的文人也屡屡写出具有讽刺意味的诗文，即"诗谏"。如太学生邓肃呈诗《花石纲诗十一章并序》（《栟榈文集》卷1），讽谏徽宗收罗花石纲建艮岳："饱食官吏不深思，务求新巧日孳孳；不知均是圃中物，迁远而近盖其私。"还有著作佐郎汪藻面对"教主道君皇帝"宋徽宗崇道求仙的行为，在《桃源行》（清代厉鹗《宋诗纪事》卷36）里讽刺道："祖龙门外神传璧，方士犹言仙可得。东行欲与羡门亲，咫尺蓬莱沧海隔。那知平地有青云，只属寻常避世人……何事区区汉天子，种桃辛苦求长年！"

◎ 北宋画谏成《百谏图》

张择端的画谏并非孤例，宋代类似的画作是比较丰富的。北宋神宗朝郑侠借用绘画艺术抗击王安石的变法活动，首开"文谏"与"画谏"相结合之法。宋神宗任用王安石推行新法，引起守旧派的强烈不满。熙宁六年（1073）七月至次年三月，天大旱，颗粒无收，而推行新法的地方官，继续横征暴敛，使很多百姓倾家荡产，以草根树皮充饥。属于旧党的安上门监守、光州司法参军郑侠差遣画工李荣作《流民图》，奏报给宋神宗，以此来证明王安石变法之弊，要求废止新法。神宗见到《流民图》中百姓的冻饿情景，不得不废除了一些新法。后来，新党吕惠卿、邓绾等人向神宗陈述实情，神宗继续变法，郑侠被贬至英州。

又如画家汤子升作《铸鉴图》，徽宗朝的《宣和画谱》深感此图的画外寓意："至理所寓，妙与造化相参，非徒为丹青而已者。"又如哲宗朝（一作英宗朝）驸马都尉张敦礼的《**陈元达锁谏图**》，被元代汤垕称为"其忠义之气突出缣素"。

当时劝诫类题材的画作相当多，以至于有人能将画谏汇集起来。据南宋邓椿《画继》卷4载：开封有个叫靳东发（字茂远）的人物画家，为"近世画手"（宣和年间），他汇集了古代到当时以谏诤为题材的人物画百事、百幅之多，组合成了《百谏图》。

张择端积极入世、关注朝政、心系民生的思想，在政治上遇到了徽宗朝初期的纳谏诏令；在艺术上，得之于前人在界画

陈元达锁谏图

"陈元达锁谏"典出《晋书·刘聪》：刘聪欲建豪华宫殿，廷尉陈元达谏阻，刘聪欲斩杀陈元达，陈元达把自己锁在树旁将谏言说完，禁军无法驱赶，刘聪听罢从谏。

和风俗画方面的层层铺垫，最终成就了他的不朽之作。

◎ 朝臣谏言与《清》卷遥相呼应

值得注意的是，张择端所揭示的诸多社会弊病，在徽宗朝之前，一直是朝廷大臣屡屡上奏的主题。自宋真宗起，北宋政治开始偏离了正常的发展轨道，宗教也从佛道并重渐渐蜕变为尊崇"妖道"，甚至以此作为拯世之术。北宋中后期朝官的谏言主要来自两个方面，中期主要围绕着当时的变法与反变法铺开，晚期主要集中于徽宗的靡费与失政，如采运花石纲、重建延福宫、新建艮岳等，这些已经远远超越了社会负荷。从诸多奏本的剑锋所向，可发现它们与《清》卷内容是一致的。

上奏修城墙。 北宋中后期朝臣多次上奏修城墙，最恳切的一次是樊澥在宣和三年（1121）的上奏："比年以来，内城颓缺弗备，行人蹑其颠，流潦穿其下，屡阅岁时，未闻有修治之诏，则启闭虽严，启能周于内外，得不为国轸忧？"（徐松辑《宋会要辑稿·方域》）在《清》卷中的城墙几乎变成了土坡，全城看不到任何防卫系统和像样的军卒。直到北宋灭亡，也未能修整。

上奏禁止侵街。 汴京城的占道经营是一个严重的历史遗留问题，早在咸平五年（1002），右侍禁合门祗候谢德权奉诏裁撤侵街的贵要、外戚舍第。贵戚不从，宋真宗诏令停止，使得收效甚微。景祐元年（1034），仁宗下诏在京师闹市街道立木桩为界，任何人不得逾越。然而法不责众，侵街者得陇望蜀，最后以朝廷默许告终。侵街现象持续了整个北宋，且愈演愈烈，皇族、贵要、外戚侵街用地建房是为了开设高档店铺，其中的经济利益可想而知，使得朝廷无从下手解决。百姓占不了官街就占桥梁，构成更严重的社会问题。

上奏改建拱桥。 船桥相撞一直是汴京百姓的心头大患，真宗朝兵部郎中杨侃曾曰："三月南河之廛市，何飞梁之新迁，患横舟之触柱。"当时由于造价太高，天禧元年（1017）正月，"罢修汴河无脚桥"（宋代吕祖谦编《宋文鉴》卷2杨侃《皇畿赋》）。画家在《清》卷揭示，由于社会管理上的问题，即便建起了无脚桥，也不能避免船桥相撞的事故。

上奏储官粮。北宋一直有朝臣力谏储存官粮，将此视为关乎社稷兴亡之事。如熙宁元年（1068），官殿中侍御史里行的钱顗在奏本《上神宗乞天下置社仓》（赵汝愚《宋朝诸臣奏议》卷107）中曰："国无九年之储不谓之有备，家无三年之蓄必谓之不给。有国有家者未始不先于储蓄也。"元祐五年（1090），殿中侍御史上官均上书哲宗，要求在民居附近设立义仓（《宋朝诸臣奏议》卷107《上哲宗乞复义仓》）。画中漕粮和储存却掌握在"豪民富家"手里，而当下的朝廷毫无作为。

上奏消防大患。火灾是开封最恐怖的事件，也是朝臣屡屡上奏的要事。城里着火，皇帝都要登高察看。徽宗接到关于火患的奏本后，采取最主要的消防举措竟然是建造火德真君殿，常常率众臣跪拜，禁止有辱火德真君的语言和行为，实际的消防措施，未见一二。

上奏减税。重税在北宋是一个既严重又敏感的问题，亲民官员的内心是十分痛苦的，大臣们乘大灾之年斗胆进言，枢密副使包拯、工部侍郎胡则和苏轼等敢于向皇帝进谏减免税赋。至徽宗朝，税赋空前高涨，引起多地爆发中小规模的农民起义。

前朝没有解决的上述诸多问题，累积到了徽宗朝则愈演愈烈。张择端作为宫廷画家，多少会知道一些经年以来特别是徽宗朝廷议论的国弊。从《清》卷中呈现出的一系列社会问题与朝臣奏本的一致性来看，说明画家的社会关注点与朝臣是一致的，也是相当准确和深刻的。当张择端面对北宋末年社会存在的种种弊病，作为一个自小受儒家入世思想熏陶的宫廷画家，他借奉敕作画之机以曲谏的手法显现出社会良知。

七　尾声

　　"清明上河"作为一个独特的风俗画题材一直流传了下来，如果有兴趣进一步深究张择端这幅画的主题思想，那就请细细阅读卷尾的跋文，比较明清两朝画家绘制的同名长卷。与张择端《清》卷不同的是，明清画家的笔下有严格的城防机构、民团或禁军训练以及公共服务等场面，特别是消防到位、道路顺畅，桥下还有百姓在垂挂防撞垫圈，几乎所有的大船都顺利地通过了桥洞……在此基础上的商业贸易和社会活动不可能出现尖锐的矛盾。他们画中的节令绝不是清明节，因为明清每一幅《清》卷的开头几乎都是热闹非凡的娶亲场面，明清时期的朝野画家们憧憬的是政治清明和社会安定之下的太平盛世。只要有心，将画中的图像与相关的文献史料结合起来，一定还会有许多新发现……

金翼善冠
——明十三陵的考古故事

巩 文（中国历史研究院中国考古博物馆）

　　"欲戴王冠，必承其重。"王冠从来都是至高权力的象征，身份显赫的标志，古今中外概莫能外。王冠通常由贵金属制作，再镶嵌各种宝石，多是穷尽工艺技术的杰作。一般来讲，美则美矣，但分量不轻，价值不菲，光彩炫目，也只有帝王君主、王公显贵才能拥有与佩戴。金翼善冠就是这样一件富丽豪华，工艺精湛，为帝王所专有的帽子。

　　金翼善冠，又称作金丝翼善冠，由金丝编制而成，通高24厘米，重826克，是明神宗万历皇帝的皇冠。如今，它被静静地放置在博物馆里，每天接受成千上万观众的观摩鉴赏。

一　明朝皇帝今何在

　　"山色江声共寂寥，十三陵树晚萧萧。"京城西北望，昌平天寿山，120余平方公里，埋着明朝一众皇帝、皇后、妃嫔，计有13位皇帝、23位皇后、2位太子、30余名妃嫔、2位太监。它是中国乃至世界现存规模最大、帝后陵寝最多的一处皇陵建筑群。明十三陵整体性强，布局主从分明，在选址和总体规划方面为中国古代陵墓建筑中的成功之作。

明代建国之初定都南京，明太祖朱元璋葬南京钟山，称孝陵。朱元璋去世后，皇太孙朱允炆即位，年号建文，是为建文帝。明朝初年，太祖朱元璋为确保明王朝的长治久安，分封诸子为王，加强皇室力量。宗室25人，其中24个儿子和一个从孙，都封为藩王，分驻北部边境和全国各战略要地，朱元璋想通过他们来屏藩皇室。这些藩王在自己的封地建立王府，设置官属，每一个藩王除食粮万石以外，还有军事指挥权。藩王势力不断膨胀，尤其是燕王朱棣，由于功勋卓著，朱元璋令其"节制沿边士马"，地位独尊。

建文帝即位后，这些皇叔已成心腹大患，削藩是必为之事。由于朝廷削藩激化了藩王与朝廷的矛盾，藩王与朝廷开始决裂，此时实力最强的燕王朱棣成了众藩之首。权力的博弈在建文帝与皇叔朱棣之间展开。

明太祖朱元璋在位之时，为了防范权臣篡权，规定藩王有移文中央索取奸臣和举兵清君侧的权力，他在《皇明祖训》中说："朝无正臣，内有奸逆，必举兵诛讨，以清君侧。"此时，随着建文帝与藩王矛盾的激化，朱棣即以此为理由，打出"清君侧，靖国难"之旗号，发起夺位之战，于建文四年（1402）攻下帝都应天（今南京）。战争历时四年（1399—1402）。战乱中建文帝下落不明，有的说建文帝自焚于宫中而死；也有的说建文帝由地道逃走，出家为僧，云游天下；还有说逃往东南亚，不一而足。总之，是无从可考，无影无踪了，成为明史上的一大悬案，明代的第二个皇帝也就无所谓陵了。

1402年，朱棣即位，是为明成祖，年号永乐。明成祖朱棣夺得皇位后，为了加强对北方地区的控制，疏浚大运河。永乐元年（1403）二月，朱棣改北平为北京，永乐十八年（1420），迁都北京。明成祖文治武功，延续洪武政策，励精图治，在位时期，经济繁荣，国力强盛，史称"永乐盛世"。

永乐五年（1407），仁孝徐皇后去世之后，重视北方防务的明成祖朱棣，并未在南京选择陵址，而是选址北京昌平，于永乐七年（1409）六月二十日在此开始修建长陵。长陵是明朝历代皇帝陵寝中建筑规模最大的一座，永乐十一年（1413）建成。地面上建筑至宣德二年（1427）三月基本完工。永乐二十二年（1424）朱棣在第五次北征蒙古回师途中病逝，享年六十四岁，被安葬在天寿山长陵，与徐皇后合葬，谥号"启天弘道高明广运圣武神功纯仁孝文皇帝"，庙号太宗。明世宗嘉靖时期，改庙号为成祖，改谥"启天弘道高明肇运圣武神功纯仁至孝文皇帝"。

二 十三陵之最是长陵

十三座陵墓沿山麓散布，各据岗峦，气势宏伟，陵区面积约40平方千米，北、东、西三面山岳环抱，群峰耸立。自明成祖朱棣迁都北京后明代共有14帝，除景帝朱祁钰因故别葬金山外，其他皇帝均葬于此。各陵分别为：成祖长陵、仁宗献陵、宣宗景陵、英宗裕陵、宪宗茂陵、孝宗泰陵、武宗康陵、世宗永陵、穆宗昭陵、神宗定陵、光宗庆陵、熹宗德陵、思宗思陵。

长陵是陵区的主体，位于陵区中央，坐北面南。其余陵以长陵为中心，昭穆为序，依山势分布在天寿山南麓，四周因山设围墙。陵园大门为大红门，门前有石牌坊和下马碑。牌坊为五间六柱，庑殿顶，东西宽33.6米，高10.5米，是中国最大的石坊。门内有神路通往各陵。神路中央有"大明长陵神功圣德碑"，碑周围有4个石华表。神路两侧立神道石柱，以及**石像生**，包括石兽24个，狮子、獬豸、骆驼、象、麒麟、马各4个，都是两卧两立；石人12个，武臣、文臣、勋臣各4个。各陵布局大体相同，均效仿明孝陵首创的以方城明楼为核心、与祾恩殿相结合、分成三进院落的宫殿式陵墓建筑形式。具体布局为：陵门前有无字碑，门内有祾恩门和祭陵用的祾恩殿，殿后有牌楼门和石五

石像生

亦称"石翁仲"。即立于帝王或贵族陵墓神道两侧成对的石雕人物、动物像。始于秦汉，兴于唐宋，盛于明清。

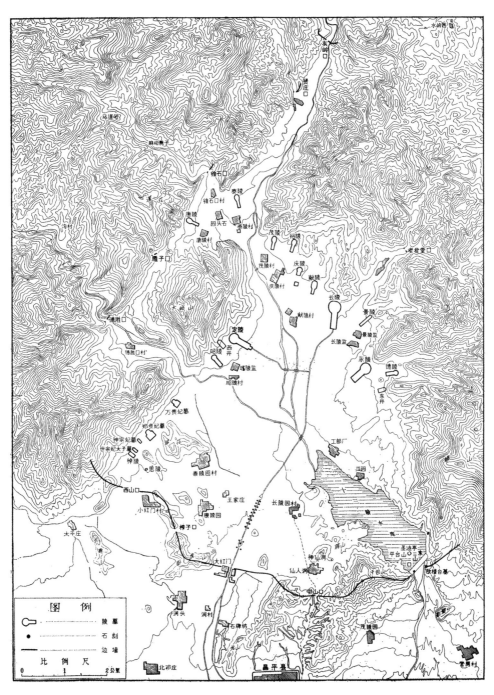

明十三陵位置图

供，再后有宝城环绕，宝城上建明楼，楼内石碑上刻着皇帝的庙号、谥号，宝城内封土下为地宫。末帝崇祯朱由检用的是田贵妃的墓室，规模最小。各陵陵园左右设神宫监、神马房、祠祭署等。

长陵在十三陵中建筑规模最大，营建时间最早。陵园规模宏大，是北京十三陵之首陵，其布局也是其他明陵的典范。平面布局呈前方后圆形状。陵园由墙垣围绕，其前面的方形部分，由前后相连的三进院落组成。第一重庭院由长陵门至祾恩门，庭院不大，东侧建有碑亭。第二重庭院广阔，以祾恩殿为中心，东西原有配殿。祾恩殿面宽九间，进深五间，重檐庑殿顶，黄色琉璃瓦，坐落在三层汉白玉石台基之上，是安放帝、后灵位和举行祭祀典礼的场所。殿内有32根直径在1米以上的本色楠木巨柱，殿面积1956平方米，雄伟雅洁，为国内所仅见。祾恩殿是十三陵中体量最大的建筑，曾遭雷击焚烧与地震，但迄今未倾斜。第三重庭院相当于宫殿的后寝，即真正的陵墓部分，主体建筑为方城、明楼。方城高约10米，下有甬道，长13米；明楼为重檐歇山顶，内竖有石碑。明楼之后为圆形丘陵，外绕城墙，称为宝城，其下即地宫。宝城直径340米，周长超过1千米。明长陵用料严格考究，施工精细，工程浩繁，营建旷日持久，仅修建地下宫殿就历时四年方才修成。

几百年后，北京市迎来了身为明史专家的副市长吴晗。1955年10月，北京市副市长吴晗会同郭沫若（中国科学院院长）、沈雁冰（文化部部长）、邓拓（人民日报社社长）、范文澜（中国科学院历史研究所第三所所长）、张苏（全国人民代表大会常务委员会副秘书长）等人，联名上书国务院，请求发掘明成祖永乐皇帝的陵墓——长陵。

他们在请示报告中指出：十三陵中，"长陵规模最大，地面建筑也最为完整。……埋藏在地下的宫殿，今天如能使其重见天日，开放为地下博物馆，安装电灯，供人参观，不但可以丰富历史智识，也将使这个古代帝王陵墓成为具有世界意义的名胜。……就历史文物说，长陵没有被盗掘的记录。如果明成祖的骨殖及殉葬物全部都被保存，对明初史事的研究将有极大贡献；即使曾被盗掘，剩下的文物也一定不少，金山的明墓就是证据；甚至殉葬物全部被盗，宫殿必然如故，整理一下，也是研究过去帝王墓葬的最完整史料。……清陵是模仿明陵修建的，清陵的地下结构图现在还保存在营造学社的刊物中，作为根据，进行慎重发掘，估计不会有太大困难"。

报告转到国务院后，周恩来总理于11月3日批示："原则同意，责成北京市人民委员会协同科学院、文化部指定专人议定开发计划送批。"陈毅副总理也批示，"科学院主持，文化部、北京市参加为好。"接着为指导发掘工作的进行，成立了长陵发掘委员会，指导发掘工作。委员人选，除原提议人外，又邀请郑振铎（文化部副部长、中国科学院考古研究所所长）、夏鼐（中国科学院考古研究所副所长）、王昆仑（北京市副市长）等人参加。委员会由余心清（全国人大常委会副秘书长）、尹达（中国科学院考古研究所副所长）、夏鼐、王冶秋（文化部文物局局长）、张季纯（北京市文化局局长）、刘仲华（北京市园林局局长）、吴晗7人组成。

委员会下设工作队，该工作队由北京市文化教育委员会文物调查研究组的赵其昌、刘精义、李树兴和中国科学院考古研究所的白万玉、冼自强、曹国鉴、庞中威等人组成。赵其昌任队长，白万玉任副队长，主持日常具体发掘的工作。

在对十三陵调查之后，工作队提出意见，认为长陵是主陵，应该先选点试掘后，积累些经验，再掘长陵，避免失误。试点有两处可供选择：（一）葬洪熙皇帝朱高炽的献陵，陵墓规模小，距长陵埋葬时间近、地域近，发掘献陵后再掘长陵，借鉴意义

十三陵神道

大，且工作方便；（二）埋葬万历皇帝的定陵，规模虽大，但线索明确，工作比较有把握，对利用地下建筑、出土文物建成博物馆与长陵做对比研究更有意义。经过对各陵的实地勘察、比较，并结合文献资料的查证、研究之后，认为定陵的营建年代较晚，也略有埋葬迹象可资探索，以之作为试点，工作进展可能较快。几经会商，决定在发掘长陵之前，先试掘定陵。

三 考古试掘选定陵

工作队于1956年5月进驻定陵，开始发掘工作。试掘定陵，是1949年后首次主动地、有计划地用科学的方法对帝王陵墓进行考古发掘。当时称作"试掘"，实际上发掘的方式、原则与正式发掘要求一样。按照要求，需要完整地发掘出地下建筑和随葬器物等，还必须尽一切可能发现、保存、记录所有与埋葬有关的各种迹象，以为历史研究之根据和满足建立博物馆之需。

指路小石碑

在调查期间，发现定陵宝城外侧东南方有一处塌陷，露出一点儿券门，里面的砖有二次砌过的痕迹，宝城内侧石条上，浅刻有"隧道门"三字，因此认定，该处应是当年帝后入葬时进入玄宫之起点，发掘工作便由此开始。首先发现的是"砖隧道"。几个月后，发现了刻字石碑，文字是"此石至金刚墙前皮十六丈深三丈五尺"。之后还陆续发现了"金刚墙前皮""大中""宝城中""左道""右道"等刻字，这些昔日工部匠为工作方便预留的记号，为进入地宫提供了明确的方向和距离。在这些记号的引导下，工作队试掘进展顺利，很快发现了斜坡向下的"石隧道"，并在隧道尽头发现了"金刚墙"。"金刚墙"是一座高大厚实的砖砌大墙，墙上有一道上窄下宽的门，门是用砖封砌结实的。发掘至此，已经差不多过去整整一年了。定陵地宫的大门即将打开……

考古发掘其实是一项非常严谨的科学工作，精美文物的呈现只是工作成果的一部分，测量、绘图、照相、研究、保护……工作琐碎而繁杂，发掘工作一旦开始，是没有节假日一说的，发掘紧张时，经常中午晚间连轴转。夏鼐在其日记中记道："9月23日星期日，上午将所发现之木栅门绘图测尺寸，以便复制。下午与市建设局工程师商谈保护安全计划，阅赵其昌同志等摘抄有关十三陵的卡片。9月24日星期二测绘金刚墙内至石门的甬路平面图。午后至昭陵一观，王伯洪、王仲殊、马得志等同志来参观。阅梁份《帝陵图说》。9月25日星期三测绘封门乱砖及前甬道平面图。阅《明实录》摘抄，讨论孝靖皇后祔葬的时间。赵其昌等同志都以为是天启以后重开隧道祔葬的，实则文献及实迹皆属一次，即万历十八年开隧道时入葬。"

定陵发掘到1957年9月，完成了地上的土方工程。关于定陵的发掘，《夏鼐日记》里有多处记载。10月6日星期日，第一道石门已经掘开，过道铺有大木板，第二道石门后，似有供案、大缸，两侧似有边门通耳室。10月18日星期五，定陵发掘打开第二道石门，进明堂，有放置宝册的三石宝座及五供长明灯。第三道石门后即金堂，有红漆木椁。明堂两侧各有券门一。10月20日星期日，下午开最后一石门，随葬品不多，为万历与孝端、孝靖二后的漆椁并行，两侧室似原拟作妃嫔之墓，但未曾入葬，空无一物，另有隧道向后，当与右道及左道相通。

在地宫打开之前，1958年5月23日夏鼐亲自测量定陵发掘坑位，绘制坑位图。下午入地宫，将万历棺木的两侧棺表面漆皮剥下，已可看到内面有玉器，但尸身已不能保存完好。5月24日，

定陵全景

263

定陵玄宫

郑振铎、王昆仑、邓拓都来到了定陵，在夏鼐先生的亲自主持下，万历之棺打开，工作队将棺端及棺盖上的漆皮卸下后，见棺盖已塌下一块，腐朽得很厉害，乃将足端的竖板锯去一块，视察棺中情况，然后将棺盖分块取下。露出玉爵、玉碗等，锦被破处露出王冠。午后清理棺内由棺上塌下的碎木等。郑振铎先生在这天的日记中写道"五月二十四（六）日晴，六时四十五分，偕徐帆等赴十三陵，看定陵的万历棺木的打开。就在那里午餐。**夏作铭**在那里主持一切。棺内有玉碗、玉爵、金盘等，可能还会有别的重要东西。下午，再下地宫"。

  5月26日下午，孝端后的棺盖打开。孝端棺木保存比较好，工作队将棺盖切去一块后，逐渐将棺盖再分成两块取下，露出铜镜、镜架及锦被等。5月28日上午，开始提取万历棺中随葬

夏作铭

夏鼐，字作铭。

夏鼐先生亲手清理万历帝棺内文物

物。将头部左侧的玉爵、金爵、玉碗（带金座与金盖）、金香盒（中盛玉瓯），逐一取出。其中，香盒以细金丝盘成龙纹，盒盖镂空，其他金器则刻花或镂成凸凹龙纹。出土器物震撼了工作队。26日下午测绘下一层的器物图，继续提取头部左侧的宝石簪子匣及帽匣中金丝制成的帽子。帽子全部以金丝制成再堆上双龙。夏鼐在日记中说到，出土物都极精美，玉碗的琢制也极工细。帽子极为精美，前所未见。5月29日，继续清理万历棺中随葬品，主要的是头部右侧（西南角）的器物，有玉壶、金壶、青龙碗（带金盖及托）、双耳小玉杯（带金托）、镶金龙的丝带钩，头上的金冠及白玉脸盆也逐渐露出；又取出头部左侧的三个小金壶与一小面盆（皆无花纹，成色亦差）。又一小木匣中有金匣，装一刷子，类似牙刷，猜测可能是刷头发用的。5月30日，郑振铎先生再到定陵，"八时，偕冶秋同志及贝贝到定陵，看出来的金冠等。孝端棺亦已掘开，估计东西不会少。和作铭谈了好一会。十一时，又到长陵一游"。当天下午，从孝端皇后棺中取出漆盒及铜镜、漆镜架等。5月31日上午从万历皇帝棺中取出冠冕（有旒）。

1958年7月，地下宫殿的随葬器物清理完毕，结束了玄宫内的器物清理工作。定陵发掘前后历时两年又两个月，用工两万余，出土各类器物总计2648件。1958年9月，发掘工作结束后不久，在北京故宫神武门举办了"定陵出土文物展览"。1959年，对地上建筑与地下玄宫进行了修葺。10月，就地建设的定陵博物馆正式开放，部分遗物经过整理修复后在馆内展出。

定陵发掘的初衷是为发掘更大规模的长陵做准备。发掘后，出土的各类器物着实繁多，修复整理工作量巨大，地上、地下建筑也都需要修缮、保护，因此，经长陵发掘委员会会商并报请国务院批准，决定不再对长陵进行发掘。自此之后，中国的考古工作不再对帝王陵进行主动发掘。

四　定陵所见的明朝帝后

《明实录》《大明会典》等明代官方文献对帝后的丧葬之礼多有记录，但多偏重于祭葬礼仪、丧服等制等方面，缺乏对帝后棺椁、葬式、殓服的记载。定陵是唯一经过考古发掘的明代皇陵，且它的玄宫未经盗扰，所葬一帝二后骨架完整，是研究明代帝后丧葬制度十分难得的实物资料。

◎ 棺椁

万历皇帝和皇后的棺椁形制其实都差不多，只是大小尺寸有些不同，皆一棺一椁，内外相套。棺都由楠木制成，里外髹朱漆，没有纹饰。椁由松木制成，里外也施有朱漆。棺都是前高后低，前宽后窄，前后两端又都是上部略窄，下部稍宽。万历皇帝、孝端皇后两棺保存尚好，但是椁板大部腐朽、倒塌。孝靖皇后棺椁都已腐朽，倒塌严重，难以复原。

万历帝棺盖上原放有织锦铭旌。锦已腐朽，仅见残迹金书"大行皇帝梓宫"字迹。铭旌两端原有木雕龙牌，织锦腐朽后，已跌落在棺的两端。铭旌上又放有铁制扁平葫芦，葫芦上有九曲须，须上又有小葫芦，下部有弯曲铁插。

◎ 葬式

万历帝棺内最上层覆盖着织锦被，被下放置有折叠的袍服、织锦匹料。尸体放置在一条锦被上，其下还有垫被、垫褥、毡褥等共九层，其中一件褥上缝缀"吉祥如意"金钱十七枚。孝端皇后棺内最上层盖有缎被，被下放置折叠的衣服和金器、漆器等。尸体放在一床织金缎被上，其下有垫褥四层，其中一件褥上缀有"消灾延寿"金钱一百枚。孝靖皇后棺内尸体铺盖，与孝端后大体相同。尸体下铺垫褥十一层，褥下放置连串纸钱与"万历通宝"铜钱，尸体两侧随葬有银罐、盘、盆、盂、皂盒等。

万历帝骨架头西脚东仰卧，面向上，头顶微向右偏，右臂向上弯曲，手放在头右侧。左臂下垂，略向内弯，手放在腹部手中拿念珠串。右腿稍弯曲，左腿伸直，两脚向外撇开。

孝端皇后骨架头西脚东，面向右侧卧，左臂下垂，手放在腰部。右臂直伸，被身体半压，下肢交叠，左肢在上，右肢在下。

孝靖皇后骨架面稍向右侧卧，右臂向上弯曲，手放于头下。左臂下垂，手放在身上腰部，下肢弯曲。

可见，万历皇帝、皇后的葬式各不相同。皇帝仰卧微侧，两位皇后均右侧卧，姿势如睡眠状似比较随意。定陵玄宫坐西朝东，三位墓主均为头西脚东，头向与墓向相反。三人合葬位次：皇帝居中；元配孝端皇后在北，居皇帝左位；嗣皇帝本生母孝靖皇后在南，居皇帝右位。明代帝后夫妻三人合葬，以墓主本身定向，男居中，次居左，再次居右。墓室中这种尊卑位次与明代宗庙、奉先殿、陵园享殿中神主的排序方式是一致的。

◎ 殓服

明代史料记载，皇帝冠服有衮冕服、通天冠服、皮弁服、常服、燕弁服、武弁服等若干种，分别用于不同场合。其中衮冕服等级最高，皮弁服次之，常服最常用，而关于皇帝的殓服则鲜有记载。皇帝的殓服属于哪种形式呢？定陵的发掘给予了我们这个问题的答案。

万历皇帝身着黄缎短内衣，腐朽严重，形式难辨。外着刺绣十二团龙十二章衮服，腰系玉带，头戴乌纱翼善冠，下身穿黄素绫裤，足蹬红素缎高统靴。《大明会典》记载永乐三年增订皇帝常服制度，常服之冠罩以乌纱，名为乌纱翼善冠；"袍黄色，盘领窄袖，前后及两肩各金织盘龙一；带用玉，靴以皮为之"。万历帝的这套殓服中有乌纱翼善冠，无疑属于常服。但身着的刺绣十二团龙十二章衮服，前后及两肩各金织盘龙三团，与《大明会典》中记载的皇帝常服之制又有所区别。

根据明代史料，后妃冠服分为礼服和常服两类。其中礼服用于受册封、谒宗庙、朝会、助祭等，常服用于一般场合穿戴。

孝端皇后头戴黑纱尖形棕帽，上插金簪、金钗，上身着绣龙方补黄绸夹衣，内着本色云纹绸夹衣。下身穿黄色秀枝莲花缎夹裤，腰系绣云龙纹长裙，足蹬黄缎鞋。

孝靖皇后头戴黑纱尖形棕帽，上插金玉簪、钗，上身着黄缎短衣三层，腰束红织锦缎裙，上又覆绸、缎裙各一件，下身穿折枝花卉缎夹裤，黄素缎袜，红缎鞋。头部有首饰两副，戴在头上的一副是死时陪葬的，头侧的一副是迁定陵时陪葬的。

对比《大明会典》的记载可知，孝端、孝靖皇后的殓服应该属于常服。孝靖皇后的殓服用黄色但无龙纹，等级略低于孝端皇后，应与其以皇贵妃身份殓葬有关。

根据史料记载，万历皇帝溺志于财货，万历二十四年起，曾派遣大批宦官充任矿监税使，到全国各地开矿征商，疯狂掠夺，不断激起农民起义和城市市民阶层的反抗。1616年，努尔哈赤建立后金政权，挑起后金与明之间的战争。在明与后金的战争中，万历皇帝三次下诏增派辽饷，加重了对人民的剥削，民族矛盾与阶级矛盾日益激化。《明史·神宗本纪》指出："明之亡，实亡于神宗。"

五　金冠之最——金翼善冠

定陵的随葬品除帝后棺内放置大量的服饰、匹料、金银器、玉瓷器、珠宝首饰等外，还在棺椁之间放置有青花瓷、三彩瓷及玉料，椁顶放置木制明器仪仗模型。另外，还有二十九箱随葬品：在棺床上三具棺椁的南北两侧，及孝端后与万历帝棺椁之间放置二十二箱；在后殿东壁和南壁下放置七箱。箱内装满金银器、冠、带、佩饰、铜锡明器、武器、谥册、**谥宝**、木俑等物。

定陵出土各类遗物近三千件，价值连城的珠宝玉器，绚丽多彩的丝织品，富丽堂皇的金银器，精美的青花瓷器……这些珍品富丽豪华，工艺精湛，令人目眩神迷，叹为观止。

在定陵出土的遗物中，皇帝和皇后的冠帽尤为引人注目，不仅仅是精美绝伦，各种形制的冠帽更是一应俱全。这些出土的遗物里有冕冠一顶，冕冠是皇帝祭天地、宗庙、社稷、先农及正旦、冬至、圣节、册拜等大典时所戴的礼帽，前圆后方，顶部覆冕板，前后各缀十二旒；皇后戴的凤冠四顶，分属孝端、孝靖两皇后，凤冠是皇后在受册、谒庙、朝会时所戴的礼帽，上饰金龙翠凤，极尽豪华；皮弁一顶，是皇帝视朝、降诏、降香、进表、四夷朝贡、朝觐时戴的帽子；翼善冠三顶，翼善冠是皇帝着常服时戴的帽子。

据《明史·舆服志》，翼善冠为明永乐三年（1405）定制，皇帝常服"冠以乌纱冒之，折角向上，其后名翼善冠"。万历皇帝棺内出土的三顶翼善冠，有两顶为乌纱翼善冠，其中一顶出土时戴在万历帝头部。

第三顶为金冠，也就是本文的主角金翼善冠，又称作金丝翼善冠。全部用金丝编结制成，整个金冠由前屋、后山、对称的两角三部分组成。"前屋"是指帽壳部分，两角俗称纱帽翅。整个冠是艺匠按照前屋、后山、两角和两条装饰的龙四部分分开制作，最后拼装在一起的。

乌纱翼善冠（帽胎复原）

金翼善冠

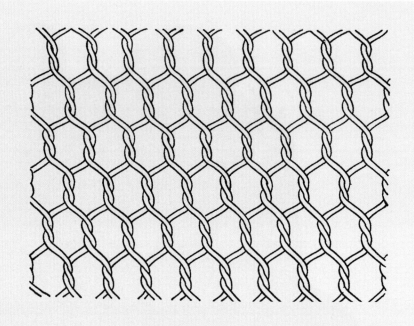

金丝边结"灯笼空儿"

"前屋",也就是帽壳部分。先做出木模,然后采用"灯笼空儿"的方法进行编织。金丝不似丝线、棉线、毛线之类编织起来得心应手,毕竟再软的金丝也还是金属,编时易打结、易断,难度很大,编织起来需要很高的技术。整个帽壳部分从上至下用518根直径为0.2毫米的细金丝手工编出"灯笼空儿"的花纹,孔眼匀称,疏密一致,光滑无结,看上去薄如轻纱。外表不露任何接头痕迹,也没有任何断丝和破绽。

"后山",即半圆形的帽山,和"前屋"的制作方法一致,用334根金丝分三块编织而成。

"两角",即俗称"纱帽翅"的部分,状如兔耳,也是用和帽壳、帽山一样的方法,以粗金丝为骨,用70多根极细的金丝编织成罗孔网状帽片。

冠的正前方为精彩的二龙戏珠图案。龙首高昂；龙身曲屈盘绕，盘踞着整个后山；双龙尾上翘，压住两角中部；二龙的两只后脚蹬在角的根部；呈凌空之势。龙身上带着火焰，张牙舞爪，飞腾着，嬉戏着火珠。龙须向上，威风凛凛。整体雄壮浑厚，气势磅礴，充分表现了封建帝王的至高无上。

龙首、龙身、龙爪、火珠、背鳍等部位为单独制作，采用錾雕方法，打制錾刻而成，呈半浮雕形。龙头各部位凹凸分明，层次清楚，线条流畅，形象逼真。龙头上的发纹组丝錾刻纹路清晰均匀，如同用笔勾画一般，飘洒自如，錾技娴熟。龙身、龙腿均采用传统的掐丝、垒丝、码丝的方法制作。先将花丝制成三种至四种大小不同规格的龙鳞，用于龙身粗细不同的部位，然后用炭灰加白芨面和成面状，捏成半立体龙身、龙腿，用粗扁丝架起轮廓起支撑作用，再按规律将龙鳞码在轮廓线内。码鳞时必须一丝不苟，每片鳞瓣的衔接要严密。焊接后炭灰即消失，自然形成半浮雕效果的镂空的龙身龙腿。

工匠再依次做好填丝火焰和錾雕龙头、爪、背鳍后，进行整体图案的焊接组装。两个大型龙纹图案的焊接是做好这件作品的关键，稍一疏忽就会前功尽弃。焊接技术难度很大。龙头为实胎，比较耐火烧。而龙身是用较细花丝码出来的，用同样的火候就会焊化。当时生产，火源为油灯，工具为焊枪，焊时用嘴吹气。工匠不但要花费很大的气力，而且还要依靠多年积累的丰富经验，掌握适当的火候，才能完成这样高难度的工艺制品。这件冠的二龙图案体积大、药口多，要做到不露药痕是这件工艺制品的最难点。由此可以想见，一般工匠是难以达到如此尽善尽美的地步的。

整个金龙的造型生动有力，气势磅礴，是这件金冠的精华所在，也是制作过程中最难做的一部分。

最后就是组装了，为了顺利完成金冠的制作，艺匠采用金丝

金翼善冠制作工艺图解

1.垒丝龙鳞　2.錾刻龙发
3.压缝小辫　4.填卷纹丝火焰

系的方法来组装，是绝对不能使用火烧焊的。因为用火烧焊，金丝极易变软，冠就会变形。

　　组装程序大致如下：第一步，将冠的各部位（前屋、后山、二角）用金丝缠绕成一个整体，形成冠体。第二步，用金丝两股编成小辫丝，装饰金冠的边缘及接口处，用小辫丝巧妙地遮住药口，这就是花丝技工常说的"遮丑"。实际上，小辫丝不仅遮住了"丑"，还加重了冠的边缘轮廓线，增加了冠的庄重感，可见工匠的良苦用心和高超技艺。第三步，在冠上装饰二龙戏珠图案。工匠将二龙戏珠图案装饰在冠的主要位置，也就是后山的前上方，火珠置中央，为了不致损坏冠体，工匠仍采用金丝拴的方法来固定图案。第四步，为了戴起来方便舒适，工匠在冠底边的口上包镶一条宽 2.2 厘米、厚 0.2 毫米的金箔圈，这样戴用时帽子的里口是光滑的，不会牵拉头发和有不适感。

至此，采用搓花丝、掐丝、编织、填丝、垒丝、錾雕、焊接等多种工艺方法制作的金翼善冠便完成了。这件金冠结构复杂，工艺精湛，冠上仅龙鳞每条龙为 4200 片，两条合起来龙鳞就用了 8400 片。按当时生产状况估计，需用一百余工方可完成。

工

一个工匠一个劳动日的工作。

一顶皇帝帽，多少工匠汗。完成这样一顶帽子，不但要耗费大量的时间和精力，同时也绝非一般工匠能完成，需要积累多年制作经验，掌握适当的火候，慢工出细活，才能完成这样高难度的工艺制品。这是一件金细工工艺的典范之作，整个帽子是拔丝、编织、焊接等高超技艺的结晶，明代金银细工的高超技艺都寓于其中。整个帽子通高 24 厘米，后山高 22 厘米，冠高 14.7 厘米，冠口径 20.5 厘米，重 826 克。

此冠采用编织工艺和錾花工艺相结合的方法制成，表现出我国编织技术的最高水平。

金冠之珍贵除质地全为黄金外，还在于整体的结构复杂、制作精湛，拔丝、编织、焊接等金银细工技艺高超，是我国金银细工工艺的顶级代表之作，堪称国宝。其实，用金丝做装饰品，商代就已经出现了，山西保德林遮峪的商墓中就出土有金丝制品，是两件金丝绕成的小圆环。湖北的战国曾侯乙墓中也出土有金丝制成的金弹簧，426 段，金丝直径仅 0.2 毫米。金翼善冠的金丝也是 0.2 毫米。金丝的做法通常是将金银片剪成细条搓成丝，细金丝是通过"拔丝"，将粗金丝拉成细丝。这种拔制金丝的做法也可以追溯到西汉末东汉初，考古发现，在吉林榆树老河深鲜卑墓（年代约相当于西汉末东汉初）里出土的金银丝上就能够看到明显的拔制流线痕迹。细金丝编制加工饰物和小器物的技术，叫作

六龙三凤冠

十二龙九凤冠

"累丝"，也称"累金"。金丝编织工艺，也是花丝工艺的一种操作方法，是用细金丝编织成各种形状，可编织鱼篓丝、席纹丝和灯笼空儿等花纹。

定陵还出土了四件凤冠，是以凤作为主要装饰物的皇后礼冠。明朝时规定，皇后的礼冠为九龙四凤冠，到了明代中后期帝后冠服制度又发生了变化。

定陵出土的四顶凤冠中属于孝端皇后的有两顶，分别为九龙九凤冠和六龙三凤冠；属于孝靖皇后的有两顶，分别为十二龙九凤冠和三龙二凤冠。

六　考古发掘出土的其他金冠

黄金稀少，珠宝难求，所以，金冠或者金冠饰历来代表着统治者的权威。

比如陕西省神木市纳林高兔出土的金兽形冠饰，在四叶形的底座上站立一怪兽，有枝角，口为鸟嘴。年代为公元前4—前3世纪。

内蒙古自治区伊克昭盟阿鲁柴登发现的战国晚期匈奴墓中也出土过1件黄金的鹰形冠饰。冠饰下部为厚金片锤打成的半球面体，半球体之上，傲立展翅雄鹰一只。年代为公元前4—前3世纪。

2019年在青海省乌兰县泉沟发现了一座吐蕃时期壁画墓，形制为带墓道的长方形砖木混合结构多室墓。后室西侧木椁外墓底坑壁上，发现一处封藏的暗格，这种密封暗

陕西省神木纳林高兔出土金兽形冠饰

内蒙古自治区伊克昭盟阿鲁柴登出土鹰形冠饰

格为世界考古首见。暗格中出土了一件珍珠冕旒龙凤狮纹鎏金王冠。鎏金王冠前后各饰一对翼龙，两侧各饰一立凤，后侧护颈饰双狮，周身镶嵌绿松石、蓝宝石、石榴石、天青石珠等，冠前檐缀以珍珠冕旒。鎏金王冠藏于暗格之中，可见它是墓主最为珍惜的物品。迄今为止中国境内历代王冠极少出土，或被盗扰严重，或保存极差难以复原。此墓葬内暗格的独特设置，可见造墓

青海省乌兰县泉沟壁画墓金冠

者之良苦用心。

2012—2013年，扬州曹庄隋唐墓（隋炀帝墓、隋炀帝萧后墓）的发现，轰动寰宇，被评为"2013年度中国十大考古新发现之一"，出土了一件金冠，推测是萧后冠。但由于南方酸性土壤环境不利于金器的保存，这件金冠腐蚀破损严重，不复当初的华光溢彩。为了修复这件金冠，考古、文物保护、材料、冶金、美学等不同学科的专业人员组成项目组，历时两年，完成了实验室的清理与保护。同时根据研究成果，采用传统仿制技术，复原出了花树摇曳、金光灿烂的"萧后冠"，令人叹为观止。

扬州曹庄出土隋炀帝萧后冠（复制品）

七　余话

中国素有"衣冠之国"的美誉，中国古代服饰是礼仪制度的重要组成部分，"中国有礼仪之大，故称夏；有服章之美，谓之华"。其间蕴含的文化意义远远超出服饰本身的意义。中国古代的冠服制度初步形成于夏商时期，周代逐步完善，春秋战国之交被纳入礼治，唐代之时发展到十分丰富完善，对后世与国外都产生深远的影响。至明代，冠服制度总体上已十分完备，无论在文化内涵方面，还是在等级标识的细致程度上，均超过了以往。

定陵出土的这批珍贵遗物，具有浓厚的宫廷色彩，其制造工艺的精美，充分显示了我国古代劳动人民的聪明才智和精湛技艺。这些遗物不仅具有极高的艺术价值；更重要的是，作为帝后陵墓的随葬品，对于研究明史、探讨帝后的丧葬制度、阐明帝后服饰用具等典章制度，都是极为难得的实物资料。

第四篇
东方欲晓

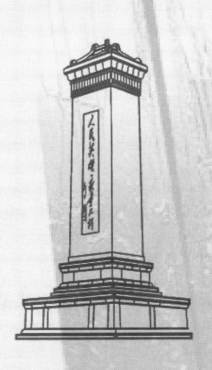

篇首语

　　"在近代以来漫长的历史进程中，中国人民经历了太多太多的磨难，付出了太多太多的牺牲，进行了太多太多的拼搏。"1840年鸦片战争以后，由于西方列强入侵和封建统治腐败，中国逐步沦为半殖民地半封建社会，国家蒙辱、人民蒙难、文明蒙尘，中华民族遭受了前所未有的劫难。从洋务运动到戊戌变法，再到辛亥革命，无数仁人志士为了救亡图存而奔走、拼搏，但都以种种原因而失败告终。俄国十月革命炮响，给中国送来了马克思列宁主义。十月革命的胜利使中国人民看到了马克思主义的伟大力量，看到了国家民族的前途和希望。五四运动在中华大地爆发，是中华民族追求民族独立和发展进步的历史进程中具有里程碑意义的重大事件，促进了马克思主义在中国的传播，为新的革命力量、革命文化、革命斗争登上历史舞台创造了条件。1921年，在马克思列宁主义同中国工人运动相结合的进程中，一个以马克思主义为指导、一

个勇担民族复兴历史大任、一个必将带领中国人民创造人间奇迹的马克思主义政党——中国共产党应运而生。从此，中国人民有了前进的主心骨。中国共产党的诞生是开天辟地的大事变，它深刻改变了近代以来中华民族发展的方向和进程，深刻改变了中国人民和中华民族的前途和命运，深刻改变了世界发展的趋势和格局。

风云激荡的近代史既是中华民族不断遭受外来侵略和封建压迫的屈辱史、苦难史，也是一代代仁人志士和人民大众为救亡图存和实现民族伟大复兴而英勇抗争的革命史、奋斗史！睡狮觉醒，马克思主义点亮中国，中国共产党的诞生开启了中华民族崭新的历史篇章！

一刊惊世
——寻踪《湘江评论》那些事

金民卿 陈建波（中国历史研究院近代史研究所 中国社会科学院马克思主义研究院）

　　1936年7月的一天深夜，在陕北保安的一处窑洞里，几个人围着一张没有上油漆、铺着红毡的方桌交谈。其中，一位外国人在奋笔疾书，还时不时抬起头看看他正在采访的那位中国人，旁边坐着一位翻译，蜡烛在他们中间毕剥着火花。这个外国人就是美国著名记者埃德加·斯诺，他采访的人就是毛泽东，那位翻译是时任中共中央宣传部副部长的吴亮平。后来，斯诺在他的《西行漫记》里这样描写毛泽东："他是个面容瘦削、看上去很象林肯的人物，个子高出一般的中国人，背有些驼，一头浓密的黑发留得很长，双眼炯炯有神，鼻梁很高，颧骨突出。我在一霎那间所得的印象，是一个非常精明的知识分子的面孔。"在他们连续几个晚上的谈话中，毛泽东向斯诺全面讲述了他的个人历史，特别是早年的经历，里面有这样一段话："在五四运动以后，我把大部分时间用在学生的政治活动上。我是《湘江评论》的主笔；这是湖南学生的报纸，对于华南学生运动有很大的影响。"1919年7月14日，青年毛泽东主编的《湘江评论》在长沙创刊，成为"五四"时期全国有影响的进步报刊之一。

一 "湘江的怒吼"

五四运动是中国新民主主义革命的伟大开端。《湘江评论》是一份"以宣传最新思潮为宗旨"的进步期刊，是投向半殖民地半封建中国的一把利刃。它的创刊与五四运动有着十分密切的联系。

◎ 五四运动的赵家楼火光燃遍中国

1919年1月18日，第一次世界大战获胜的27个协约国，在巴黎凡尔赛宫召开和平会议。中国作为战胜国之一，派出了陆征祥、顾维钧等5位代表参加会议。巴黎和会不顾中国提出的维护国家领土主权的三项提案，背信弃义，把德国在山东半岛的特权，全部转让给日本。5月初，巴黎和会上中国外交失败的消息传到国内，激起各界人士的强烈愤慨。5月4日下午2时，北京大学、北京高等师范学校以及工业、农业、医学、政法等十几所专科以上学校的3000余名爱国学生，高呼"还我青岛""取消二十一条""外争主权，内除国贼"等口号，冲破反动军警的阻挠，从四面八方汇聚到天安门前，举行抗议集会，并火烧签订"二十一条"时的外交次长、卖国贼曹汝霖的家——赵家楼。一场震惊中外的反帝爱国运动爆发了。

5月4日那天下午，天色阴沉。游行队伍到达东交民巷使馆区时，受到军警的阻拦，多次交涉毫无结果。这时候，队伍里有人高喊"大家往外交部去，大家往曹汝霖家里去"，于是愤怒的人群潮水般地向赵家楼涌去。

浩浩荡荡的游行队伍开到了赵家楼胡同的曹宅，此时大门早已紧闭。学生们情绪激昂，高喊"卖国贼曹汝霖快出来"！但始终无法冲进门去。这时，北京高等师范学校学生匡互生猛然发现大门右侧有一个窗户，他凭借少年时代练就的武功，在同学帮助下纵身攀上窗台，一拳将窗户击碎，然后纵身一跃而入。院里的

一名警察冲过来要抱住匡互生，被他击倒在地。匡互生迅速将笨重的大门打开，外面的人群一拥而入。

因为大家已经听说曹、章、陆这三个卖国贼正在曹家开会，于是涌入内宅搜寻，但是没有找到。于是，愤怒之极的匡互生取出预先携带的火柴，将屋内易燃的帐子、挂画、信件集中起来，点起了火（也有人说，最先点火的是北京高师的俞劲）。与此同时，其他同学痛打了来不及逃走、化装成日本人的章宗祥。曹宅燃起大火之后，军警赶来灭火，并逮捕了32名来不及散去的学生。匡互生坚持一人做事一人当，想要去自首，换出那些被捕的人，经同学们力劝方才作罢。

北京、上海的反帝爱国运动迅速波及全国各地，济南、青岛、天津、南京、杭州、宁波、武汉、南昌、扬州、安庆、厦门、广州、西安、沈阳、成都、昆明等全国100多个大中城市的人们纷纷起来加入运动中，同仇敌忾，形成前所未有的反帝爱国浪潮，充分显示了中国人民维护民族尊严，捍卫领土主权的坚定决心，极大地震撼了反动统治集团和帝国主义。北洋政府迫于压力，不得不宣布罢免曹、章、陆的职务。6月28日是巴黎和会的签字日。驻巴黎的中国使团迫于国内爱国运动、旅法华侨和留学生的压力，最终拒绝赴会签字，五四运动取得重大胜利。

◎ 从韶山冲的勤奋少年到岳麓山的青年才俊

1893年12月26日，毛泽东在湖南湘潭韶山冲诞生的时候，中国正处于伟大革命的前夜。

1911年春，毛泽东进入长沙读书，接受了初步的反清革命思想。10月，武昌起义爆发，毛泽东毅然加入新军——从军在当时似乎是一种风气。在新军里，毛泽东将每月7元的津贴大部用来订阅报纸——当时阅报也是一种进步的时尚，更是了解新知的渠道。湖南学生就曾集资买报赠阅乡亲。毛泽东在此时知道了"社会主义"这个名词，并接触到了江亢虎的无政府主义，还与同学讨论。

1912年春，毛泽东结束了他短暂的军旅生涯，考进了湖南省高等中学（后改名湖南省立第一中学）。6月，毛泽东的作文——《商鞅徙木立信论》，联系社会现实，提出当政者要取信于民、开发民智，必须以法治国，言必信，行必果，可谓一鸣惊人。国文教员阅后给出了"恰似报笔"的评论，让我们看到

毛泽东（1919年）

读报带给毛泽东的影响是很大的。那时，毛泽东的一位国文教师借给他《历代通鉴辑览》阅读。读完此书后，毛泽东有感于学校的束缚，遂到湖南省立图书馆自学。他订了一个自修计划，每日到图书馆读书。在自修的半年中，他广泛涉猎十八、十九世纪欧洲资产阶级的社会科学和自然科学书籍。此时，毛泽东的目光开始越出中国，走向世界。

1913年春，毛泽东考入五年制的湖南第四师范学校。第二年春，湖南第四师范学校合并到湖南第一师范学校，毛泽东被编入第八班。湖南第四师范学校是春季开学，湖南第一师范学校是秋季开学，因此他重读了半年预科，到1918年暑期在湖南第一师范学校毕业，前后共做了5年半师范生。

在湖南第一师范学校，对毛泽东影响最大的老师，是教伦理学的杨昌济。除杨昌济外，毛泽东还常到徐特立、黎锦熙、方维夏等老师那里去求学解疑。毛泽东还特别喜欢读报刊。1917年4月1日，毛泽东还以"二十八画生"为笔名，在《新青年》第三卷第二号发表《体育之研究》。1917年暑期，毛泽东和朋友萧子升，各带一把雨伞、一个挎包，装着简单的换洗衣服和文房四宝，没带分文盘缠，即外出"游学"。他们历时一个多月，走了900多里路，游历了不少乡镇，写下许多笔记。回到湖南第一师范学校，读过毛泽东游学笔记的同学，说他是"身无分文，心忧天下"。这样的"游学"，毛泽东在校期间还进行过几次。毛泽东一生善于搞调查研究，我们从这里已可看出一些端倪。

重视经世致用，讲求实事求是，向来是湘学士风。坐落于长沙湘江西岸岳麓山脚下的岳麓书院，是世界上最古老的学府之一。青年毛泽东和他的同学、朋友经常在岳麓山、岳麓书院一带活动。张昆弟在1917年9月23日的日记里记载："今日早起，同蔡毛二君由蔡君居侧上岳麓，沿山脊而行，至书院后下山，凉山（风）大发，空气清爽。空气浴，大风浴，胸襟洞澈，旷

岳麓书院

然有远俗之慨。"1916年，在岳麓书院办学的一位校长，把"实事求是"这四个字写成硕大的横匾挂在讲堂正门。经杨昌济介绍，毛泽东还利用假期两次入岳麓书院寄读，这块"实事求是"的匾额自然给他留下了很深的印象。20多年后，毛泽东在陕北对"实事求是"做出新的解释，并把这四个字写下来嵌在延安中央党校的大门口。

◎ 古都北京的苦乐与风沙

1917年11月7日，俄国十月革命爆发，产生了世界上第一个社会主义国家。10日，上海《民国日报》报道了这一消息。17日，长沙《大公报》也作了报道。此时的毛泽东在长沙参与办起了工人夜学，教工人文化知识。

1918年4月14日，毛泽东出席在长沙岳麓山刘家台子蔡和森家召开的新民学会成立大会。萧子升、萧三、何叔衡、陈赞周、毛泽东、邹鼎丞、张昆弟、蔡和森、邹蕴真、陈书农、周明谛、叶兆桢、罗章龙等到会。大会通过由毛泽东、邹鼎丞起草的新民学会会章。会章规定：学会宗旨是"革新学术，砥砺品行，改良人心风俗"。会员守则为"一、不虚伪；二、不懒惰；三、不浪费；四、不赌博；五、不狎妓"。会议推选萧子升为总干事，毛泽东、陈书农为干事。不久，萧子升去法国勤工俭学，会务由毛泽东主持。6月，毛泽东从湖南第一师范学校毕业。8月15日，毛泽东和萧子升、罗学瓒、罗章龙、陈赞周等20多名准备赴法勤工俭学的青年离开长沙去北京。8月19日，他们一行到达北京。

在一些人的眼里，北京似乎永远是那么的雍容、厚重和闲适。故宫斑驳的红墙绿瓦，湛蓝的天空中回荡着清脆的鸽哨，胡同中悠长的叫卖声，街道上懒散的架鸟笼的闲人……历史似乎都聚集在这里，浓得连时间也难以化开。此时的北京，各种思潮纷繁复杂，流播泛滥，许多人在比较、在选择、在转变。俄国十月革命的胜利和《苏俄对华友好宣言》的发表，极大地影响了人们的政治取向；很多进步的分子由关注欧美转向了俄国，各种社会主义的思潮迅速地传播开来。

北京是新文化运动的中心。北京大学人才荟萃，又是新文化运动的发源地。1918年10月，经杨昌济介绍，毛泽东认识了时任北大图书馆主任的李大钊。李大钊安排他到图书馆当一名助理员。每天的工作除打扫外，便是在第二阅览室登记新到的报刊和前来阅览者的姓名，管理十五种中外报纸。当时北大教授的月薪大多为二三百元，毛泽东每月薪金只有八元。但这个工作对他来说是相当称心的，可以阅读各种新出书刊，结识名流学者和有志青年。11月15日，李大钊在《新青年》第五卷第五号发表《庶民的胜利》

李大钊

和《布尔什维主义的胜利》两篇文章。在李大钊的影响下，毛泽东开始具体地了解十月革命和马克思列宁主义。

在北京，毛泽东起初暂住在鼓楼后豆腐池胡同九号杨昌济家中。其他会员分住湖南在京设立的会馆，往来相聚，诸多不便。不久，他和蔡和森、萧子升、罗章龙等七个人搬进景山东街三眼井吉安所东夹道七号，八个人挤住在三间民房小屋里，条件十分艰苦。

1919年春天，毛泽东因为母亲病势危重要回湖南。4月6日，毛泽东由上海回到长沙，对母亲亲侍汤药。毛泽东还主持新民学会会务，同时为解决生活问题和便于工作，住到长沙修业小学，教历史课，并广泛接触长沙教育界、新闻界和青年学生，进行各种联络活动。此时，一场历史的大风暴来临了。

◎《湘江评论》横空出世

1919年5月4日，五四爱国运动在北京爆发，拉开了中国新民主主义革命的历史大幕。消息传到湖南，全省震动。毛泽东同新民学会会员迅速同各界代表人物进行联系，交换看法，提出在湖南开展爱国运动的具体意见。5月7日，长沙各校学生举行"五七"国耻纪念游行，游行队伍被湖南军阀张敬尧派军警强行驱散。

5月中旬，北京学生联合会派邓中夏到湖南联络，向毛泽东、何叔衡等介绍北京学生运动情况，并商讨恢复和改组原湖南学生联合会问题。5月25日，毛泽东和蒋竹如、陈书农等同各校学生代表易礼容、彭璜、柳敏等20余人在楚怡小学开会。由毛泽东介绍邓中夏与各校代表见面。会议决定：成立新的湖南学生联合会；发动学生总罢课，以推动反帝爱国运动。5月28日，新的湖南学生联合会成立。学生联合会的会址设在湖南商业专门学校。它的工作人员也大多是新民学会会员。毛泽东住的修业小学

救国十人团

五四运动爆发之后，北大、清华等校学生组织讲演团，分段分组展开游行讲演活动，每组十人左右，称为"救国十人团"。"救国十人团"负责与所在学校的学生联合会联络。

离商专很近，有时就住在商专就近指导。7月9日，在毛泽东指导下，由湖南学联发起的湖南各界联合会成立。联合会以"**救国十人团**"为基层组织。7月间，"救国十人团"已发展到400多个。这对毛泽东"民众的大联合"思想的提出，可能也会有影响。

五四运动使一些先进分子下功夫研究并介绍各种新思想，深入探索救国救民之路。全国各种宣传新思潮的刊物如雨后春笋般涌现出来。仅在五四运动后的半年中，"中国出现了大约400种新的白话文刊物"。湖南长沙各校也出版了十多种刊物，如《新湖南》《女界钟》《岳麓周刊》等，但影响都不大。根据毛泽东的提议，湖南学联决定创办《湘江评论》杂志，并聘请他担任主编和主要撰稿人。

毛泽东几乎是一个人在办一份刊物，辛苦程度可想而知。据毛泽东在湖南第一师范学校第八班的同班同学周世钊回忆："《湘江评论》只编写五期，每期绝大部分的文章都是毛泽东自己写的。刊物要出版的前几天，预约的稿子常不能收齐，只好自己动笔赶写。他日间事情既多，来找他谈问题的人也是此来彼去，写稿常在夜晚。他不避暑气的熏蒸，不顾蚊子的叮扰，挥汗疾书，夜半还不得休息。他在修业小学住的一间小楼房和我住的房子只隔一层板壁。我深夜睡醒时，从壁缝中看见他的房里灯光荧荧，知道他还在那儿赶写明天就要付印的稿子。文章写好了，他又要自己编辑、自己排版、自己校对，有时还自己到街上去叫卖。这时，他的生活仍很艰苦，修业小学给他的工资每月只有几元，吃饭以外就无余剩。他的行李也只有旧蚊帐、旧套被、旧竹席和几本兼作枕头用的书。身上的灰布长衣和白布裤，穿得很破旧。朋友想借钱给他添置点必要的衣物，都被他谢却。劝他晚上早点休息，他又总以约稿未齐、出版期迫、不得不多写几篇、少睡几点钟没有关系来回答。"新民学会的早期会员易礼容在回忆毛泽东创办《湘江评论》的情景时说：

1919年4月，"毛泽东从北京回到长沙，当时商业专门学校学生彭璜任湖南学生联合会会长，由他出面商请毛泽东主编湖南学生联合会会刊，定名《湘江评论》。学联会设在长沙落星田商专校内，学校头门墙壁上高高挂起木刻湖南学生联合会会牌。毛泽东住宿在商专教员宿舍内。记得一天早上我去他的住室看望他，朝阳正照在他的夏布蚊帐上，他还未睡醒（当然是夜间工作误了睡眠），我揭开他的帐子看，不料惊动了几十只臭虫，它们在他用作枕头的暗黄色线装书上乱窜，每一只都显得肚皮饱满。想来，不止一夜、十夜臭虫饱尝了主编《湘江评论》的人的血！"就这样，毛泽东辛辛苦苦准备了十多天，《湘江评论》创刊号在1919年7月14日正式出版了。

二 "民众联合的力量最强"

《湘江评论》宣布自己"以宣传最新思潮为主旨"，辟有"东方大事述评""西方大事述评""湘江杂评""世界杂评""放言""新文艺"等栏目，全用白话文，每周1张4开，约1.2万字。

◎ 千古雄文：《湘江评论》的创刊宣言

《湘江评论》创刊宣言，是一篇通俗易懂、热情激扬的文字。如今，一百多年过去了，我们再读起它，还是可以体会到当年那种风华正茂、指点江山的气势。

《湘江评论》创刊宣言，视野开阔，见解卓越，切中时弊，笔力雄健，酣畅淋漓，富有战斗性。在这篇文章里，青年毛泽东大声疾呼："世界什么问题最大？吃饭问题最大。什么力量最强？民众联合的力量最强。什么不要怕？天不要怕，鬼不要怕，死人不要怕，官僚不要怕，军阀不要怕，资本家不要怕。"他把近代以来世界上发生的社会变革归结为一点："各种改革，一言蔽之，'由强权得自由'而已。各种对抗强权的根本主义，为'平民主

（第一版）　中華民國八年七月十四日（星期一）

湘江評論

The Shian Kian Weekly Review

創刊號

本報每週一回　價目如下　大洋二分　零售在外埠　內埠

創刊宣言

泽東

自世界革命的呼聲大倡，「人類解放」的運動猛進。從前吾人所不置疑的問題，所不遽取的方法，多所畏縮的說話，於今都要重新改觀。不疑處有疑，不取者取，不畏縮者不畏縮了。

遇著某種問題，用那種方法去解決，是現在的一個大問題。我們承認強權者都是人，都是我們的同類。濫用強權，是他們不自覺的謬誤與不幸，是舊社會舊思想傳染他們染他們，他們實在無罪。

世界什麼問題最大？吃飯問題最大。什麼力量最強？民眾聯合的力量最強。什麼不要怕？天不要怕。鬼不要怕。死人不要怕。官僚不要怕。軍閥不要怕。資本家不要怕。

自文藝復興，思想解放。「人類應如何生活」，成了一個絕大的問題。從這個問題，加以研究，就得了「各種改革」一些學者倡的結論。一些學者倡的。

各種改革，一言蔽之，由強權得自由而已。各種對抗強權的根本主義，為「民衆的大聯合」……

政治方面，由有術的專制，變為無術的共和……

國際方面，為國際同盟……

西方大事述評

泽東

各國的罷工風潮

法英美三國的官僚和資閥，正在與高呼罷工風潮……

湘江雜評

澤東

新聖坊

新文藝

子暲

甚麼話

會載

义'。"用平民主义打倒强权统治，这是他当时的思想基调。而"吃饭问题最大""民众联合的力量最强"的提出，也显示出毛泽东已开始尝试用历史唯物主义的观点来观察社会历史了。

◎ 遥想作者：署名"泽东"的文章及其他

《湘江评论》创刊号"世界杂评"和"湘江杂评"栏内共发表25篇杂文，其中22篇署名泽东，2篇署名子暲（萧三）。还有一篇《好计策》，未署名，夹排在署名泽东的22篇中间，很可能是毛泽东撰写的。为慎重起见，《毛泽东早期文稿》未予收入。

在毛泽东撰写的文章中，有的是向读者介绍了国外的一些社会动态。例如，《各国的罢工风潮》对英国、法国、美国、意大利、德国、匈牙利等国的罢工情况，作了详细梳理。《强叫化》提到日本的粮食危机。《实行封锁》提到"巴黎高等经济会议议决，实行封锁匈牙利"。《证明协约国的平等正义》提到"德国复文和会，要求德国陆军减少之后，协约国也须同减"。《可怜的威尔逊》提到美国总统威尔逊在巴黎和会上"好像热锅上的蚂蚁"。《炸弹暴举》以美国的"炸弹暴举"为例，呼吁大家"大大的将脑子洗洗，将高帽子除下，将大礼服收起，和你们国里的平民，一同进工厂做工，到乡下种田"。《不许实业专制》提到美国工党首领戈泊斯演说中的"不许实业专制"。《割地赔偿不两全》提到德国答复协约国"如失去西里细亚及萨尔煤矿，则无力履行赔偿"。《为社会党造成流血之地》提到"协约国一年以来之真目的，系专为造成社会党流血之地"，等等。

还有一些内容是对国内社会现象的评论。例如，《陈独秀之被捕及营救》指出，陈独秀是"思想界的明星"。《研究过激党》提出，"过激党布备了全国，相惊而走"。《各国没有明伦堂》讽刺康有为，提到"遍游各国，那里寻得出什么孔子。更寻不出什么明伦堂"。《什么是民国所宜》反问康有为，"难道定要留着那'君为臣纲''君君臣臣'的事，才算是'民国所宜'吗？"《走昆仑山到欧洲》针对民国政府官员主张"应宗孔逆挽潮流"，指出"扬子江里的潮流，会从昆仑山翻过去。我们到欧洲的，就坐船走昆仑山罢"。《摇身一变》指出对那些官僚式教育家，"一些真有所感而改变的，很可佩服。一些则是假变，容易露出他们的马脚"。《我们饿极了》呼吁："我们关在洞庭湖大门里的青年，实在是饿极了！""我们的脑筋尤饿！替我们办理食物的厨师们，太没本钱。我们无法！我们惟有起而自办！这是我们饿极了的哀声！千万不要看错！"《难道走路是男子专有的》讽刺一个女学校里的办事人，不让学生们看到外面的世界，等等。

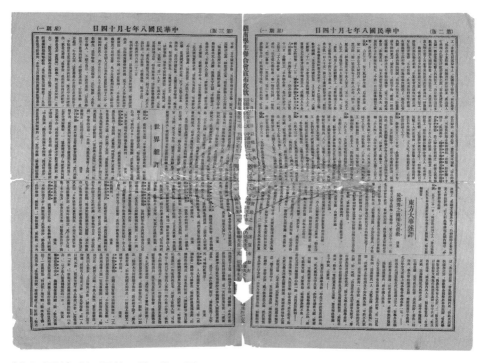

《湘江评论》创刊号第二版、第三版

最后，在《湘江评论》创刊号的《本报启事》中提出："（一）本报以宣传最新思潮为主旨。篇幅每周一张，有重要文字，发行增刊。文字全用国语。欢迎合于本报主旨之投稿，惟暂无物质上之报酬，只能精神上表示感念，并酬以本报。（二）有愿担任本报之传播者，本报认为相助之好友，能多传播者，特别减少取费。函到即将所须之报寄上。（三）本报所用之纸，为汉口造纸厂出蓬莱纸。"这篇《本报启事》没有署作者姓名，据易礼容在1987年6月7日回忆，这篇启事是毛泽东起草的。

◎ 奔涌的湘潮：《湘江评论》的巨大影响

《湘江评论》第二号于1919年7月21日出版（同日出版了《湘江评论》临时增刊第一号），第三号于7月28日出版，第四号于8月4日出版。

青年毛泽东"创办《湘江评论》的目的，就是要高扬民主和科学的旗帜，大力开展新文化运动。《湘江评论》就是'以宣传最新思潮为主旨'，用各种新思潮新理论，推动人们的思想解放，彻底批判腐朽没落的封建主义文化对人们思想的禁锢"。毛泽东在《湘江评论》上发表的最重要的文章，是长篇论文《民众的大联合》，连载于第二期、第三期、第四期上面。在这篇文章中，他首先指出："国家坏到了极处，人类苦到了极处，社会黑暗到了极处。补救的方法，改造的方法。教育，兴业，努力，猛进，破坏，建设，固然是不错，有为这几样根本的一个方法，就是民众的大联合。"第一次公开赞颂俄国十月革命"打倒贵族，驱逐富人，劳农两界合立了委办政府，红旗军东驰西突，扫荡了多少敌人，协约国为之改容，全世界为之震动"。他最后说："思想的解放，政治的解放，经济的解放，男女的解放，教育的解放，都要从九重冤狱。求见青天。我们中华民族原有伟大的能力！压迫愈深，反动愈大，蓄之既久，其发必速，我敢说一怪话，他日中华民族的改革,将较任何民族为彻底,中华民族的社会,将较任何民族为光明。中华民族的大联合,将较任何地域任何民族而先告成功。诸君!诸君!我们总要努力!我们总要拼命向前!我们黄金的世界,光荣灿烂的世界,就在面前!"

《民众的大联合》一文,旗帜鲜明,昂扬奋进,激动人心,充分体现了毛泽东作为革命家、政治家、著作家的鲜明特点。"《湘江评论》以宣传最新思潮为主旨,毛泽东也是凭借这本四开四版的小报刊的平台,鲜明地张扬起自己的革命文化主张,陆续发表了《民众的大联合》等一系列文章,很快成为一名宣传反帝反封建和传播马克思主义的文化斗士和坚定的共产主义战士。"《湘江评论》创刊号寄到北京后,李大钊评价它是全国最有分量、见解最深的报刊。那段时间,26岁的毛泽东的名字频频见诸报端,他高超的社会活动能力和政治才干引起越来越多的社会关注。可以说,毛泽东就是通过主办《湘江评论》走上政治舞台的。

《湘江评论》在当时引发了很大的轰动。据周世钊回忆:《湘江评论》创刊号"差不多全部文章都是毛泽东写的。每篇文章都闪耀着反封建、反军阀统治的思想光芒,都洋溢着不妥协的反抗精神,读起来使人感到痛快和有力量。又由于这些文章不但揭露了反动统治阶级的罪恶,而且为人民指出了斗争的方向和途径,读过这些文章之后,大家觉得累积在心头的焦虑和苦闷得到解除,眼前出现了光明和希望。有人说:'《湘江评论》就是湘江的怒吼。'有人说:'《湘江评论》就是湖南人民的声音。'有人说:'《湘江评论》才算得真正代表人民说话的刊物'。第一期的《湘江评论》印两千份,一天就卖光,加印两千份,不到三天也卖光。从第二期起印五千份,还不能满足外地读者的需要。当时一个地方的报刊发行到这种数量,是很难的。长沙、湖南全省和武汉、广州、成都等地的青年学生、进步教师,多成了《湘江评论》的好朋友。每期出版，争相阅读。……当时热烈欢迎《湘江评论》的人虽多，但恨《湘江评论》骂《湘江评论》的人也不少。他们认为《湘江评论》提倡男女平权、劳工神圣、反对旧礼教、批评孔夫子，是邪说异端、大逆不道。长沙有一家报纸骂《湘江评论》是怪人怪论。"

据新民学会会员唐耀章回忆："七月中旬的一天，毛泽东负责主编、以学联名义发行的《湘江评论》在长沙创刊了，这是湖南思想界升起的一面贯彻着'五四'反帝反封建革命精神的鲜艳红旗，开辟了湖南新文化运动的新纪元。《湘江评论》完全用白话，从内容到形式都显示出崭新的战斗姿态。广大群众热烈欢呼《湘江评论》的创刊，各校青年争先购读，奔走相告。记得我当时从落星田学联领取五十份《湘江评论》到街头叫卖，刚走到东长街就抢购一空。在《湘江评论》创刊前后，传播新思潮的小型白话刊物纷纷出现，《明德旬刊》也紧接着出版，由我与何硕曼主编。我在旬刊第一期写了一篇《欢呼〈湘江评论〉出刊》的文章，开头有这样一段：'《湘江评论》出刊了，太阳升起来了，照亮了我们的眼睛；警钟响起来了，震动了我们的耳鼓；启聋发聩，指示了我们前进的方向。我们要向强权作斗争，我们要摔掉吃人的礼教的枷锁。奴隶般的教育我们不要了，湖南的青年们站起来了，在《湘江评论》的启发下，做推动新文化、新思潮的先锋，一齐奔向反帝反封建的前线。'这番话应说是当时广大青年共同的心声。其他各校先后出版的刊物有十余种，以湘雅医专的《新湖南》、周南女校的《女界钟》为最突出，蔚成新风。《湘江评论》的发行部设在商专的三楼，由李凤池负责。各地读者争相订阅，每期销数在五千以上。"在五四运动的大潮中，《湘江评论》的社会影响也越来越大了。

由于《湘江评论》严厉抨击封建军阀的黑暗统治，大力倡导推翻强权政治、解放思想、冲决网罗的主张，惹怒了当时的湖南军阀张敬尧。8月中旬,《湘江评论》第五号小样刚刚打出未及发行,张敬尧派军警搜查了承担《湘江评论》印刷任务的湘鄂印刷公司,并查封了湖南学生联合会和《湘江评论》,当时已经印刷完毕准备在8月11日发行的《湘江评论》第五号被全部没收。同时,湖南学联也被强行解散。一份富有革命斗争精神的报刊就这样被封建军阀无情扼杀了。

　　《湘江评论》诞生于半殖民地半封建的中国,是五四运动的直接产物。同毛泽东"五四"前期的其他著作比较起来,"《湘江评论》显然更能反映新时代的精神"。刊物虽然只存在一个多月,但是产生了很大影响。北京、上海、成都的一些报刊,都转载过它的文章。《新青年》认为,湖南的报纸中"最有力的,就是《湘江评论》"。在北京出版的《每周评论》第三十六

《湘江评论》印刷处旧址

期，刊载一篇文章《介绍新出版物》说："现在新出版的周报和小日报，数目很不少了。……现在我们特别介绍我们新添的两个小兄弟。一个是长沙的《湘江评论》，一个是成都的《星期日》。""《湘江评论》的长处是在议论的一个方面。第二、三、四期的《民众的大联合》一篇大文章，眼光很远大，议论也很痛快，确是现今的重要文字。"这期《每周评论》的主编和这篇介绍文章的作者，正是新文化运动的代表人物胡适。另外，当时还有不少进步青年，如任弼时、郭亮、萧劲光（肖劲光），就是在《湘江评论》的直接影响下开始觉悟并走上革命道路的。据萧劲光回忆："毛泽东同志创办的《湘江评论》，就是当时最为突出的进步刊物。他们联络进步人士，宣传十月革命，宣传新文化、新思想，这些在我们青年学生中引起了很大的反响。"李维汉回忆："毛泽东同志当时主编学生联合会会刊《湘江评论》。这个刊物在湖南以至全国都有很大影响。北京的《每周评论》《晨报》，上海的《时事新报》《湖南》月刊，四川的《星期日》，都曾介绍过或转载过它的文章。它以不妥协的反帝、反封建的战斗姿态，投入了五四运动，宣传了科学和民主的思想，歌颂了十月社会主义革命，提倡新思想新文化，激发人们起来向旧思想旧势力作斗争。它在政治上对湖南地区的五四运动有很大的指导作用。"《湘江评论》在历史的长河里永远散发着自己独特的光辉。

三 《湘江评论》以后的那些事

五四运动期间，湖南的运动如火如荼，遭到军阀张敬尧的镇压。为反对张氏在湖南的暴政，毛泽东领导"驱张"请愿团赴京，1919年12月18日，抵达北京。按照民国的新历，再有十多天就是新年了，毛泽东是在极大的期待和劳碌中进入1920年的。这一年，他的思想发生了很大的变化，成为一名坚定的马克思主义者。

◎ 领导 "驱张运动"

张敬尧是皖系军阀,1918年3月率北洋军进入湖南就任督军,在湖南纵兵劫抢,滥发纸币,盗押矿产,强种鸦片,钳制舆论,勒索军饷,伪造选举等,可谓是作恶多端。五四运动爆发后,张敬尧始终敌视湖南人民的爱国运动。"张毒不除,湖南无望",成为广大湖南人民的共同心声。

1919年12月6日,长沙各校学生罢课。湖南学联代表长沙一万三千名学生向全国发出"张敬尧一日不去湘,学生一日不回校"的誓言。也是在这一天,毛泽东率"驱张"请愿团离长沙经武汉绕道上海赴北京。代表团在汉口停留十天左右,分头动员旅鄂湖南学生一道"驱张",联络湖北学生支持"驱张运动"。在赴京期间,毛泽东等发表"快邮代电",向全国揭露张敬尧在湖南的罪行。12月18日,湖南"驱张"请愿团到达北京,邓中夏等十余人到车站迎接。毛泽东到京后,主持"驱张运动"。北京成为当时湖南"驱张运动"的大本营。

到京后,毛泽东组织了"平民通讯社",并担任社长。每日向全国各主要报刊发稿,揭露张敬尧在湖南的种种令人发指的祸湘罪行,在全国引起了强烈的反响。1920年1月18日,毛泽东、邓中夏、罗章龙等在陶然亭集会,商讨"驱张"斗争。会后,在慈悲庵山门外古槐前合影留念。在各方一致声讨下,军阀张敬尧的日子越来越不好过。1920年6月,已参加国民党的谭延闿在南方政府的旗号下率湘军再入长沙,张敬尧不得不溜出湖南。

◎ 登泰山、观孔林的背后

1919年12月,毛泽东的老师杨昌济病重,在北京德国医院治疗。毛泽东到医院探望。杨昌济在病中给滞留上海的章士钊写信,向他推荐毛泽东、蔡和森。1920年1月17日,杨昌济在北京病逝。毛泽东与杨开慧、杨开智一起守灵。22日，和蔡元培、范源濂、章士钊、杨度、黎锦熙、朱剑帆等联名，在《北京大学日刊》发出《启事》称：杨先生操行纯洁，笃志嗜学，无意于富贵利达，依薪资维持生计。为抚恤遗孤，请诸知交慨加赙助。1月23日，毛泽东父亲毛贻昌在家乡去世，与母亲文素勤合葬于韶山土地冲。毛泽东因在北京忙于"驱张运动"，未能回湘奔丧。

1920年4月11日，毛泽东离京赴上海。中途，他特意下车去游览了孔子的故乡——曲阜，还登了泰山。直到1952年，毛泽东1949年以后第一次也是唯一一次休假，他首先也是来到山东，还是来到曲阜，回忆1920年的首游，他慨叹当时"很开眼界，印象很深"，可见他对这里的深深眷恋，以及对孔子这位中华民族传统文化重要代表的特殊感情。

陈独秀

◎ 沪上的聚散

1920年5月5日，毛泽东到达上海，这是他第三次到上海。这次来上海的目的：一是进一步开展"驱张运动"；二是欢送新民学会会员赴法勤工俭学；三是继续筹建湖南改造促成会和自修学社；四是带着如何从根本上改造社会的问题求教于陈独秀。陈独秀这时也在上海，正同李达、李汉俊等筹组上海共产主义小组。毛泽东向陈独秀谈了"湖南改造促成会"的一些计划，征求意见。谈话中，自然也谈到马克思主义的问题。毛泽东后来回忆说："他对我的影响也许超过其他任何人。""陈独秀谈他自己的信仰的那些话，在我一生中可能是关键性的这个时期，对我产生了深刻的印象。"毛泽东逐渐意识到，他这时的事业还在湖南。

上海都市生活的费用昂贵，毛泽东的生活艰苦也是必然的。5月，毛泽东应彭璜之邀，与一师同学张文亮等一起试验工读生活，在上海民厚南里租几间房子，"共同做工，共同读书，有饭同吃，有衣同穿"，过着一种简朴的生活。他"第一次尝到了城市工人生活的滋味"。毛泽东在上海期间常去的霞飞路（今淮海中路），位于法租界。租界里存在着两种社会：洋人社会和华人社会。更有甚者，上海外滩公园的《入园规则》竟有"狗不得入内、华人不得入内"的字样。完全可以想象，当一个激进的中国青年走在上海都市的街头，目睹的是异国的风物，是外国人的种族压迫，自己的国家变作他乡，激愤之情可想而知。鲜明的社会现实，促进了青年毛泽东的思想朝着马克思主义革命者的立场转变。

◎"转弯"：一名马克思主义者的诞生

1945年4月，毛泽东在中国共产党第七次全国代表大会口头政治报告中提到："马克思主义者走路，走到哪个地方走不通就要转弯，因为那个地方走不过去。"

1920年7月7日，返回长沙后，毛泽东开始着手办两件大事，一是同易礼容等创办文化书社。毛泽东由上海回长沙期间经过武汉，在这里他会见了利群书社的创建人恽代英，与他协商在长沙开办文化书社的事宜。7月31日，湖南《大公报》发表毛泽东起草的《文化书社缘起》指出："湖南人现在脑子饥荒实在过于肚子饥荒，青年人尤其嗷嗷待哺。文化书社愿以最迅速、最简便的方法，介绍中外各种最新书报杂志，以充青年及全体湖南人新研究的材料。"他说："不但湖南，全中国一样尚没有新文化。全世界一样尚没有新文化。一枝新文化小花，发现在北冰洋岸的俄罗斯。"可以看出，毛泽东已经开始把中国和世界的未来希望寄托在俄国十月革命的榜样上了。创办文化书社后，毛泽东又和方维夏、彭璜、何叔衡等筹组了湖南俄罗斯研究会。9月15日，湖南俄罗斯研究会在文化书社正式成立，毛泽东被推为书记干事。经毛泽东推荐，湖南《大公报》连续转载了上海《共产党》月刊上的一批重要文章，如《俄国共产党的历史》《列宁的历史》《劳农制度研究》等，在青年中产生广泛影响。俄罗斯研究会还先后介绍了刘少奇、任弼时、萧劲光等十六名进步青年到上海外国语学校学习俄语，然后赴俄国留学。那时候的俄国就是中国进步分子的"饿乡"！

二是着力解决湖南自治的问题。晚清以来，地方自治的呼声愈演愈烈，很多志士都希望通过仿效联邦制度，达到富国强民的目的。"联省自治"是较早的此类主张。湖南人自治采取什么形式呢？毛泽东设想了一个"湖南共和国"的方案。他设想：在这个国家里，废除军阀统治，建立以民为主的真政府。自办银行，自置实业，自搞教育，健全县、乡自治机关，成立工会、农会，保障人民集会、结社、言论、出版自由权利，等等。毛泽东这种近乎惊世骇俗的构想是大胆的，但又是空想的。湖南自治运动最终失败。

毛泽东在北京组织"驱张活动"期间，同李大钊、邓中夏等有密切联系，用心阅读他们介绍的马克思主义的书刊，较多地受到马克思主义理论和俄国革命历史的影响。后来，毛泽东在延安跟斯诺交谈中回忆道："我第二次到北京期间，读了许多关于俄国情况的书。我热心地搜寻那时候能找到的为数不多的用中文写的共产主义书籍。有三本书特别深地铭刻在我的心中，建立起我对马克思主义的信仰。我一旦接受了马克思主义是对历史的正确解释之后，我对马克思主义的信仰就没有动摇过。这三本书是：《共产党宣言》，陈望道译，这是用中文出版的第一本马克思主义的书；《阶级斗争》，考茨基著；《社会主义史》，柯卡普著。""到了一九二〇年夏天，在理论上，而且在某种程度的行动上，我已成为一个马克思主义者了，而且从此我也认为自己是一个马克思主义者了。"1921年1月，在新民学会新年会议上，毛泽东说：改造中国及世界，"急（激）烈方法的共产主义，即所谓劳农主义，用阶级专政的方法，是可以预计效果的。故最宜采用"。1月21日，毛泽东在致蔡和森的信里说，"唯物史观是吾党哲学的根据，这是事实，不像唯理观之不能证实而容易被人动摇"。半年后，中国共产党成立了！

中国共产党成立时，湖南有近20名党员，约占全国党员总数的三分之一，而湖南党员中新民学会会员又占大多数。据统计，新民学会先后有78名成员，其中37人加入了共产党。这些人绝大多数为共产主义事业战斗到了生命的最后一刻。他们中有的成了党的领袖和高级干部，如毛泽东、谢觉哉、李维汉、蔡畅、萧三等；有的成了革命烈士，如蔡和森、向警予、何叔衡、杨开慧、张昆弟、罗学瓒、郭亮、李启汉、夏曦等。他们的革命精神永远激励着千千万万的共产党人不断斗争、不断前进。

此后的历史，大家都知道了。毛泽东作为中国共产党、中国人民解放军、中华人民共和国的主要缔造者，中国各族人民的伟大领袖，领导中国革命走向胜利，领导中国在社会主义革命建设道路上取得了举世瞩目的辉煌成就。"毛泽东同志是伟大的马克思主义者，伟大的无产阶级革命家、战略家、理论家，是马克思主义中国化的伟大开拓者，是近代以来中国伟大的爱国者和民族英雄，是党的第一代中央领导集体的核心，是领导中国人民彻底改变自己命运和国家面貌的一代伟人。"那位在五四运动期间，立足中国、胸怀世界、创办《湘江评论》的青年，最终成为深刻改变中国与世界的一代伟人。毛泽东属于中国，也属于世界。他的名字、他的思想、他的风范，将永远鼓舞着那些追求理想和进步的人们不断前行。

一 蟠龙根脉——中华精神"图腾"的面世

杜金鹏:《中国龙,华夏魂——试论偃师二里头遗址"龙文物"》,《二里头遗址与二里头文化研究——中国·二里头遗址与二里头文化国际学术研讨会论文集》,科学出版社2006年版。

何驽:《二里头绿松石龙牌、铜牌与夏禹、万舞的关系》,《中原文化研究》2018年第4期。

何驽:《陶寺考古:尧舜"中国"之都探微》,《帝尧之都,中国之源——尧文化暨德廉思想研讨会文集》,中国社会科学出版社2015年版。

何驽:《郁邑琐考》,《考古学研究(十)》,科学出版社2012年版。

何驽:《怎探古人何所思——精神文化考古理论与实践探索》,科学出版社2015年版。

舒之梅、张绪球:《楚文化——奇谲浪漫的南方大国》,上海远东出版社、商务印书馆(香港)1998年版。

王大有:《龙凤文化源流》,北京工艺美术出版社1988年版。

张光直:《濮阳三蹻与中国古代美术上的人兽母题》,《文物》1988年第11期。

朱乃诚:《中华龙:起源和形成》,生活·读书·新知三联书店2009年版。

二 碧龙耀世——"超级国宝"的前世今生

陈芳妹:《二里头M3——社会艺术史研究的新线索》,《二里头遗址与二里头文化研究》,科学出版社2006年版。

邓淑苹:《万邦玉帛——夏王朝的文化底蕴》,《夏商都邑与文化(二)》,中国社会科学出版社2014年版。

杜金鹏:《中国龙,华夏魂——试论偃师二里头遗址"龙文物"》,《二里头遗址与二里头文化研究》,科学出版社2006年版。

冯时:《二里头文化"常盾"及相关诸问题》,《考古学集刊》第17集,科学出版社

2010年版。

顾万发：《试论新砦陶器盖上的饕餮纹》，《华夏考古》2000年第4期。

李零：《说龙，兼及饕餮纹》，《中国国家博物馆馆刊》2017年第3期。

李学勤：《良渚文化玉器与饕餮纹的演变》，《东南文化》1991年第5期。

李延祥、先怡衡等：《陕西洛南河口绿松石矿遗址调查报告》，《考古与文物》2016年
　　第3期。

李志鹏：《二里头文化墓葬研究》，《中国早期青铜文化——二里头文化专题研究》，科
　　学出版社2008年版。

王青：《镶嵌铜牌饰的初步研究》，《文物》2004年第5期。

王震中：《"饕餮纹"一名质疑及其宗教意义新探》，《文博》1985年第3期。

许宏：《二里头M3及随葬绿松石龙形器的考古背景分析》，《古代文明》第10卷，上
　　海古籍出版社2016年版。

许宏：《最早的中国》，科学出版社2009年版。

中国社会科学院考古研究所：《二里头（1999—2006）》，文物出版社2014年版。

中国社会科学院考古研究所编著：《殷虚妇好墓》，文物出版社1980年版。

中国社会科学院考古研究所编著，许宏、袁靖主编：《二里头考古六十年》，中国社会
　　科学出版社2019年版。

三　绝品象牙杯——揭秘传奇的"妇好"

蔡玫芬、朱乃诚、陈光祖主编：《商王武丁与后妇好——殷商盛世文化艺术特展》，（台
　　北）故宫博物院2012年版。

方勤、吴宏堂主编：《穆穆曾侯——枣阳郭家庙曾国墓地》，文物出版社2015年版。

胡厚宣：《殷代婚姻家族宗法生育制度考》，《甲骨学商史论丛》初集，一册，河北教育
　　出版社2002年版。

郑振香：《殷墟妇好墓与殷商礼制》，《王后·母亲·女将——纪念殷墟妇好墓考古发掘
　　四十周年》，科学出版社2016年版。

吕章申主编：《中国古代玉器艺术》（中国国家博物馆古代艺术系列丛书），中国社会科
　　学出版社2011年版。

中国社会科学院考古研究所、广东省博物馆编：《妇好墓玉器》，岭南美术出版社2016
　　年版。

中国社会科学院考古研究所编著：《殷虚妇好墓》，文物出版社1980年版。

朱乃诚：《商代王后妇好形象的探索》，《王后·母亲·女将——纪念殷墟妇好墓考古发
　　掘四十周年》，科学出版社2016年版。

四 发现"中国"——道不尽的"何尊"身世

李学勤：《何尊新释》，《中原文物》1981年第1期。

刘明科：《宝鸡考古撷萃》，三秦出版社2006年版。

马承源：《何尊铭文初释》，《文物》1976年第1期。

苏荣誉：《宅兹中国，铸造何尊》，《中国书法报》2020年2月25日。

唐兰：《何尊铭文解释》，《文物》1976年第1期。

王光永：《宝鸡市博物馆新征集的饕餮纹铜尊》，《文物》1966年第1期。

于省吾：《释中国》，《中华学术论文集》，中华书局1981年版。

张润棠：《宝鸡青铜器》，三秦出版社2005年版。

张政烺：《何尊铭文解释补遗》，《文物》1976年第1期。

朱凤瀚：《〈召诰〉〈洛诰〉、何尊与成周》，《历史研究》2006年第1期。

五 精工之巅——"牺尊"再现的西周时代

北京大学考古学系、山西省考古研究所：《天马—曲村遗址北赵晋候墓地第二次发掘》，《文物》1994年第1期。

陈楚天：《周代邓国、邓县的历史与文化》，华中师范大学，硕士学位论文，2014年。

陈梦家：《西周铜器断代（六）》，《考古学报》1956年第4期。

杜迺松：《论青铜鸟兽尊》，《故宫博物院院刊》1995年增刊。

冯一下：《试析巴蜀器物上的龙凤虎纹饰》，《四川文物》1987年第1期。

郭瑞海、任亚珊、贾金标：《1993—1997年邢台葛家庄先商遗址、两周贵族墓地考古工作的主要收获》，《三代文明研究（一）》，科学出版社1999年版。

郭瑞海、任亚珊、贾金标：《河北邢台葛家庄邢侯墓地》，《中华文化画报》1997年第4期。

湖北省文物考古研究所、襄阳市文物考古研究所：《襄阳卞营墓地》，文物出版社2019年版。

黄德宽主编：《古文字谱系疏证》，商务印书馆2007年版。

黄益飞、谢尧亭：《霸伯簋铭文考》，《郑州大学学报》（哲学社会科学版）2018年第1期。

李伯谦主编：《青铜器与中国青铜时代》，中国科学技术大学出版社2018年版。

李衡眉：《中国古代婚姻史论集》，吉林文史出版社1992年版。

刘丽：《两周时期诸侯国婚姻关系研究》，上海古籍出版社2019年版。

卢连成、胡智生：《宝鸡强国墓地》，文物出版社1988年版。

松井嘉德：《西周期郑の考察》，《史林》1986年第4期。

唐兰：《西周青铜器铭文分代史徵》，上海古籍出版社2016年版。

唐云明：《邢台西关外遗址试掘》，《文物》1960年第7期。

闻一多：《龙凤》，《闻一多全集·第一卷》，生活·读书·新知三联书店1982年版。

襄樊市博物馆：《湖北省襄樊市邓城遗址试掘简报》，《江汉考古》2004年第2期。

襄樊市文物考古研究所：《襄阳黄集小马家遗址发掘简报》，《襄樊考古文集（第一辑）》，科学出版社2007年版。

徐良高：《家国天下——西周的社会与政体》，《三代考古（七）》，科学出版社2017年版。

徐良高：《考古发现所见西周政治中的亲疏盛衰现象》，《两周封国论衡》，上海古籍出版社2014年版。

徐良高：《邢·郑井·丰井刍议》，《三代文明研究（一）》，科学出版社1999年版。

徐良高：《中国民族文化源新探》，社会科学文献出版社2002年版。

徐少华：《邓国铜器及其历史地理与文化》，《华夏考古》1996年第1期。

徐少华：《邓国铜器综考》，《考古》2013年第5期。

杨曙明：《陕西古代青铜器》，文物出版社2019年版。

张光直：《商周青铜器上的动物纹样》，《中国青铜时代》，生活·读书·新知三联书店2013年版。

张正明、滕壬生、张胜琳：《凤斗龙虎图象考释》，《江汉考古》1984年第1期。

赵伯雄：《周代国家形态研究》，湖南教育出版社1990年版。

中国社会科学院考古研究所、陕西省考古研究院、西安市周秦都城遗址保护管理中心编著：《丰镐考古八十年》，科学出版社2016年版。

中国社会科学院考古研究所：《殷虚妇好墓》，文物出版社1980年版。

中国社会科学院考古研究所：《张家坡西周墓地》，中国大百科全书出版社1999年版。

朱凤瀚：《商周家族形态研究（增订本）》，天津古籍出版社2004年版。

朱凤瀚：《中国青铜器综论》，上海古籍出版社2009年版。

六 锦绣中国——神秘的"五星"织锦

（晋）陆翙著，黄惠贤辑校：《辑校〈邺中记〉》，武汉大学历史系、魏晋南北朝隋唐史研究室编《魏晋南北朝隋唐史资料》第九期、第十期，武汉大学学报编辑部1988年版。

［美］班大为：《中国早期帝国时代的通俗星占学和边境事件：一项考古学的证实》，收入氏著《中国上古史实揭秘：天文考古学研究》，徐凤先译，上海古籍出版社2008年版。

［英］胡司德：《古代中国的动物与灵异》，蓝旭译，江苏人民出版社2016年版。

Lan-ying Tseng, "Decoration, astrology and empire: inscribed silk from Niya in the Taklamakan Desert", *Silk: Trade and Exchange Along the Silk Roads Between Rome and China in Antiquity*, OXBOW books, 2017. pp.82–94.

St.Peterburg, *The Caves of One Thousand Buddhas: Russia Expedition on the Silk Route*, The state hermitage publishers. 2008.

陈直：《两汉经济史料论丛》，中华书局2008年版。

陈遵妫：《中国天文学史（第二卷）》，上海人民出版社1982年版。

成都文物考古研究所等：《成都市天回镇老官山汉墓》，《考古》2014年第7期。

冯时：《中国古代物质文化史·天文历法》，开明出版社2013年版。

冯时：《中国天文考古学》，社会科学文献出版社2001年版。

黄一农：《社会天文学史十讲》，复旦大学出版社2004年版。

黄一农：《制天命而用：星占、术数与中国古代社会》，四川人民出版社2018年版。

江晓原、钮卫星：《天人之际》，上海古籍出版社1994年版。

江晓原：《历史上的星占学》，上海科技教育出版社1995年版。

江晓原：《天学真原》，辽宁教育出版社1991年版。

李零：《五星出东方利中国织锦上的文字和图案》，《文物天地》1999年第6期。

林梅村：《汉代精绝国与尼雅遗址》，《文物》1996年第12期；《尼雅汉简与汉文化在西域的初传》，《中国学术》2001年第2期。

刘庆柱：《从考古走进历史》，中国文史出版社2019年版。

刘韶军：《古代占星术注评》，北京师范大学出版社1992年版。

钱伯泉：《"王侯合昏"锦、"五星出东方"锦的年代和产地》，《吐鲁番学研究》2002年第2期。

孙遇安：《尼雅"五星锦"小识》，《文物天地》1997年第2期。

孙毓棠：《孙毓棠学术论文集》，中华书局2005年版。

王炳华：《精绝春秋》，浙江文艺出版社2003年版。

王晨：《关于新疆尼雅95MN1号墓出土"汉锦"的特色》，《江苏丝绸》2003年第1期；《从尼雅遗址出土汉锦特点谈蜀锦技艺》，《纺织科技进展》2016年第1期。

王尔敏：《"中国"名称溯源及其近代诠释》，《中国近代思想史论》，（台北）华世出版社1977年版。

席泽宗：《科学史十论》，复旦大学出版社2003年版。

新疆文物考古研究所：《新疆民丰县尼雅遗址95MN1号墓地M8发掘简报》，《文物》2000年第1期。

徐振韬、蒋窈窕：《五星聚合与夏商周年代研究》，世界图书出版公司2006年版。

严耕望：《中国地方行政制度史·秦汉地方行政制度》（"中央研究院"历史语言研究所专刊之四十五A），（台北）三民书局1997年版。

于志勇：《"五星出东方利中国"：考古·解读》，《新疆文化文物公开课》，新疆人民出版社2012年版；《尼雅遗珍："五星出东方利中国"织锦护臂》，《人民日报》2014年6月22日第12版。

于志勇：《楼兰—尼雅地区出土汉晋文字织锦初探》，《中国历史文物》2003年第6期；《尼雅遗址新发现的"元和元年"织锦锦囊》，《新疆文物》2006年第1期。

于志勇：《新疆尼雅出土"五星出东方利中国"彩锦织文初析》，《西域研究》1996年第3期；《尼雅遗址出土"五星出东方利中国"锦织文初析》，《鉴赏家》总第8期。

余太山：《两汉魏晋南北朝时期西域南北道绿洲诸国的两属现象》，《中国边疆史地研究》1992年第2期。

俞伟超：《尼雅95MNI号墓地M3与M8墓主人身份试探》，《西域研究》2000年第3期；《"王侯合昏"锦与"五星出东方"锦对推测尼雅95MNI号墓地中M3与M8墓主身份的启示》，《古史的考古学探索》，文物出版社2002年版。

甄尽忠：《星占学与汉代社会研究》，中国社会科学出版社2018年版。

曾蓝莹：《星占、分野与疆界：从"五星出东方利中国"谈起》，甘怀真编《东亚历史上的天下与中国概念》（东亚文明研究丛书62），（台北）台大出版中心2007年版。

章启群：《星空与帝国——秦汉思想史与占星学》，商务印书馆2013年版。

赵丰、于志勇：《沙漠王子遗宝：丝绸之路尼雅遗址出土文物》，香港艺纱堂/服饰出版社2000年版。

赵丰主编：《中国丝绸通史》，苏州大学出版社2005年版。

中国文物研究所胡平生、甘肃省文物考古研究所张德芳编撰：《敦煌县悬泉汉简释粹》，上海古籍出版社2001年版。

中日共同尼雅遗迹学术考察队：《中日/日中共同尼雅遗迹学术调查报告书》第二卷，中村印刷株式会社1999年版。

七 "来通"纵横说——国际范儿的兽首玛瑙杯

《旧唐书》，中华书局1975年版。

《美秀美术馆南馆图录》，日本美秀美术馆1997年版。

《唐会要》，上海古籍出版社1991年版。

《西安北周安伽墓》，文物出版社2003年版。

K.Parlasca, "Ein Hellenisyisches Achat-Rhyton in China." Artibus Asiae, 37.（1975）转引自孙机《仰观集：古文物的欣赏与鉴别》，文物出版社2012年版。

敦煌研究院：《平山郁夫的丝路世界》，朝华出版社2018年版。

葛承雍：《酒魂十章》，中华书局2008年版。

奈良国立博物馆：《第71回正仓院展》，（令和元年）2019年。

齐东方：《何家村遗宝的埋藏地点与年代》，《花舞大唐春：何家村遗宝精粹》，文物出版社2003年版。

清华大学艺术博物馆：《器服物佩好无疆：东西文明交汇的阿富汗国家宝藏》，上海书画出版社2019年版。

申秦燕：《重见天日的遗宝》，《花舞大唐春：何家村遗宝精粹》，文物出版社2003年版。

孙机：《论西安何家村出土的玛瑙兽首杯》，《文物》1991年第6期。

孙机：《玛瑙兽首杯》，《中国圣火——中国古文物与东西文化交流中的若干问题》，辽宁教育出版社1996年版。

新疆维吾尔自治区文物局：《丝路瑰宝：新疆馆藏文物精品图录》，新疆人民出版社2011年版。

八 画中市井——玄机四伏的《清明上河图》

（唐）刘餗：《隋唐嘉话（中）》，中华书局1979年版。

（宋）杨仲良：《皇宋通鉴长编纪事本末》卷四十四《马政》，黑龙江人民出版社2006年版。

（北宋）《宣和画谱》卷八，《画史丛书（二）》，人民美术出版社1986年版。

（北宋）陈师道：《后山丛谈》，中华书局2007年版。

（北宋）邓肃：《栟榈文集》卷一，《景印文渊阁四库全书》，（台北）商务印书馆1983年版。

（北宋）郭若虚：《图画见闻志》，《画史丛书（二）》，人民美术出版社1986年版。

（北宋）刘道醇：《圣朝名画评》，《画品丛书》，上海人民美术出版社1982年版。

（北宋）杨侃：《皇畿赋》，刊于宋·吕祖谦编《宋文鉴》卷二，《景印文渊阁四库全书》，（台北）商务印书馆1983年版。

（南宋）洪迈：《夷坚志》支志乙卷第四《优伶箴戏》，中华书局1981年版。

（南宋）孟元老：《东京梦华录》卷五《京瓦伎艺》，山东友谊出版社2001年版。

（南宋）赵汝愚：《宋朝诸臣奏议》卷一百七，《上神宗乞天下置社仓》，上海古籍出版社1999年版。

（元）马瑞临：《文献通考》，《景印文渊阁四库全书》，（台北）商务印书馆1983年版。

（元）汤垕：《画鉴》，刊于《元代书画论》，湖南美术出版社2002年版。

（元）脱脱等撰：《宋史》，中华书局1977年版。

（清）厉鹗：《宋诗纪事》卷三六，《景印文渊阁四库全书》，（台北）商务印书馆1983年版。

（清）徐松辑：《宋会要辑稿》，中华书局1957年版。

（清）赵翼撰，王树民校证：《廿二史劄记校证》卷二五《宋制禄之厚》，中华书局1984年版。

陈传席：《〈清明上河图〉创作缘起、时间及收藏流传史》，《〈清明上河图〉新论》，故宫出版社2011年版。

程民生：《宋代物价研究》，人民出版社2008年版。

刘渊临：《〈清明上河图〉之综合研究》，《〈清明上河图〉研究文献汇编》，万卷出版公司2007年版。

王世舜：《尚书译注·无逸篇》，四川人民出版社1982年版。

席龙飞：《中国造船史》，湖北教育出版社2000年版。

谢巍：《中国画学著作考录》，上海书画出版社1998年版。

薛瑞兆、郭明志编纂：《全金诗》（第三册），南开大学出版社1995年版。

余辉：《宋元龙舟题材绘画研究——寻找张择端〈西湖争标图〉卷》，《故宫博物院院刊》2015年第5期。

九　金翼善冠——明十三陵的考古故事

［日］高滨秀、冈村秀典：《世界美术大全集（先史、殷、周）》东洋编第1卷，（日本）小学馆2000年版。

北京市政协文史资料委员会：《北京文史资料精选·昌平卷》，北京出版社2006年版。

胡汉生：《明十三陵研究》，北京燕山出版社2013年版。

吉林省文物考古研究所：《榆树老河深》，文物出版社1987年版。

刘毅：《明代帝王陵墓制度研究》，人民出版社2006年版。

田广金、郭素新：《内蒙古阿鲁柴登发现的匈奴遗物》，《考古》1980年第4期。

吴振录：《保德县新发现的殷代青铜器》，《文物》1972年第4期。

夏鼐：《夏鼐日记》，华东师范大学出版社2009年版。

郑振铎：《郑振铎日记》，商务印书馆2017年版。

中国社会科学院考古研究所等：《定陵》，文物出版社1990年版。

十　一刊惊世——寻踪《湘江评论》那些事

《毛泽东文集》第1卷，人民出版社1993年版。

［美］埃德加·斯诺：《西行漫记》，董乐山译，生活·读书·新知三联书店1979年版。

［美］墨子刻：《摆脱困境——新儒学与中国政治文化的演进》，颜世安等译，江苏人民出版社1996年版。

［美］周策纵：《五四运动：现代中国的思想革命》，周子平等译，江苏人民出版社1996年版。

［美］周明之：《胡适与中国现代知识分子的选择》，雷颐译，广西师范大学出版社2005年版。

［日］沪友会：《上海东亚同文书院大旅行纪录》，杨华等译，商务印书馆2000年版。

丁言昭编：《郁达夫日记》，山西教育出版社1997年版。

高建军：《孔孟之乡民俗》，济南出版社2002年版。

何建明：《毛泽东的文化梦想》，《人民日报》2013年12月26日第24版。

蒋梦麟：《西潮·新潮》，岳麓书社2000年版。

金民卿：《青年毛泽东的思想转变之路——毛泽东是怎样成为马克思主义者的？》，社会科学文献出版社2015年版。

李剑农：《中国近百年政治史》，复旦大学出版社2002年版。

李维汉：《回忆与研究（上）》，中共党史资料出版社1986年版。

李孝悌：《清末的下层社会启蒙运动：1901—1911》，河北教育出版社2001年版。

罗章龙：《椿园载记》，生活·读书·新知三联书店1984年版。

钱基博：《近百年湖南学风》，中国人民大学出版社2004年版。

山东省档案馆：《毛泽东与山东》，中央文献出版社2003年版。

上海市政协文史资料委员会：《列强在中国的租界》，中国文史出版社1992年版。

上海通社编：《旧上海史料汇编》，北京图书馆出版社1998年版。

尚克强、刘海岩：《天津租界社会研究》，天津人民出版社1996年版。

孙燕京：《晚清社会风尚研究》，中国人民大学出版社2002年版。

汪澍白：《毛泽东早年心路历程》，中央文献出版社1993年版。

习近平：《在纪念毛泽东同志诞辰120周年座谈会上的讲话》，《人民日报》2013年12月27日第2版。

习近平：《在纪念五四运动100周年大会上的讲话》，《人民日报》2019年5月1日第2版。

肖劲光：《肖劲光回忆录》，解放军出版社1987年版。

张朋园：《湖南现代化的早期进展》，岳麓书社2002年版。

中共中央党史资料征集委员会：《共产主义小组资料（下）》，中共党史资料出版社1987年版。

中共中央文献研究室、中共湖南省委《毛泽东早期文稿》编辑组：《毛泽东早期文稿》，湖南人民出版社2008年版。

中共中央文献研究室：《任弼时年谱》，中央文献出版社1993年版。

中共中央文献研究室编：《毛泽东传（1893—1949）》，中央文献出版社2004年版。

中共中央文献研究室编：《毛泽东年谱（1893—1949）》上卷，中央文献出版社2013年版。

中国革命博物馆、湖南省博物馆：《新民学会资料》，人民出版社1980年版。

朱佳木：《学习新民学会前辈们的革命精神，为中华民族伟大复兴继续奋斗》，《世界社会主义研究》2018年第5期。

图片来源说明

一 考古发掘报告、简报、图录等公开出版物

中国社会科学院考古研究所、山西省临汾市文物局编著:《襄汾陶寺——1978—1985年考古发掘报告》,文物出版社2015年版。

中国社会科学院考古研究所编著:《二里头:1999—2006》,文物出版社2014年版。

中国社会科学院考古研究所编著:《殷虚妇好墓》,文物出版社1980年版。

中国社会科学院考古研究所编著:《张家坡西周墓地》,中国大百科全书出版社1999年版。

中国社会科学院考古研究所、定陵博物馆、北京市文物工作队编著:《定陵》,文物出版社1990年版。

新疆文物考古研究所:《新疆民丰县尼雅遗址95MNI号墓地M8发掘简报》,《文物》2000年第1期。

中国社会科学院考古研究所二里头工作队:《1987年偃师二里头遗址墓葬发掘简报》,《考古》1992年第4期。

方勤、吴宏堂主编,长江文明馆、湖北省博物馆、湖北省文物考古研究所、襄阳博物馆编:《穆穆曾侯——枣阳郭家庙曾国墓地》,文物出版社2015年版。

卢连成、胡智生:《宝鸡㐭国墓地》,文物出版社1988年版。

中国社会科学院考古研究所、首都博物馆、河南博物院编著:《王后·母亲·女将——纪念殷墟妇好墓考古发掘四十周年》,科学出版社2016年版。

中国社会科学院考古研究所、广东省博物馆编:《妇好墓玉器》,岭南美术出版社2016年版。

吕章申主编:《中国古代玉器艺术》(中国国家博物馆古代艺术系列丛书),中国社会科学出版社2011年版。

中国社会科学院考古研究所、陕西省考古研究院、西安市周秦都城遗址保护管理中心

编著：《丰镐考古八十年》，科学出版社2016年版。

陕西省考古研究院、宝鸡市文物旅游局、上海博物馆编：《周野鹿鸣：宝鸡石鼓山西周贵族墓出土青铜器》，上海书画出版社2014年版。

中国青铜器全集编辑委员会：《中国青铜器全集》，文物出版社1996—1998年版。

《考古学家夏鼐·影像辑》编辑组编：《考古学家夏鼐影像辑》，中国社会科学出版社2011年版。

李伯谦主编：《中国出土青铜器全集》，科学出版社、龙门书局2018年版。

孙机：《论西安何家村出土的玛瑙兽首杯》，《文物》1991年第6期。

孙机：《玛瑙兽首杯》，《中国圣火——中国古文物与东西文化交流中的若干问题》，辽宁教育出版社1996年版。

胡汉生著，十三陵特区明代帝陵研究会编：《明十三陵研究》，北京燕山出版社2013年版。

金维诺总主编，齐东方卷主编：《中国美术全集·金银器玻璃器》，黄山书社2010年版。

二 博物馆、考古研究所等文博单位供图

中国考古博物馆

中国社会科学院考古研究所

宝鸡青铜器博物院

新疆维吾尔自治区博物馆

陕西历史博物馆

故宫博物院

海西州民族博物馆

三 作者供图

作者在考古发掘、文物修复等工作现场拍摄图片。

四 网络图片

部分图片来源于网络公开发表资料。

后　记

　　《十件文物里的中国故事》是中国历史研究院首次推出的历史普及读物，中国历史研究院交办委托项目"十件文物里的中国故事"的结晶，力邀有深厚学养的十位专家学者，用十件"国宝级"文物讲述十个有趣又不失严谨的故事，图文并茂，以点带面，讲述源远流长、辉煌灿烂的中华文明。

　　本书由项目主持人巩文负责策划设计与统筹，选取不同时期、不同质地，各具特色的典型器物，分为文明起源、宅兹中国、大国风范、东方欲晓四个篇章从不同侧面讲述中国故事。撰写工作分工如下：巩文（第一至四篇篇首语，《金翼善冠——明十三陵的考古故事》）；何驽（《蟠龙根脉——中华精神"图腾"的面世》）；许宏（《碧龙耀世——"超级国宝"的前世今生》）；朱乃诚（《绝品象牙杯——揭秘传奇的"妇好"》）；辛怡华、陈亮（《发现"中国"——道不尽的"何尊"身世》）；徐良高、王一凡（《精工之巅——"牺尊"再现的西周时代》）；于志勇（《锦绣中国——神秘的"五星"织锦》）；葛承雍（《"来通"纵横说——国际范儿的兽首玛瑙杯》）；余辉（《画中市井——玄机四伏的〈清明上河图〉》）；金民卿、陈建波（《一刊惊世——寻踪〈湘江评论〉那些事》）。初稿完成后，巩文做了通篇校阅和修订，对结构和文字进行了适当调整与增删，改写了部分内容。项目组成员陈春婷承担了大量联络沟通工作，赵明辉、陈春婷、李明月诸同志参与了图文资料补充、核查与校对等工作。

　　本书的问世是在中国社会科学院副院长、党组副书记（正部长级），中国历史研究院院长、党委书记高翔同志的亲切关怀、亲自部署与全面指导下实现的；中国历史研究院副院长李国强、党委副书记余新华对本书的编写、出版予以具体指导；中国历史研究院副院长万建武、杨艳秋、路育松等院领导对本书的审稿、修订予以全面把关；中国历史研究院科研规划处、成果评价处、合作交流处为本书的立项、出版、宣传做出了重要贡献。

本书出版过程中，中国社会科学出版社予以高度重视，社长赵剑英亲自督导，副总编辑王茵全面统筹，编校、印制人员倾注了大量心血，付出了辛勤劳动。

谨此一并致谢！

"十件文物里的中国故事"课题组

2022年7月